edition suhrkamp

Redaktion: Günther Busch

Klaus Horn, geboren 1934 in Dresden, ist Professor und wissenschaftliches Mitglied des Sigmund-Freud-Instituts in Frankfurt am Main; Niklas Luhmann, geboren 1927 in Lüneburg, ist Professor für Soziologie an der Universität Bielefeld; Wolf-Dieter Narr, geboren 1937 in Schwenningen/Neckar, ist Professor für Politologie an der Freien Universität Berlin; Otthein Rammstedt, geboren 1938 in Dortmund, ist Privatdozent an der Fakultät für Soziologie der Universität Bielefeld; Kurt Röttgers, geboren 1944 in Marienwerder (Westpreußen), ist wissenschaftlicher Assistent für Philosophie an der Universität Bielefeld.

Was die hier versammelten Studien miteinander verknüpft, ist das Unbehagen an einem Verständnis von Gewaltphänomenen und Gewaltverhältnissen, in dem das Leiden an ihnen und ihre Geschichte übergangen oder verschwiegen werden. Ziel der Analysen des Bandes ist es, diese Kaschierung des Leidens aufzubrechen, die abstrakten Nominaldefinitionen von Zwang, Macht, Herrschaft an den wirklichen Erfahrungen der Menschen zu reorientieren, dem »subjektiven Faktor« in den Erklärungs- und Deutungsversuchen zu seinem Recht zu verhelfen.

Gewaltverhältnisse und die Ohnmacht der Kritik

Mit Beiträgen von Klaus Horn, Niklas Luhmann, Wolf-Dieter Narr, Otthein Rammstedt und Kurt Röttgers
Herausgegeben von Otthein Rammstedt

Suhrkamp Verlag

edition suhrkamp 775
Erste Auflage 1974
 Satz, in Linotype Garamond, Druck und Bindung bei Georg Wagner, Nördlingen. Gesamtausstattung Willy Fleckhaus.

Inhalt

Vorbemerkung 7

Wolf-Dieter Narr
Gewalt und Legitimität 9

Klaus Horn
Gesellschaftliche Produktion von Gewalt. Vorschläge zu ihrer politpsychologischen Untersuchung 59

Niklas Luhmann
Symbiotische Mechanismen 107

Otthein Rammstedt
Gewalt und Hierarchie 132

Kurt Röttgers
Andeutungen zu einer Geschichte des Redens über die Gewalt 157

Otthein Rammstedt
Zum Leiden an der Gewalt 235

Vorbemerkung

Die ursprünglichen Fassungen der Beiträge dieses Bandes lagen einem Kolloquium über Gewalt zugrunde, zu dem im Juni 1973 das Zentrum für interdisziplinäre Forschung an der Universität Bielefeld (ZiF) eingeladen hatte.

Nicht aktuelle Tagesereignisse gaben den unmittelbaren Anstoß für die Veranstaltung, sondern vielmehr die verblüffende Diskrepanz zwischen analytischem Anspruch und Realitätsferne in der Flut wissenschaftlich sich gebärdender Schriften über das Phänomen Gewalt, verblüffend insofern sie als Reflex auf die zunehmende Gewalttätigkeit in der Bundesrepublik Deutschland zu lesen sind. Weniger sollte es darum gehen, den neuen Theorien ihre alten Schläuche in Erinnerung zu rufen; noch sollten Glasperlenspiele, wie das rhetorische Einfügen der Gewalt in jeden nur möglichen theorieverdächtigen Ansatz, betrieben bzw. wiederholt werden, die puristisch »wissenschaftlich« bleiben müssen, um sich nicht vor der Praxis zu blamieren; noch sollte eine Kritik es dabei bewenden lassen, auf die Bedeutungslosigkeit immer neuer logischer Gefüge mit Nominaldefinitionen von Zwang, Macht, Herrschaft, Gewalt, Terror etc. für die Erfassung realer Verhältnisse hinzuweisen und das Systemstabilisierende, das die Gewaltverhältnisse Perpetuierende in diesem Vorgehen herauszustellen. Bedeutsam scheint vielmehr für eine Diskussion des Phänomens Gewalt, daß sie nicht nur im Sprechen von der Gewalt konnotativ eingeschränkt ist, sondern daß sie in den theoretischen Schriften, die unreflektiert von dieser sprachlich vorgegebenen Einschränkung ausgehen, noch einmal in ihrer Bedeutung verengt wird; so, wenn Gewalt nur noch als soziale Gewalt verstanden wird, so, wenn Gewalt nur noch von Aggression ableitbar zu sein scheint.

Den gesellschaftlichen Aspekt von Gewalt wieder realitätsnäher fassen zu wollen besagt, Gewalt in Wechselbeziehung zur kapitalistischen Gesellschaftsstruktur zu analysieren, wie es jenseits von Galtungs »struktureller Gewalt« Wolf-Dieter Narr und Klaus Horn in ihren Beiträgen versuchen, heißt, die Verbindung zwischen soziologischen und nicht-soziologischen Teilen im Phänomen soziale Gewalt herauszuarbeiten, wie es beispielsweise in den Aufsätzen von Niklas Luhmann und mir geschieht, und meint schließlich, das heutige Verständnis von Gewalt als ein historisch gewordenes zu begreifen, wie Kurt Röttgers im begriffsgeschichtlichen Teil zeigt.

An Stelle eines Nachworts habe ich einige Diskussionspunkte des Kolloquiums aufgegriffen. Daß diese Ausführungen nicht vom Konsens der übrigen vier Autoren des Bandes getragen sein müssen, bedarf wohl keiner Hervorhebung. Auch wenn deren Beiträge nicht widerspruchsfrei ineinandergreifen, so bestand doch Übereinstimmung über die sozial vermittelte Begrenztheit des Verständnisses von Gewalt im Reden über Gewalt, über die bewußte Vernachlässigung des subjektiven Faktors in den theoretischen Ansätzen. Wäre es anders, bedürfte es dieses Sammelbandes nicht.

Bielefeld, Juli 1974 Otthein Rammstedt

Wolf-Dieter Narr
Gewalt und Legitimität*

Die Situation ist da: »Gewalt kann nur mit Gewalt begegnet werden«

Wieder einmal gilt: »Wir sind im Krieg« (Nannen 1972). Dies ist kein Krieg, der die Mobilisierung der Bundeswehr zur Folge hätte, dies ist kein Krieg, der eine Nation total gegen eine andere Nation hetzte; und doch enthält die Formel »Wir sind im Krieg« mehr, als es der Erfinder dieser Sentenz gedacht hat. Wir erleben tatsächlich in aller Ruhe kriegsähnliche Zeiten.

Für diese Aussage lassen sich folgende Symptome anführen:

– die Enthumanisierung des Gegners, den es zu vernichten gilt; damit hängt zugleich die Freigabe der Einsatzmittel zusammen;

– die Schließung der ›Heimatfront‹: es gibt keine mittleren und keine kontroversen Positionen mehr, sondern nur noch ein Entweder-Oder;

– die Aufrüstung bzw. Verdichtung des Sicherheitsapparates;

– die Kriminalisierung der prinzipiellen politischen Gegner, wobei dem Adjektiv ›prinzipiell‹ ein weiter Interpretationsspielraum gelassen wird. Der Kriminalisierung der politischen Gegner entspricht eine Politisierung der Kriminalität.

Der Krieg, in dem wir uns gemäß dem oben zitierten Wort befinden, geht gegen Terror und Gewalt; er gilt gewaltsamen Umstürzlern aller Art, solchen, die das bestehende System prinzipiell bekämpfen. Der Kampf gegen die Baader-Meinhof-Gruppe ist hierfür das extreme Beispiel. Der Krieg gilt gleichzeitig allen Arten von fremdländischen Flugzeugentführern und Terroristen, die, wenn sie nicht das eigene System in Frage stellen, so doch die Souveränität, das Monopol legitimer physischer Gewaltausübung direkt gefährden (Loewenstein 1972). Das könnte als Zeichen der Schwäche des Systems

* Der Beitrag erschien zuerst in *Leviathan* 1 (1973), S. 7 ff.

interpretiert werden und alles ins Wanken bringen. Das Ende aller Sicherheit bräche an. Der Kampf, der Krieg wird geführt gegen die Palästinenser, ja gegen die Araber insgesamt. Beispielhaft dafür sind Aktionen, die in ihrer Inhumanität und rechtsstaatlichen Lässigkeit tatsächlich Kriegssymptome tragen: nämlich die Art der Ausweisung, der Abschiebung arabischer Gäste (*Süddeutsche Zeitung* 1972). Der Krieg wird geführt für die Souveränität installierter Ordnung auf der Basis einer einheitlichen Wertüberzeugung (Barzel 1972).

Dabei treten wie von selbst Merkmale auf, die Margret Boveri dem Jahrhundert des Verrats, dem 20., besonders zugeschrieben hat, obwohl solche Nova bei geschichtlichem Vergleich stark verblassen: das Merkmal, daß innerer Gegner und äußerer Feind sich nicht mehr klar auseinanderhalten lassen bzw. auseinandergehalten werden, daß bei der Bekämpfung solcher Gegner und Feinde Polizei- und Militärfunktionen wieder vor-rechtsstaatlich ineinanderfließen. Damit hängt zusammen, daß Zwischenpositionen in die Zone des Verrats rücken, weshalb auch, um wieder die staatliche Reaktion als Beleg zu zitieren, die besondere Überwachung solcher Zwischenpositionen und ihrer Inhaber akut wird.

Anläßlich der Münchener Ereignisse vom 4. und 5. September 1972 wird primär die Effizienz-Frage diskutiert, während die Lebenserhaltung der Geiseln, von den beteiligten Palästinensern ganz zu schweigen, nur ein Moment unter anderen ist. Schon dieser eindeutige Bezugsvorrang simplifiziert: Souveränität versus Menschenleben (*Spiegel* 1972) ist ein Symptom, wie Herrschaft durch Verschweigen geschieht. Derjenige, der auf die Ursachen eingehen wollte, geriete moralisch ins Zwielicht. Gegengewalt scheint klarer, ist in jedem Fall kostensparend und kurzfristig stärker loyalitätserhaltend. Reform, gar eine, die auf internationalem Gebiet ansetzen müßte, ist komplizierter und für die Herrschaft gefährlicher.

Neu an den jüngsten Ereignissen und Aktionen, obwohl sie selbst wiederum nicht ohne historische Parallelen sind, ist der durch den internationalen Arbeits- und Bildungsmarkt geförderte, durch die Entwicklung der Kommunikationsmittel unterstützte Export von nationalen und internationalen Problemen mit den Mitteln der Gewalt, ist der Versuch der internationalen Symbolisierung regionaler und lokaler Probleme. Dieser Vorgang ist auf wirtschaftlichem Feld längst zur Banalität geworden, wird nun aber gleichsam politisch nachgeholt. Auch der Bürgerkrieg läßt sich nicht mehr ganz domestizieren. Das verleugnete, häufig unterdrückte Politikum des Kampfes gegen die Armut, auch der sogenannten Entwicklungshilfe, wird gewaltsam eingeholt; die Souveränität von geographisch begrenzter Herrschaft wird nicht nur gebietsgetreu in Frage gestellt. Die Opfer inneren Sozialimperialismus und äußerer, verschieden gewichtiger imperialistischer Handlungen machen sich nun auch international bemerkbar.

Da wir uns im Krieg befinden, da der Sicherheitsgürtel enger zu schnallen ist, wird hier insbesondere im Hinblick auf die Bundesrepublik gesprochen, obwohl die Aussagen nicht allein für sie gültig sind. Auch andernorts ist die innenpolitische Liberalisierung zweifelhaft, die von einem Ermatten im Kalten Krieg erwartet werden konnte. Der Antikommunismus in seinen diversen Spielarten (Arendt 1972) nimmt neue Gestalt an: Die entpersonalisierten Baader-Meinhofs sind unter uns! Der Kampf muß verfeinert werden.

Diese Situation muß sich auf jede noch so nüchterne Analyse des Gewaltphänomens auswirken. Sie gerät, was immer sie tut, in den herrschafts-, stabilitätssichernden Strudel eines Votums, das entweder für Stabilität eintritt oder gegen Ordnung argumentiert. Verlangen kann man nur, daß solche Analysen die Kriterien dessen auf den Tisch legen, was sie unter Ordnung als zu erhaltender bzw. unter Stabilität als in Frage zu stellender verstanden wissen wollen. Nur so läßt sich vermeiden, daß die Souveränitäts- und Ordnungspauschale allzu schnell als intellektueller und gar praktischer Totschläger benutzt wird.

Stabilitätsgebräunte Wissenschaft und unspezifische Gewalttraktate

Daß es sich bei den Gewaltvorfällen um Phänomene des politischen Prozesses, um Ereignisse also spezifisch institutionalisierter und geschützter Herrschaft handele (Tilly 1972; Skolnik 1969), wird zwar tunlichst unterdrückt und nicht erwähnt, zeigt sich aber nicht zuletzt an den Vorbereitungen und Reaktionen der jeweiligen politischen Systeme selbst. Wie anders wäre der Mangel an Gelassenheit zu verstehen? Um so erstaunlicher ist es, daß der kumulative Effekt der dauernden Zwangsanwendung und des Gebrauchs von Gewalt (Wolin 1960) durch den »durchorganisierten Sanktionskonzern« (Lautmann 1971) Staat auf die Gesellschaft von den dominanten Richtungen der Sozialwissenschaft euphemistisch verschwiegen oder verzuckert wird. »Stabilität«, »Legitimität«, »Gleichgewicht« usw., allenfalls »Krise« oder »Konflikt» – so lauten die scheinbar aseptischen Zentralbegriffe. Heutige Analysen beziehen sich deshalb konsequenterweise auch auf Fragen der konflikthaften Überforderung der politischen Systeme und sind darauf gerichtet, Mechanismen der Konfliktvermeidung zu erfinden (Lasswell 1930). Dort, wo Gewalt ausdrücklich zum Thema wird, bleibt man gewöhnlich bei allgemeinen Phänomenologien stehen und gibt bestenfalls historische Einzelbeschreibungen. Die angebotenen Erklärungsschemata leiden unter ihrem Allgemeinheitsanspruch, der primär durch die Pauschalität der Konzepte eingeholt wird: Dabei haben den Vorrang Konzepte anthropologisch-psychologischen Typs, die meist von der Prämisse ausgehen, Gewalt sei ein der menschlichen Persönlichkeit inhärentes Merkmal (Toch 1972). Die Erklärungen selbst sind so situationsenthoben, so auf allgemeine Struktur- oder Verhaltensmerkmale abgestimmt, daß sie sich allenfalls im Kreise drehen: Unzufriedenheit erhöht die Anfälligkeit für Gewalthandlungen (Feierabend et al. 1972). Die Schlußfolgerungen eines Rezensenten anläßlich der Besprechung des Buches von Ted Gurr lauten deswegen nicht ohne Berechtigung: »Wer sich auf das Gebiet politischer Gewalt begibt, muß eine Unmenge Material durchackern und kommt dennoch über intelligente Binsenweisheiten nicht hinaus« (Potyka 1972).

Selbst diese ›Binsenweisheiten‹ bleiben nicht ohne Schlagseite, nämlich insofern sie nur einen spezifischen Teil der Gewalt thematisieren, meistens psychologisch, und somit das adäquate analytische Erfordernis, Gewalt als Teil des Herrschaftsprozesses zu begreifen, mißachten. Zudem fehlt jede weitere Kosten- und Nutzenanalyse der Gewalt. Die Zahl der Toten und Verletzten wird allenfalls zu einem rohen deskriptiven Indikator verdinglicht, der anzeigen soll, ob und in welchem Ausmaß Gewalt vorgefallen ist. Der Gewaltvorfall und seine Erklärung werden gewissermaßen entobjektiviert. Insofern man ein stabiles System für legitim erachtet, wird der Vorfall von Gewalt primär ein Problem von Gruppen, die an der Legitimität des Systems oder einiger Teiläußerungen zweifeln. Die implizit oder explizit vorgeschlagene Strategie besteht deswegen meist darin, die Legitimität durch Wiederherstellung des Vertrauenspotentials, durch alle Formen politischer Bildung einzuüben.

Die verschiedensten historischen Gesellschaftsformen und politischen Systeme unterscheiden sich nicht nur durch das Ausmaß von Gewalt (Vorfall), sondern auch durch die Art der Entstehungsgründe, durch die Art der Gewaltkontrolle und durch die Art der anfallenden Kosten. (Wer wird wie durch die Gewaltakte betroffen.) Unterscheidungen lassen sich ferner festmachen an der Art und Weise, wie diese vier Aspekte miteinander verbunden sind und in welcher Entwicklung sie sich befinden. Denn als gesellschaftliches Phänomen (das selbst im Masochismus noch durchschlägt) hat Gewalt je andere Adressaten, benutzt sie ihre Mittel jeweils anders, unterliegt sie einer geschichtlichen Entwicklung. (Deswegen ist das Thema »Gewalt und Technologie« einer eigenen Betrachtung wert.) Wer die Kosten der Gewalt summieren, wer sie gar reduzieren will, ist auf die geschichtliche Analyse verwiesen. Diese kann sich selbstverständlich nicht mit der abstrakten Zurechnung auf Zeiträume begnügen (Feierabend et al. 1972). Historische Analyse heißt vielmehr, daß die spezifischen Funktionen und Prozeßbedingungen der jeweiligen gesellschaftlichen Einheiten untersucht werden.

Aus diesem Grund wird hier angesetzt an den westlichen Nationalstaaten, wie sie sich in der Neuzeit herausgebildet haben, die mit der kapitalistischen Wirtschaft, sie schaffend und von ihr geschaffen, eine unauflösliche Symbiose eingegangen sind. Solche historisch-epochale und funktional-strukturelle Verortung läßt nur die Bedingungen von Gewalt angeben und den allgemeinen »Kostenanfall« kalkulieren, nicht aber die Vorfallszeit von Kosten genau bestimmen. »Gewaltanfall« selbst *kann*, auch wenn er in großem Ausmaß geschieht, er *muß* aber nicht die Krise eines gesellschaftlichen

Systems anzeigen. Durchaus kann hohe Stabilität mit relativ häufigen Gewaltvorfällen einhergehen (Hofstadter 1970).

Die in den letzten Sätzen enthaltene Behauptung sei in anderer Weise wiederholt: Es wird nicht davon ausgegangen, daß Gewalt allein unter kapitalistischen Verhältnissen vorfalle, sondern es wird behauptet, daß kapitalistischen Gesellschaften spezifische Gewaltformen und Gewaltinhalte eignen. Die epochal-strukturelle Zuordnung der Gewalt im vorliegenden Fall zu den kapitalistischen Gesellschaften bewahrt eine relativ hohe analytische Anwendungsbreite der Kriterien. Die allgemeine Annahme hierfür, die sich in diesem Zusammenhang nicht eigens bestätigen läßt, lautet: Die Hauptprobleme der Gewalt in entwickelten kapitalistischen Ländern beruhen letztlich auf denselben strukturellen Ursachen, sind Abfall und Ausdruck derselben Funktionen und Entwicklungstendenzen.

Diese Annahme soll aber zum einen nicht verkennen lassen, daß trotz der allgemeinen historischen Struktur- und Funktionsgleichheit oder zumindest Ähnlichkeit dieser Länder in der Art der Institutionalisierung der Gewalt, der Ungleichgewichtigkeiten der wirtschaftlichen Entwicklung, der kulturell-kognitiven Tradition, wichtige Unterschiede zwischen diesen Ländern bestehen. Sie machen einen genauen Vergleich sowohl möglich als auch sinnvoll und nötig. Damit ist die zweite, mit der ersten zusammenhängende Annahme schon klar: Eine Analyse der Gewalt kann nur von einer Analyse der ökonomischen und der politischen Struktur ausgehen. Selbst wenn man voraussetzt, daß die Potentialität von Gewalt qua Gesellschaft und qua anthropologischer Gegebenheit vorhanden ist, so bleibt doch das gesellschaftliche Hauptproblem, welche Organisation von Gesellschaft und ihrer Reproduktion den Vorfall von Gewalt am niedrigsten, human am billigsten hält. Um aber die Organisation einer Gesellschaft zu analysieren, muß nach den Funktionen dieser Organisation und der dann tatsächlich von der Organisation erbrachten Leistung gefragt werden. Dies ist aber im Hinblick auf eine empirische Analyse und im Hinblick auf den Wandel der institutionellen und materiellen Ressourcen in Kritik und Konstruktion nur historisch für einen jeweiligen Gesellschaftstypus, in unserem Falle also den kapitalistischen im fortgeschrittenen Stadium, möglich. Die verschiedenen Analysen zur Gewalt werden unter diesem Aspekt zu befragen sein: Haben sie die Zuordnung der Gewalt zum herrschenden Struktur- und Funktionengeflecht geleistet oder nicht?

Der erste Hauptpunkt (I) des folgenden Aufrisses, der eine Mischung aus Forschungsplan, Literaturbericht und eigener partiell belegter Analyse darstellt, besteht deshalb in der schematischen Skizze von Leistung und Kosten des Nationalstaates neuzeitlicher westlicher Prägung; dabei werden genetische und funktionale Aspekte sehr verkürzt dargestellt. Wird Gewalt, nicht nur im Rahmen, sondern als Funktion des kapitalistischen Systems begriffen, so erfordert ihre Analyse erheblich mehr Vermittlungsschritte, als hier gegangen werden können.

Der zweite Teil (II) beschäftigt sich mit der Gewaltdefinition. Denn mit dem Gewaltbegriff wird eine Fülle z. T. heterogener Phänomene abgedeckt. Als richtungsloser Begriff wird er beliebig gebraucht, etwa so: Gewalt wird allgemein identifiziert mit Aggression; Gewalt wird nur gesehen, wenn Aktionen gegen etablierte Instanzen stattfinden (als Korrespondenzbegriff zu institutionalisierter Herrschaft); Gewalt wird identifiziert mit jeder »unnötigen« Ungleichheit usw. Andererseits kann es nicht darum gehen, mehr oder weniger begriffsrealistisch den Wörtern Gewalt, Zwang, Macht, Herrschaft irgendeinen sprachlich abgeleiteten, letztlich vorsprachlichen Sinn zu unterschieben; vielmehr wäre gegen die Vergewaltigung der Wirklichkeit der Gewalt mit den verschiedenen interpretationsoffenen Pauschalbegriffen ein kriteriengenauer Gebrauch herauszuarbeiten.

In einem dritten Teil (III) sind amerikanische Erfahrungen der mittsechziger Jahre zu summieren und daraufhin zu befragen, was sie für die allgemeine Analyse der Gewalt, wie sie hier vorgeschlagen wird, hergeben. Die Tatsache, daß es seit der Berichtszeit (1970) in den amerikanischen Städten, in den amerikanischen Ghettos und den amerikanischen Universitäten erheblich ruhiger geworden ist (Flottau 1972), bestätigt die Hauptthesen dieser Analyse, die das Phänomen der Gewalt direkt mit dem politischen Prozeß verbinden. Und sie widerlegt die Behauptungen, wie sie in symptomatischer Weise z. B. von Banfield und anderen vorgetragen worden sind, die unter den Gewaltaktionen nichts anderes als irrationalen Jugendterror verstanden wissen wollten (Banfield 1969). Die amerikanischen Fälle exemplifizieren die generellen Annahmen trotz der dort stärker wirksamen rassistischen Faktoren. Die Bedingungen der Gewalt im heutigen Amerika und die Reaktion darauf scheinen überwiegend typischen und nicht überwiegend spezifischen Charakter zu besitzen. Der abschließende vierte Teil (IV) wird, anknüpfend an die generelle Ausgangsthese, das Gewaltphänomen mit spezifischen Problemen der gegenwärtigen staatlichen Wirklichkeit zusammen erörtern und mit einer strategischen Einschätzung der Gewaltfrage enden.

I. Das Monopol legitimer physischer Gewaltsamkeit in der kapitalistischen Ordnung

»After all, the greatest and most calculating of killers is the national state, and this is true not only in international wars, but in domestic conflicts.« (Hofstadter 1970) »The story of our diminished violence, in those areas of our life where it has in fact largely been brought under control, has been in good part the story of the submergence and defeat of arbitrary, bigoted, self-satisfied local forces by the advancing cosmopolitan sentiment of a larger, somewhat more neutrally minded state, or, better, national public. It has been marked by the replacement of smalltown vigilantes by state authorities or national troops; the subordination of local sheriffs harboring secret or even open mob sympaties to the external forces of relatively neutral law, by the supremacy of national laws and standards over state and municipal laws and practices [...] the establishment of national legal authority over a system of recogniced collective bargaining.« (Hofstadter 1970).

Diese beiden Zitate, die derselben Abhandlung entnommen worden sind, zeigen die Ambivalenz, mit der die Staatsentwicklung als die Entwicklung sich konzentrierender Gewaltausübung unter Abbau partikulärer und privater Gewalt beurteilt werden muß. Der Staat gewann sein Monopol durch die Beseitigung feudaler (Brunner 1959), lokaler und gruppenspezifischer Gewaltpraktiken: Das Monopol legitimer physischer Gewaltsamkeit wurde so, nach der Formulierung Max Webers, zum leitenden Kriterium des modernen Staates schlechthin. Über dieses Monopol, über die Kapazität »Ordnung« zu schaffen, wird bestimmt, welchem Recht jeweils Geltungskraft zukommt, was Legalität jeweils bedeutet. Rechtsstaat bedeutet das Recht der Ordnung, die der Monopolinhaber definiert, legitimiert und letztlich durchsetzt. Die geglückte Ausübung des Monopols legitimiert den Monopolinhaber im Hinblick auf seine Friedensfunktion und die Erhöhung der Sicherheit im Innern eines Landes sowie nach außen. Zur Erhaltung dieser sicheren Ordnung definiert der Monopolinhaber aber den Einsatz des Monopols selbst. So sind schon vom Ansatz her das Instrument, nämlich physische Gewaltsamkeit, und sein Einsatz durch den Monopolinhaber relativ frei im Hinblick auf das Ergebnis, nämlich Friedens- und Sicherheitswahrung. Die Betrachtung staatlicher Gewalt und ihrer Kosten griffe zu kurz, wenn sie nur die Institutionen typischer Gewaltanwendung physischer Natur betrachtete. Das Monopol setzt sich in mannigfacher Form durch: sei es durch die Fürsorgeerziehung, sei es durch die Polizei, sei es durch die Justiz, sei es durch den Zoll usw. (Lautmann 1971). Zentral für alle Betrachtung ist vielmehr, daß die Sanktionsinstanzen selber die gesetzlich geronnene Normalität interpretieren, zu deren Erhaltung und Durchsetzung im Falle des Nichtvollzugs und der Verweigerung physische Gewaltsamkeit dient. Auf eine verkürzte Formel gebracht heißt dies: Im Recht und in der Justiz liegt oftmals das Problem, nicht in der Polizei. Die jeweilige Legalordnung bestimmt, wo, wann, wodurch und von wem physische Gewalt legitim anzuwenden sei. Physisch legitimierte Gewaltsamkeit setzt allerdings die Legalordnung durch, sie interpretiert sie und bestimmt, was legal letztlich der Fall ist. Aber auch dieses Hinausgreifen über die Erscheinungsformen physischer Gewaltsamkeit und ihrer Institutionen reicht noch nicht hin. Erst über den spezifischen Inhalt, die spezifische Funktion der Legalordnung und ihrer Einzelteile, erst über die generalisierten Einsatzbefehle und ihre Selektivitäten wird der physische Gewaltapparat auch dort, wo er unter der Decke bleibt, greifbar.

Der Aufbau staatlicher Organisation und Gewalt ging Hand in Hand mit der Vorbereitung, mit der Ermöglichung kapitalistischer Wirtschaftsordnung. Allein zu dieser Vorbereitung war ein erhebliches Maß an staatlicher Gewalt vonnöten (Marx 1962). Die Struktur der Ordnung wurde, nachdem die kapitalistische Wirtschaft in Gang gesetzt worden war, von der Dynamik des Wert-›Gesetzes‹ als eines spezifischen Wachstumsgesetzes bestimmt. Modelltheoretisch gesehen, bewährte sich hierbei der scheinbar gewaltlose Marktmechanismus als lautlose Sozialisationsinstanz kapitalistischer Produktionsweise. Doch reichte eben dieser »lautlose« Marktmechanismus von Anfang an nicht zu. Die scheinbare Gewaltlosigkeit bewährte sich in der »Externalisierung der Gewalt», d. h. im Verlagern des jeweiligen Bedarfs hinüber zu den staatlichen Institutionen. Die Regulierung der ersten »externen Effekte« und der ordnungsgemäßen Voraussetzungen kapitalistischer Wirtschaft, die Stabilisierung der privat strukturierten gesellschaftlichen Ungleichheiten und ihrer Dynamik wurden zum Hauptmotiv des Aufbaus des Rechtsstaates und der Polizei als einer spezialisierten Zwangsordnungs-Verwaltung zum Schutze industrieller Produktion (Lane 1969, 1971). Hier spielte sich auf staatlich offizieller Ebene ab, was seither als Grundprinzip angesehen werden kann: der gesellschaftlichen Arbeitsteilung im Produktionsbereich, den dort erzeugten externen Effekten, entspricht die offizielle Arbeitsteilung professionell spezialisierter Institutionen, deren formal allgemeine Wirksamkeit nicht mit der materiell gleichen Wirkung verwechselt werden darf. Hierfür ist die Selektivität der Polizeiaktionen von allem Anfang an typisch. Durch die Art des Eigentumsschutzes, durch die Art der vorgegebenen Eigentumsverteilung und ihrer fortlaufend erzeugten Dynamik, durch die Art der ausbeuterischen Produktionsweise (verbunden mit politischen Teilfreiheiten), durch die Art der Sozialisation war einerseits das Muster möglicher Kriminalität und Gewalt nicht institutionalisierter Art und andererseits das Reaktionsmuster staatlicher Gewalt von vornherein gegeben. Die staatlichen Instanzen konnten und mußten aufgrund des Monopols physischer Gewaltsamkeit tätig werden. Beleg für diese allgemeine Aussage sind die (noch nie im Zusammenhang analysierten) staatlichen Eingriffe in den Konfliktzusammenhang von Lohnarbeit und Kapital, wie sie sich überdeutlich vor allem im 19. und beginnenden 20. Jahrhundert zeigten, sind die staatlichen Interventionen zur Erhaltung der Arbeitsdisziplin, zur Eindämmung von Streiks und ähnliches mehr (Wallace 1971, Hofstadter 1971). In diesem Sinne fehlt nach wie vor eine systematische »Kosten- und Nutzenanalyse« der kapitalistischen Industrialisierung des 19. und 20. Jahrhunderts, wie sie, von einem anderen Ansatz her, auch von Barrington Moore gefordert worden ist.

In diesem Kontext läßt sich auch zeigen, daß der Aufbau der Polizei und die Ausübung ihrer Funktionen (vor dem Hintergrund der privatrechtlichen Legalordnung, die sich auch staatsrechtlich niederschlug) nur die eine, zeitlich vorgezogene Seite staatlicher Aktivität darstellt, der auf der anderen Seite das sozialpolitische Instrumentarium, der Apparat positiver Sanktionen, entspricht. Das Geflecht gleichläufiger positiver und negativer Sanktionen, wofür Bismarcks Politik nur ein besonders sinnfälliger Ausdruck war, läßt sich im Hinblick auf die Erhaltung einer bestimmten Ordnung, einer bestimmten Herrschaft funktional leicht zurechtstutzen. So sehr die Aktivitäten des Monopolinhabers legitimer physischer Gewaltsamkeit den Unternehmen im einzelnen mißliebig sein mögen, so unabdingbar sind sie andererseits zur Erhaltung der Sicherheit insgesamt, zum Einsparen der Kosten, nicht zuletzt auch dadurch, daß die ›Gewalt der Verhältnisse‹ durch die Sozialisationsinstanzen selbst schon vor die Perzeptionsschwelle gelegt wird. Umgekehrt ist die staatliche Parteilichkeit im Hinblick auf die kapitalistische Ordnung nicht einfach voluntaristisch politisch zu überspringen, da die physischen Ressourcen staatlichen Handelns nicht nur vom Wirtschaftsprozeß bedingt sind, sondern weil eine Krise der kapitalistischen Produktionsverhältnisse eine Herrschaftskrise insgesamt auslösen müßte. Es bedarf keiner Verschwörungsannahme, um die gegenseitige funktionale Abhängigkeit klarzulegen. Zur Überprüfung muß man sich nur vergegenwärtigen, wie die jeweiligen Krisen ausbrechen und in welcher Weise sie bereinigt werden. Die Sozialstruktur der Eingriffe bis hin zu den Instrumenten der neuen Einkommenspolitik ist eindeutig. Dies gilt für die Muster der Ordnungs- und Sicherheitskonzepte (für das, was die Politologen Stabilität nennen) insgesamt.

Ein letzter Aspekt ist in diesem Zusammenhang zu nennen:

Auch die Institution des Monopols physischer Gewaltsamkeit unterliegt einem fortlaufenden geschichtlichen Prozeß. Die staatliche Entwicklung läßt sich vor allem auf zwei Ebenen zeigen: einmal auf der Ebene zunehmender staatlicher Verbreiterung des Einflußbereiches und zweitens in der Erhöhung der politischen Beteiligung im Sinne der Artikulations- und Aggregationsprozesse, der politischen Mobilisierung im weitesten Sinn. Wie in der staatlichen Sicherheitsgewährung, wie in der Sozialpolitik zeigt sich auch hier die strukturelle Ambivalenz staatlicher Entwicklungen und Handlungen.

Die dauernd erzeugte Ungleichheit und das die Ungleichheit als Ordnung bewahrende Sicherheitskonzept wären nun über die Zeit hinweg zu dynamisieren. Ungleichheit entsteht auf dem Sektor der Branchen-, der Produktionsstruktur insgesamt, der Produktionsverhältnisse (des Verhältnisses von Kapital und Arbeit), der gesamtgesellschaftlichen Prioritäten insgesamt, der Folgen sozialer Ungleichheit, der externen Effekte usw. Die Ungleichheit ist Ordnung geworden und generiert ihre Ordnungskonflikte, im Hinblick auf welche der Staat mit der Hilfe seines Monopols legitimer physischer Gewaltsamkeit tätig wird. Sofern solche Konflikte im Rahmen festgelegter Legalität beseitigbar sind, geschieht dies unter relativ häufigem Einbezug der Betroffenen. Der Monopoleinsatz erfolgt allerdings so bald ohne Beteiligung, wie die Ungleichheitsstruktur insgesamt angetastet wird; die jeweils Betroffenen werden systematisch ausgeschaltet. Vereinfacht geredet, kann man einen doppelten Sicherheits- /Unsicherheitskreisel feststellen:

Die Struktur gesellschaftlich verankerter Ungleichheit erzeugt fortlaufend Krisen und Unsicherheit, die den Staat zu Aktionen veranlassen, um die ungleiche Struktur als ordentliche zu erhalten und Massenloyalität zu gewährleisten.

Die Erhaltung der ungleichen Struktur generiert ihrerseits wiederum erneut Krisen und konfligierende Gruppen, im Hinblick auf die der Staat erneut sein Monopol einzusetzen hat; letzteres geschieht häufig dadurch, daß diejenigen Gruppen, die gegen die Krisenstruktur angehen, loyalitätsheischend angegriffen werden. Die Gruppen, die die Struktur der Privatheit in Frage stellen, erscheinen selbst als die, die das allgemeine Wohl bedrohen. Die Gruppen aber, die tatsächlich von der Struktur der Ungleichheit permanent gefährdet werden und soziale Deprivation erleiden, können ihrerseits für das Ordnungskonzept mobilisiert werden. Die Krisen sind also selbst zum Stabilitätsfaktor ersten Ranges geworden. Darüber hinaus löst sich Sicherheit sowohl habituell, in der Auffassung der Bevölkerung und ihrer Gruppen, als auch instrumentell-institutionell ab von spezifisch zu sichernder Ordnung und wird nahezu beliebig fungibel. Die sicherheitsbewahrenden Instanzen können deshalb ein fast unbestimmtes Kostenrisiko eingehen und hinterher unverhältnismäßig erscheinende Kosten als tragisch disqualifizieren oder individualisieren. Die Erschießung von Ian MacLeod mag hierfür als Symptom genannt werden.

Anomie, gegen die herrschende Ordnung in ihren einzelnen Instituten angehendes Verhalten, wird nicht nur vom Ordnungskonzept selbst geschaffen. Gleichzeitig versucht man sie in jeder Weise an die Peripherie der Gesellschaft zu drücken (Skolnik 1971). Dieser Vorgang läßt sich nicht zuletzt an der Art der Beseitigung der Hochschulrevolte beobachten. Die Behauptung in diesem Kontext lautet: In Verfolgung und der politologisch-politökonomischen Uminterpretation der Durkheim-Formel können auch scheinbar private Anomien (in die etwa das Drogenverhalten weitgehend abgeschoben wird) nur gesellschaftlich erklärt werden, sie hängen strikt mit der Legal- und Legitimitätsstruktur einer Gesellschaft zusammen. Die Individualisierung, Kriminalisierung und Psychotherapeutisierung von Gewaltaktionen, insofern sie gegen die Ordnung gerichtet sind, können als symptomkurierende Steuerungsformeln bezeichnet werden.

II. Gewalt – eine analytisch schwer handhabbare Kategorie

Auch wenn man, wie es hier geschieht, als analytischen Bezugsrahmen für die Gewaltanalyse spezifisch konstituierte Herrschaft und die spezifische Legalstruktur einer Gesellschaft zum Ausgangspunkt nimmt, ist der Gewaltbegriff schwer genau zu fassen. Diese Schwierigkeit der Definition gilt besonders, wenn man einerseits die Richtungslosigkeit des bloßen Aggressionsbegriffs vermeiden will, der außerdem häufig individualisiert und psychologisch ontologisiert wird, und andererseits einer allzu einseitigen Festlegung zu entgehen sucht. Als Gewaltphänomene werden häufig Erscheinungen nur dann akzeptiert – davon war oben schon kurz die Rede –, wenn sozusagen sichtbar Blut fließt. Der Gewaltbegriff läßt somit nur spezifische Resultate erfassen, Resultate wiederum, die in einer ganz bestimmten Erscheinungsform auftreten müssen. Sanftes, durchaus gesellschaftlich aktiv erzeugtes Dahinsterben fällt aus der Gewaltkategorie heraus. Damit hängt eng zusammen, daß der Gewaltbegriff oft rein instrumentell gebraucht wird, daß er wieder darauf abhebt, daß Instrumente gebraucht werden, die direkt und beobachtbar physische Verletzungen von Personen durch Personen herbeiführen. Bei diesen Definitionsarten, denen sich eine Fülle von Varianten zuweisen ließen, wird aber der Gewaltbegriff zum impressionistischen Ausrufungszeichen.

Wie läßt sich ein heuristisch sensibler und operabler Gewaltbegriff gewinnen, der die Auswahl der Phänomene nicht von vornherein begrenzt wie der auf physische Gewalt/Vergewaltigung allein begründete Begriff? Ein Gewaltbegriff ist zu finden, der nicht so breit ist, daß er zum Unbegriff wird, weil schließlich fast alle gesellschaftlichen Phänomene sich unter ihn subsumieren lassen. Gesellschaft etwa generell als gewaltsame zu definieren, ist ebenso unsinnig wie gefährlich, weil damit die erheblichen Unterschiede im Gewaltvorfall und in den Gewaltkosten zwischen einzelnen Gesellschaftsformen nivelliert werden. Um seine analytisch-heuristische Fähigkeit zu erhalten und ihn sowohl allgemein wie historisch verwendbar zu machen, muß man versuchen, den Begriff auf den Nenner seiner Grund- und Hauptfunktionen zu bringen: Was bewirkt Gewalt, was ist, wenn Gewalt stattfindet (stattgefunden hat)? Der allgemeine Gewaltbegriff ist hierbei immer historisch spezifisch, d. h. inhaltlich umzudefinieren. Da ein Konsens zwischen fast allen Gewaltanwendern und Gewaltrechtfertigern zu bestimmten Zeiten herrscht, nämlich daß es selbst bei Anwendung von Gewalt letztlich darum gehe, Gewalt zu vermeiden; und da ferner angenommen werden kann, daß Gesellschaft generell auch in der Gewaltvermeidung ihre Ursache und ihre Funktion hat, bedarf es einer gesellschaftlichen Qualifizierung des Begriffs. Erst dann wird eine Gewaltanalyse auch zur Frage der Vermeidbarkeit von Gewalt einiges beitragen können.

Merleau-Ponty kommt dieser Aufgabe einen Schritt näher: »Gewalt ist die allen Regimen gemeinsame Ausgangssituation. Leben, Diskussion und politische Entscheidung vollziehen sich einzig auf diesem Hintergrund. Was zählt und worüber man diskutieren muß, ist nicht die Gewalt, sondern ihr Sinn oder ihre Zukunft« (Merleau-Ponty 1966). Doch ist dieser »Schritt«, so scheint es, zu kurz. Richtig ist die Ablehnung perspektivenloser Verurteilung der Gewalt, die zudem die Kosten der Normalität gewöhnlich nicht reflektiert. Richtig ist auch die Feststellung, daß Gewalt nur im historischen Kontext einer gesellschaftlichen Strategie bzw. Gegenstrategie beurteilt werden kann. Doch bleibt die Qualifikation von Gewalt bei Merleau-Ponty zu intentional und zu antizipatorisch. Die Intention erhält Sinn erst dann, wenn man ihr, wie es Merleau-Ponty im Kontext tut, eine klare Zurechnungsgröße beigibt, etwa die Schaffung einer sozialistischen Gesellschaft, zu deren Herbeiführung die gewaltsame Destruktion z. B. der landbesitzenden Klassen notwendig ist. Das bloß antizipatorische Element hingegen wird fragwürdig, wenn es die Kosten der Gegenwart nicht veranschlagt, wenn in der Gewinn- und Verlustrechnung Gegenwart und Zukunft getrennt werden. In dieser Hinsicht führt Johan Galtungs Definition weiter, die bewußt historisch unspezifisch bleibt und auf einen generellen sozialen Aktionszusammenhang und sein Resultat zielt: »Gewalt liegt dann vor, wenn Menschen so beeinflußt werden, daß ihre aktuelle somatische und geistige Verwirklichung geringer ist als ihre potentielle Verwirklichung« (Galtung 1971). Der Vorteil von Galtungs Definition liegt in ihrer Absage an die Beliebigkeit subjektiver Auffassung und die Oberflächlichkeit direkter Beobachtung. Galtung schließt sozusagen vom Resultat und von den Vergleichen zwischen Resultaten auf das Geschehene und auf den Sinn des Geschehenen. Ein aktuelles Beispiel sei zur Illustration herausgegriffen: Sterben soundso viele Frauen bei der heimlich vollzogenen Abtreibung oder erleiden immerhin bleibende Schäden, so setzt sich bei dieser in Heimlichkeit vollziehenden Abtreibung der herrschende Konsens einer Gesellschaft durch oder jedenfalls die Auffassung von Gruppen, die es vermögen, diesen Konsens als herrschenden auszugeben, und bewirkt scheinbar durch bloße Gesetzesfestlegung enorme negative physische Folgen für eine große Zahl von Menschen, von den psychischen ganz zu schweigen.

Doch so zentral Galtungs Bestimmung scheint, so unzureichend ist sie auch, da sie ihre Kernbegriffe selbst wieder unklar läßt. Worin besteht die z. T. nur geschichtlich beurteilbare Potentialität, was muß geschehen, damit sie voll entfaltet werden kann? Die bezweckte prinzipielle Offenheit des Potenzbegriffs setzt Klarheit über die Potenzen, über deren gegenseitiges Verhältnis, voraus, es sei denn, man gehe von der Naivität einer *bene conditia natura humana* aus. Abgesehen von der mangelnden Qualifikation des Potenzbegriffs ist die Bestimmung allzu gesellschaftsfrei, zu klassisch liberal. Das »Galtungs-Optimum« erfordert, wie das »Pareto-Optimum«, mehr als gegriffene, oberflächlich quantifizierbare Indikatoren, bedarf also einer Theorie, die selbst inhaltlich ausgeführt ist.

Worin besteht die gesellschaftlich gewährleistete, worin die historisch mögliche Aktualität? Die jeweilige Gesellschaftsstruktur und ihre Nutzung der Ressourcen sind immer auch durch die aktuelle Freiheitsverwirklichung aller Menschen bezeichnet, wobei, im Unterschied zu Galtungs Definition, der Wert der Freiheit schon einen Wahlakt aus der Potenzvielfalt darstellt. Doch wie hängt die Gesellschaft (Struktur) mit der personalen Identität aller Einzelnen zusammen? Welches sind, genauer, zentrale Indikatoren gewonnener bzw. verlorener, versagter Identität? Vor allem: Wie sehen die institutionalisierten Prozeßmuster aus, die zur Bildung der Identitätsmerkmale beitragen?

Um es noch einmal zusammenzufassen: Galtungs Definition unterliegt wenigstens zwei gefährlich ambivalenten Unschärfen. Einmal scheint er von so etwas wie der »intrinsic motivation«, der eingeborenen Spontaneität und Fähigkeit der »Potenzverwirklichung«, auszugehen. Der Begriff der Spontaneität bleibt aber agesellschaftlich (gemäß dem ›Als ob‹ gesellschaftlicher Unvermitteltheit und Direktheit). Weiter bindet er die Versagung der Potenzverwirklichung nicht an angebbare historische Funktionen und ihre Strukturen, z. B. den Kapitalismus mit seinen spezifischen und strukturnotwendigen »externen Effekten« und klassenhaften Versagungen, sondern formuliert so allgemein, daß Potenz- und Wirklichkeitsvergleich ebenso leer zu werden drohen wie die berühmte Ziel-Mittel-Korrelation ohne inhaltlich historische Bindung. Zudem wird ohne die strukturell-historische Verankerung das Begreifen merkwürdig überzeitlich und damit statisch.

Zu fragen wäre beispielsweise: Wie erfährt (gewinnt) der Einzelne Relevanz bzw. Irrelevanz? – eine Frage, die sowohl im Städtebau wie für die Summierung der Kosten und Nutzen ökonomisch-politischer Zentralisierung bzw. Dezentralisierung ausschlaggebend sein müßte. Welches sind die Kosten der Arbeitsteilung, wie weit ist, umgekehrt, wenn Arbeitsteilung identitätsschädlich sein sollte, Arbeitsteilung für eine befriedigende Regelung der Subsistenzbeschaffung unabdingbar? Was sind Voraussetzungen der Mitbestimmung, so daß diese auch im Sinne der aktiven Überwindung der Apathie und der bürgerlich rückverlegten Kontrolle wirksam wird?

Daß Galtungs Begriffsbestimmung in die richtige Richtung zielt, zeigt sich, abgesehen von ihrer normativen Qualität, empirisch anhand der vorliegenden historischen und gegenwärtigen Berichte über kollektive Äußerungen nicht-institutionalisierter Gewalt. Diese verweisen auf die von Galtungs Definition vor allem angepeilte strukturelle Gewalt zurück. Sowohl in dem von Ted Gurr als universale Erklärung verwandten Konzept der »relativen Deprivation«, das die Kluft zwischen Erwartung und Erfüllung, die für die Subjekte erkenntlich ist, angeben soll (Gurr 1971), als auch in den empirischen Gewaltberichten (Skolnik 1969, Kerner-Report 1968, Fogelson 1971) bricht nicht-institutionalisierte Gewalt schließlich vor allem deshalb aus, weil die Kluft zwischen potentiell erfüllbaren und aktuell erfüllten Bedürfnissen zu groß geworden ist und weil diese Kluft als unnötige, nicht mehr legitimierbare schließlich auch realisiert worden ist. Solche institutionelle Mängel korrigierende »Nachholgewalt« deckt zwar nicht alle nichtinstitutionalisierten Gewaltphänomene, aber einen signifikanten Teil.

Der Begriff der »relativen Deprivation« freilich, den Gurr/Davis (1969) u. a. in das Zentrum ihrer Erklärung stellen, leidet wohl an einer übermäßigen Subjektivierung und formalen Normativierung. »Discontent is a function of the discrepancy between what they want and they believe they are capable of attaining.« (Gurr 1971; 359). Hier bleibt die Objektivität des Versagens unklar; es ist auch nicht zu beurteilen, ob es sich um so etwas wie rechtfertigbare oder ungerechtfertigte Gewalt handelt. »Relative Deprivation« scheint konsequenterweise sowohl relativ unabhängig von der jeweiligen Gesellschaftsstruktur möglich als auch fast beliebig erzeugbar zu sein. Im Gegensatz hierzu stehen andere Aussagen Gurrs, die empirisch zeigen, daß es eine bestimmte Gewichtung zwischen den Bedürfnissen gibt, wie auch, daß Kommunikation und Propaganda wenig nützen, wenn die objektive gesellschaftliche Lage nicht gegeben ist. Ist aber letzteres der Fall, dann muß eine Zuordnung von Gesellschaftsstruktur, Funktionserfüllung und relativer Deprivation möglich sein, die die relative Deprivation des gesellschaftsabstrakten, subjektiv universellen Charakters mindestens als eines Kollektivphänomens enthebt.

Zur ›Messung‹ struktureller Gewalt: Die Kategorie der ›non-violence‹

Galtung opponiert zu Recht der Reduktion des Gewaltbegriffs auf aktuell beobachtbare physische Gewaltakte. Deshalb führt er die Kategorie struktureller Gewalt ein. Diese zielt nicht nur auf allgemeine Bedingungen, die sozusagen den Boden für Gewaltausbrüche aktueller Natur bereiten; solche zur Struktur geronnenen gesellschaftlichen Handlungen lassen sich vielmehr in bestimmten Resultaten als Gewaltakte selbst darstellen. Dieses Konzept struktureller Gewalt ist dem demokratietheoretischen Konzept nicht unähnlich, das von Bachrach/Baratz u. a. mit dem Begriff der »non-decisions« vorgestellt worden ist (Bachrach/Baratz 1970). Die Argumentation mit diesem Begriff soll zeigen, daß es nicht zureicht, nur aktuelle Entscheidungsvorgänge zu beobachten und daran festzustellen, wie das Beteiligungsmuster aussieht, sondern daß es notwendig ist, all das, was in den aktuellen

Entscheidungen gar nicht mehr zur Disposition steht, was sozusagen in die Prämissen der Gesellschaft oder von Gruppen eingegangen ist, entscheidungshaft zu verflüssigen. Diese »non-decisions«, die nicht mehr zur Disposition stehen, stellen die eigentlichen Strukturentscheidungen von Gesellschaften und Gruppen dar. Wie aber lassen sich solche »non-decisions«, wie läßt sich solche aktuell nicht beobachtbare Gewalt ermitteln, wenn man nicht wiederum zu dem sehr zweifelhaften Mittel einer bloßen Befragung der Subjekte Zuflucht nehmen will?

Bei Gurr erscheint noch stärker als bei Galtung der Mangel an wenigstens andeutungsweise *spezifizierter* Vorstellung freier Gesellschaft ohne Gewalt. Wenn man nämlich nicht beginnt, Potenz und aktuellen Zustand spezifischer zu bestimmen, wird man für triftige Kritik und zur Gewinnung informierter Alternativen wenig hinzulernen. Jeder wird aktuellen Zustand und Potenzbündel mehr oder minder nach seinem Gusto bestimmen. An dieser Stelle seien, um einen Anfang zu machen, einige Hinweise zu einer solchen Ressourcen-Bestimmung gegeben, die den Potenz/Aktualitätsvergleich ermöglichen soll, indem zunächst bewußt mit habhaften und eher statischen Indikatoren gearbeitet wird. Die Verfeinerung ergibt sich nach dieser Vorleistung in der Feststellung der Schwachstellen.

Drei Beispiele seien herausgegriffen: Die gesellschaftliche Verteilung von Chancen und Gütern, die Art politischer Beteiligung und die Form der Information. Einschränkend ist zu bemerken, daß diese Vorgehensweise analytisch unzureichend ist und keine Beurteilung zuläßt. Das, was zur Verteilung ansteht, das von den produktiven Ressourcen Erzeugte bzw. Erzeugbare, ist selbst in Umfang und Eigenart nicht schlicht gegeben. Die Produktions- und die Verteilungseigenarten hängen eng miteinander zusammen. Ressourcen sind nicht unvermittelt vorhanden, sondern ergeben sich aus den verwirklichten Prioritäten der Produktion. Wenn etwa die Autoindustrie, wie gegenwärtig in der Bundesrepublik, einen der bestimmenden Leitsektoren darstellt, der Prioritäten und Lösungsmuster determiniert, ist mit dieser gesellschaftlich nicht notwendigen, aber strukturell gegebenen und einträglichen Prioritäten-/Produktionsentscheidung, die selbst nicht mehr zur Disposition steht, eine systematische Reihe weiterer Entscheidungen gefallen, deren gesamtgesellschaftliche sowie jeden Einzelnen betreffende Bedeutung täglich und dauernd zu spüren ist (Bettelheim 1970). Zudem stehen Verteilungsbereich, Beteiligungs- und Informationsausmaß in engem Zusammenhang. Es ist also zur Behandlung vorhandener Ressourcen, ihrer Nutzung und ihrer Ausdehnung/Veränderung tatsächlich eine Systemanalyse vonnöten, die ihren qualitativen Bezug in den von allen in gleicher Weise und frei nutzbaren Ressourcen findet. Von diesem Bezugspunkt aus ergibt sich auch eine sinnvolle Beschränkung der zentralen Systemfaktoren, die ohne Qualifikation der Bezugsziele nur zufällig festgelegt und in Schubfächer unterteilt werden können.

Ressourcen lassen sich am leichtesten von dem bestehenden Gefüge her beschreiben. Im Hinblick auf die Verteilung bedeutet dies etwa, daß gemäß dem Vorbild von Titmuss (1963), das von Miller/Roby (1970) erweitert wurde, eine Reihe von Indikatoren sozialer Ungleichheit aufgestellt und dann die entsprechenden Daten untersucht und gewichtet würden, wie es sich mit der Verteilung und dem im Rückschluß ermittelbaren Verteilbaren verhalte. Genesis und Funktionsweise der Verteilung und ihres spezifischen Ungleichgewichts wären gleichzeitig zu analysieren. Zu illustrativen Zwecken lassen sich etwa folgende Indikatoren zur Messung von Ungleichheit annehmen:

1. Art der Beschäftigung (Arbeitsart: Hand-/Kopfarbeit usw., Arbeit am Fließband, Arbeit handwerklicher Natur, Wartungsarbeit, Überwachungsarbeit, Verwaltungsarbeit usw.; Berufskategorie: Arbeiter/Angestellter/Beamter usw.; Ausdehnung der Beschäftigung; ihre externen Effekte zeitlicher, psychischer und sozialer Natur).
2. Einkommens- und Vermögensverteilung (gemessen an der Einkommensart und ihrer Sicherheit, an der Höhe, an der Ausgabenstruktur der Haushalte, korreliert mit den festen Vermögenswerten und den Möglichkeiten zur Vermögensbildung usw.).
3. Art der Versicherung (Krankenkassenform, Klassenzugehörigkeit, Altersversicherung usw.).
4. Wohnungsverhältnisse (gemessen an Raum, Größe pro Individuum, Raumausstattung, Wohnungslage, Vorhanden-

sein von Spielplätzen, Freizeitanlagen, Verkehrssituationen, politisch-gesellschaftlicher Kontext der Wohnungslage im gesamten Wohngebiet usw.).

5. Chancengleichheit (gemessen nach dem prozentualen Anteil der sozialen Gruppen in Oberschulen und Hochschulen, der sozialen Struktur der Drop-out-Rate, gemessen an Studieninhalten, den Prüfungseigenarten, der Art des beruflichen Erfolgs und ihrer Korrelation zur sozialen Herkunft usw.).

Die Skalen der Verteilung wären nun miteinander in Beziehung zu setzen. Angesichts der zu erwartenden hohen positiven Korrelation zwischen den Ungleichheitsarten wäre nach der genetischen Verbindung der scheinbar isolierten Indikatoren zu fragen, die systematische Generation von Ungleichheit wäre zu ermitteln. Erst so können die Korrelationsbeobachtungen tendenziell in einer Kausalanalyse fortgesetzt werden. Getrennt von den oben aufgeführten fünf Ungleichheitsfaktoren wären in einem sechsten Verfahren die Rate der Kriminalität und ihre soziale Struktur, die Art der Apathien, die soziale Form der Krankheitsmuster und Krankheitsanfälle usw. festzustellen und mit der obigen Ungleichheitsskala zu vergleichen. Der funktional bezogene Tatbestand von differenzierter, aber nicht beliebig pluralistischer Ungleichheit wäre im Hinblick auf seinen gesellschaftlichen »Sinn« zu ermitteln. Wofür stehen solche Ungleichheiten gerade? Ist solche Ungleichheit unabdingbar, um, wie es die Wohlfahrtsökonomie behauptete, Motivationen zur Leistung zu erzeugen (Arbeits/Einkommens-Ungleichheit)? Warum dann aber nur schichtweise spezifisch, warum auf die Dauer fixiert? Hat die rechtliche Eigentums- und Vermögensverteilungsgarantie einen funktionalen Sinn, selbst wenn man einmal das wirtschaftliche Wachstum als Oberziel akzeptiert?

Ähnliches wäre an den allein im Istbestand ermittelbaren Ressourcen politischer Beteiligung zu demonstrieren. Zuallererst wäre festzustellen, worin denn politische Beteiligung sich auszeichne, kurz, es wäre ein Merkmalskatalog politischer Beteiligung und ihrer mutmaßlichen Wirkungsweise aufzustellen. Die Grenze des sogenannten politischen Bereichs wäre auszumachen, die ausgesparten Bereiche und ihre Bedeutung wären zu bezeichnen. Wie läßt sich die rollenspezifische Aufteilung der Beteiligungsarten und ihr spezifisches Gebremstsein in einer Fülle von Institutionen rechtfertigen, wie lassen sich die verschiedenen Einwirkungschancen erklären, was ist der gesellschaftliche »Sinn« derselben? Was ist die Folge ungleicher und ungleichartiger Beteiligung im Hinblick auf die verschiedenen Fähigkeiten zur Artikulation und Aggregation, wie sind letztere wiederum mit den vorhandenen Aggressionen und der vorhandenen Kriminalität korreliert?

Der dritte Beispiels-Bereich betrifft die Information: Wie ist es mit der Eigenart des Kommunikationsnetzes bestellt? Welche Informationen werden wohin mit welcher Intensität transportiert? Wie verhält es sich mit der Abrufbarkeit bzw. wo liegen die Schwierigkeiten der Beschaffung von Informationen? Wie sieht die jeweilige »Ausstattung« von Personen und Gruppen nach Ausbildung und technischen Mitteln zum Abbau der Informationen aus, worin bestehen die Hauptinformationsquellen? Wer generiert also primär die Informationen, und nach welchem inhaltlichen und formalen Muster werden die Informationen verpackt? Schließlich ließe sich eine dritte Skala im Hinblick auf die Existenz der Informationsapparaturen und der Informationsverteilung aufstellen. Die durch Informationsmangel und Steuerung erzeugte Apathie, die Aggressions- und Gewaltanfälligkeit wären wiederum in diesen analytischen Kontext mit hineinzunehmen.

Nur mit solch empirisch angereicherten Indikatorenreihen, die in sich zu systematisieren und zu dynamisieren wären, ließe sich eine doppelte Zurechnung ermöglichen:

a) Wie ist Ungleichheit verteilt: Welche Struktur, d. h. welches Verteilungsmuster liegt insgesamt vor, das nicht zur Disposition aktueller Entscheidungen steht, ein Merkmal, das einen notwendigen, wenn auch nicht zureichenden Indikator aller »Strukturtatbestände« bildet. Solche »non-decisions« können in enger Beziehung zur »non-violence« stehen, d. h. einer nicht als Gewalt zutage tretenden Struktur, die aber den Boden für die Gewalt bereitet und außerdem selbst Gewaltresultate erbringt (»non-violence« ist ein Strukturbegriff und nicht zu verwechseln mit »non-violent actions«). Gesellschaftlicher Konsens, der scheinbar Harmonie vorstellt, kann eine Verkörperung von »non-violence« darstellen, die etwa in der

Form rassistischer Vorurteile auftritt. Die Unterdrückung, die durch den Gesetz gewordenen herrschenden Konsens vielfach erzeugt wird, kann oft nur durch nicht-institutionalisierte Gewalt aufgedeckt werden. »In the midst of the present crisis of America's social order we may have to accept some kinds of violence as legitimate indicators of areas where change is vitally necessary.« (Mahinka/Rudoy 1971)

b) Lassen sich aktuell beobachtbare Konflikte, Aggressionen (auch kollektive Regressionserscheinungen) und ähnliche Phänomene nicht-institutionalisierter Gewalt insgesamt in Verbindung mit den beobachteten Ungleichheitsmustern bringen, und wenn ja, in welche? Wenn ja, dann ist das Problem allenfalls, eine Alternative zu finden, wenn nein, würde eine negative Begrenzung der Verursachung möglich sein, die negative Beantwortung dieser Zurechnungsfrage würde also der Heuristik weiterer, möglicherweise versteckter Gründe dienen.

c) Erst nach Klärung dieser Probleme ließen sich Alternativen zur gegenwärtigen Ressourcen-Nutzung diskutieren. Man hat etwa die Ungleichheitsverteilung im Hinblick auf Einkommen und Artikulation ermittelt, die fortlaufende Generation dieser Ungleichheit als Struktur und Funktion des Systems dargestellt und ist erst so in der Lage, über die spezifische Verortung und Negation einigermaßen plausible Alternativen zu entwickeln.

Mit der von Galtung prinzipiell übernommenen, hier nur stärker qualifizierten und in den historischen Kontext gestellten Definition von Gewalt als einer funktionalen, auf die Gesellschaft insgesamt bezogenen Größe ist es dann möglich, historische Zuordnung von Gewalt (vgl. I) vorzunehmen und demgemäß historische Strukturen spezifisch zu kritisieren. Gewalt wird unterschieden als strukturelle Gewalt (»non-violence«), die Gewalttaten anderer vorbereitet und selbst an den Resultaten erkenntliche Gewalt darstellt, und als aktuelle Gewalt, als physisch greifbare Gewaltakte. Beide Gewaltarten lassen sich nur im jeweiligen Zusammenhang und im historischen Kontext zureichend qualifizieren.

Diese Leistung vermag beispielsweise Ted Gurr mit seiner allgemeinen, an der Einbildungskraft des Einzelnen ansetzenden Bestimmung der relativen Deprivation als letzter Quelle der Gewalt nicht zu erbringen. Der transgesellschaftlich (jenseits der einzelnen Gesellschaftssysteme und ihrer entsprechenden Ressourcenproduktion und Ressourcenverwaltung) ansetzende Begriff der relativen Deprivation führt Gurr, Davis u. a. letztlich zu einem zwar beeindruckenden, aber wenig ertragreichen Sammelsurium von Kriterien des Gewaltausbruchs, die nicht nur abstrakt, sondern auch im Gegensatz zum prinzipiell kausal erklärenden Anspruch nahezu beliebig additiv bleiben. Abgesehen vom Glauben des Einzelnen selber fehlt jedes vereinheitlichende, systematische, Analyse und Zurechnung ermöglichende Prinzip. Das Gewaltproblem wird nicht zuletzt aufgrund solcher Analysen bloß zu einem Erziehungs- oder aber nur zu einem etatistisch steuerbaren politischen Verhaltensproblem.

Der diskutierte, noch genauer zu fassende Gewaltbegriff der relativen Deprivation teilt mit dem Anomie-Begriff einen Mangel, auf den Albert Cohen mit Recht aufmerksam gemacht hat. Es wird allenfalls statisch angegeben bzw. erklärt, warum es zu expliziten Gewaltäußerungen kommt; es wird aber allzu oft der Prozeßcharakter von Gewalt nicht beachtet. Es wird übersehen, daß die Verlaufskurve der Gewalt, nimmt man die Eingangsphase als gegeben an, sehr verschieden aussieht, je nachdem, wie auf Aktivitäten des »ego« (die selber wieder Reaktionen darstellen) der »alter« reagiert und wie sich wiederum die dritte Bezugsperson von beiden verhält, wenn das kollektive Problem sozialer Dynamik einmal schematisch personalisiert werden darf (Cohen 1970). Wie wichtig diese Beobachtung ist, die Ergänzung struktureller und attitudional-kognitiver Betrachtungsweise also, zeigt das für Ausmaß (aktuelle Kosten) und Dauer von unmittelbarer Gewalt zentrale wechselseitige Reaktionsverhältnis von Demonstranten und Polizei. Die Bedeutung dieses Aspektes liegt vor allem darin, daß die meisten Reformmaßnahmen unter Belassung des strukturellen Gefüges an diesem Prozeß ansetzen und die Lernfähigkeit des Systems hier am deutlichsten auftritt (vgl. den Einsatz von Polizeipsychologie, die Lernfähigkeit der Polizei im Hinblick auf die Zerstreuung von Massenveranstaltungen ohne zu großen Aufwand u. a. m.).

Diese Aussagen lassen sich an dem Verhältnis schwarzer

Ghetto-Bewohner und überwiegend weißer oder weiß-dirigierter Polizei ebenso zeigen wie am Verhältnis der Studenten und der Polizei oder der Katholiken einerseits und der Protestanten, der Polizei und der britischen Soldaten in Nord-Irland andererseits. Die notwendige Dynamisierung der Verhaltens-/Ablaufmodelle wäre, stellte man sie nicht in den strukturellen Kontext, unzureichend – ein häufiger Fehler z. B. der Erklärungen zu Nord-Irland (Conor Cruise O'Brien 1969). Hinweise, wie sozialstrukturelle Ungleichheit mit dem offiziellen Verhaltensangebot zusammenspielt, sich in den Verhaltensreaktionen der Betroffenen widerspiegelt, haben Miller u. a. (1970) in ihrer einprägsamen Darstellung der Zugangsmöglichkeiten der Armen zu den diversen Unterstützungsinstitutionen gegeben. Die strukturelle Benachteiligung der Armen wird durch diskriminierende und sozial distanzierende Vergabeverfahren ergänzt: Die Armen selbst versacken in Apathie, machen sich der Schlampigkeit schuldig und vergeben, scheinbar selbstverschuldet, infolge von Faulheit u. a. ihre Chance. Strukturelle Arme sind eben auch Benachteiligte im pluralistischen Prozeß. Der pluralistische Vorgang selektiert darwinistisch.

Alle Gewalt »ist« kollektive Gewalt und politisch

Die dritte Einschränkung bzw. Ergänzung des Gewaltkonzepts Galtungs ist hier im Hinblick auf das Beiwort »kollektiv« erforderlich. Diese Ergänzung erklärt sich schon aus dem Potentialität/Aktualität-Vergleich selbst und aus der gesellschaftlichen Definition des Identitätsbegriffs. Institutionalisierte Gewalt deutet nicht nur als soziale Tatsache auf einen kollektiven Tatbestand hin, sondern wirkt sich auch kollektiv, d. h. nicht auf ein losgelöstes Individuum allein, aus. Auch Gewaltakte, die gewöhnlich mit dem Terminus »Kriminalität« vorab und sie privatisierend versehen werden (vgl. auch die verschiedenen Ausdrücke: kriminelle Energie, kriminelle Veranlagung usw.), werden prinzipiell unter diesem Verständnis kollektiver, instituionalisierter Gewalt betrachtet. Die Vermutung spricht spätestens seit Durkheim für eine soziologische Erklärung auch der scheinbar privatesten Anomie, etwa des Selbstmords. Die im Verständnis der Kriminalität als soziale Tatsache zu interpretierende These: »Nicht der Mörder, der Ermordete ist schuldig«, gehört in diese Tradition. Das kollektive Verständnis von Gewalt weist ein weiteres Mal auf den Zweck zur Reflexion dessen hin, was jeweils als Gewalt aus bestimmten gesellschaftlichen Funktionen und ihrer Institutionalisierung entspringt. In der Organisation der Gesellschaft selber ist, je verschieden, der ›Quell‹ der Gewalt gegeben. Die entscheidende Frage gilt dem erwartbaren Umfang von Gewalt, den die normalen Funktionserfüllungen zeitigten. Liegt der Umfang nur in bestimmten falschen Institutionalisierungen der Funktionen begründet oder gar in deren Inhalt selbst? Wenn man solche Funktionen aber erhalten möchte, wie läßt sich der Gewaltanfall einschränken, gar beseitigen (Parallelen zum Umweltproblem bieten sich an)?

Insgesamt läßt sich eine für die Verstärkung des immer auch polizeilichen Interventionsstaates signifikante Tendenz erkennen, nämlich die zunehmende Politisierung der Gewalt: Anderwärts erlittene bzw. empfundene Mängel werden zunehmend an das politische System im engeren Sinn des Wortes weitergeleitet; diese Politisierung der Gewalt geschieht auch bezeichnenderweise in der Unterstellung, bestimmte nicht-institutionalisierte Gewalttaten, seien es Streiks, seien es Diebstähle (etwa Bankeinbrüche), ließen sich als organisierte erweisen, stellten das politische System prinzipiell in Frage. Die These von den kommunistischen Drahtziehern spielte schon in den amerikanischen Streikbekämpfungen von 1919 eine Rolle und hat seither eine ununterbrochene Tradition (Waskow 1967). Damit hängt eine banale Kriminalisierung (banal deshalb, weil Bereicherungsabsichten als primär unterstellt werden) abweichenden politischen Verhaltens eng zusammen (so z. T. geschehen in der Kampagne gegen die sog. Baader-Meinhof-Gruppe; vgl. Banfield 1970). Sie versucht, den Angriff auf die Herrschaftsstruktur als Angriff auf die Gesellschaft insgesamt umzuinterpretieren und somit nicht nur die Legitimation zum Eingriff zu erhöhen, sondern auch von eigenen Schwächen abzulenken.

III. Gewalt in den USA – einige Illustrationen

Es muß sich nun in diesen zusammengezogenen Beispielen wenigstens andeutungsweise zeigen, ob die im ersten Abschnitt dargelegte epochal-strukturelle Begrenzung auf die Herrschafts- und Legalstruktur kapitalistischer Länder und der im zweiten Abschnitt vorgenommene Definitionsversuch struktureller und aktueller Gewalt mehr zur Analyse und Erklärung der Gewaltphänomene beitragen als die die kritisierten Ansätze.

Dieser Literatur- und Zeitungsfrüchte knapp zusammenfassende Bericht leidet übrigens nicht nur unter einer geographischen und damit möglicherweise auch einer politisch-strukturellen Einseitigkeit (die Beispiele sind vor allem dem nordamerikanischen Kontext entnommen), sondern unter zwei prinzipiell wichtigeren Einschränkungen: Einmal geht die überwiegende Mehrheit der Berichte und Analysen nur auf explizit nicht-legale Gewalt ein und behandelt institutionalisierte Gewalt allenfalls im Sinne analytisch gewonnener Bedingungsfaktoren, die den Ausbruch von Gewalt beeinflußt haben. Zum anderen stellen die hier registrierten Gewaltausbrüche fast ausnahmslos, sieht man von der Gegengewalt der Polizei einmal ab, auf Gewaltäußerungen ab, denen Tilly das Attribut »modern« gegeben hat (Tilly 1969). Es handelt sich also um Gewaltäußerungen, die im weitesten Sinne des Wortes auf Werte zielen, die von den Gewalt Ausübenden nicht besessen werden; um Gewinn geht es also, nicht um Bestandsbewahrung einmal besessener oder in Gefahr befindlicher Positionen. Es ist aber gar keine Frage, daß der historisch bedeutsamere Teil auch von nicht-institutionalisierter Gewalt das Tillysche Attribut »reaktionär« eher verdiente, da die Intentionen dieser Gewalt letztlich in der Defensive, in der Verteidigung gefährdeter Bedeutung und Positionen liegen (Hofstadter 1970). Nicht-institutionalisiert bedeutet, wie in diesem Kontext generell selbstverständlich, nur: nicht zur politisch-»offiziellen« Verfassung gehörig.

Hier werden Erfahrungen summiert, die sich vornehmlich anhand systematischer Beobachtungen und Analysen der Rassen- und teilweise der Studentenunruhen in Amerika, insbesondere während der zweiten Hälfte der 60er Jahre, gewinnen ließen. Die sogenannten »urban riots« sind seit 1970, dem Zeitpunkt, in dem der Bericht abgeschlossen worden ist, erheblich zurückgegangen, ebenso die Studentenunruhen. Die Ursachen hierfür sind nicht im einzelnen vorzubringen; sicher ist, daß sich an der objektiven Situation wenig geändert hat, daß aber im Augenblick Schwarze beispielsweise versuchen, über den leicht geöffneten politischen Partizipierungsprozeß ihren Anteil zu gewinnen. Die Dominanz des Motivs der politischen Teilnahme, das über die Teilnahme die Dominanz des Machtungleichgewichts zu rekonstruieren versucht, zeigt sich auch deutlich bei den Gefängnisunruhen in Attica vom September 1971. Sollte sich der Versuch, Minoritäten zu mobilisieren und über die normalen kommunikativen und artikulativen Mechanismen Teilhabe zu gewinnen, in absehbarer Zeit als unmöglich herauszustellen, werden auch die schwarzen Bürgermeister und der schwarze Kapitalismus nicht verhindern, daß neue Unruhen ausbrechen. Deren Gewaltsamkeit wird dann wiederum den falschen Adressaten zugeschrieben werden.

Die Erfahrungen, die hier dargelegt werden, sollen unter genetischem und unter funktionalem Aspekt zusammengefaßt werden. Daran schließen sich einige Beobachtungen zur Ausdrucksform, zu den gebrauchten Instrumenten und eine Einschätzung des Erfolgs an.

Zur Genese

Der aktuelle Ausbruch von direkter Gewalt gleicht oft dem Tropfen, der den Krug zum Überfließen bringt. Die Verhältnismäßigkeit der Gewalt läßt sich also am Anlaß allein nicht ablesen. Obwohl es sich gewöhnlich um eine erhebliche Anzahl von Bedingungsfaktoren handelt, ist der Ausdruck Gurrs von der »Pankausalität« schief. Nicht nur für die Unruhen seit den mittsechziger Jahren lassen sich zumeist Hierarchien von Faktoren angeben, die in unterschiedlicher Gewichtung die Gewaltdisposition beeinflussen. Um nur ein Beispiel herauszugreifen: Der nach dem Vorsitzenden der Kommission benannte Kerner-Report erstellte aufgrund empirischer Untersuchungen eine Liste von Klagen der

Ghetto-Bewohner, die er nach drei Intensitätsebenen unterteilte, ohne freilich die Mängelfeststellung selbst genetisch zu erörtern. Die erste Intensitätsebene umfaßt insbesondere Polizeipraktiken, Arbeitslosigkeit und Unterbeschäftigung, inadäquate Wohnungen; die zweite schließt mangelhafte Ausbildung, unzureichende Erholungsmöglichkeiten, Ineffektivität der politischen Struktur und der Beschwerdeinstanzen ein. Die dritte Ebene schließlich betrifft herabwürdigende Attitüden von Weißen, diskriminierende Praktiken der Justiz, unzureichende Bundesprogramme, schlechte kommunale Dienste, diskriminierende Verkaufs- und Kreditpraktiken und mangelhafte Wohlfahrtsprogramme. Untersucht man im Zusammenhang mit diesen Mängeln die ökonomische, politische und soziale Struktur der Ghettos, dann wird die Behauptung der Pankausalität zur Ausrede, weil sich die ursächlichen Faktoren eindeutig markieren lassen.

Es ist theoretisch ebenso schwierig wie praktisch problematisch, doch notwendig, immer wieder eine historisch bezogene Hierarchie von »Grundbedürfnissen« analytisch zu ermitteln und theoretisch zu gewichten. Auf der empirischen Ebene, im Sinne zunächst vordergründiger empirischer Generalisierungen, läßt sich eine solche Hierarchie eindeutig gewinnen, wenn man die Unruhen in den Ghettos, in den Universitäten, in den Gefängnissen analysiert. Aus der Analyse der Studenten- und Ghettounruhen lassen sich im Hinblick auf die Genese wenigstens drei allgemeinere Schlußfolgerungen ziehen:

Nicht zuletzt entsprechend dem oben genannten dynamischen Modell, das sich auf Cohens Analyse berief, kommt dem Verhältnis zur staatlichen Gewalt, die vor allem durch die Polizei, Sozialfürsorge und Gerichtspraxis repräsentiert wird, eine erstrangige Bedeutung zu. Ursächlich hierfür ist, daß einmal die zivile Gesellschaft in Polizisten ihre direkt greifbare Sanktions- und Selektionsinstanz besitzt. In der Polizei ist die Ordnung, ihr Inhalt, überall gegenwärtig; durch sie wird, wie schon Max Weber für die Bürokratie bemerkte, täglich Herrschaft, täglich Autorität ausgeübt, weit über ihre direkten Funktionen der Gewalt- und Verbrechensbekämpfung hinaus (Tilly 1969, Feest/Lautmann 1971).

Die zweite Ursache ist von Michael Wallace in einem historischen Überblicksaufsatz folgendermaßen umschrieben worden: »Police violence is not ›Police brutality‹, a misleading term that implies that violent acts are aberrant phenomena, the product of a few sadists. Police violence in this instance is an outgrowth of the task that police have been assigned by the white community: to patrol the borders of the ghetto.« (Wallace 1970/71). Der letzte Satz läßt sich verallgemeinern: Die Polizei symbolisiert die Ordnung und paukt mit erheblichem Ermessensbereich notfalls die Grenze zwischen »Recht« und Ordnung« ein (Wilson 1970). Sie repräsentiert sichtbar und gewährleistet in direkter Konfrontation das Bestehende. Die Polizei und die Gerichte (hinzu kommen Sozialfürsorge und direkt öffentlichkeitsbezogene Bürokratiefunktionen) stellen den personifizierten und unmittelbar wirksamen Rechtsstaat dar; sie sind in ihrer Bewußtseinswirkung kaum zu überschätzen. In der Polizei (und den Gerichten) erleben viele Bürger, und nicht nur Ghetto-Bewohner, die einzige direkte und personell repräsentierte Begegnung mit der legitimierten politischen Gewalt. Benehmen und Handlungen der Polizei sind nicht nur für den Ausbruch von Gewalt vielfach verantwortlich; Polizeihandlungen erzeugen auch empirisch den Hauptteil der Kosten, vor allem sofern Tote und Verletzte zu beklagen sind. Nicht-institutionalisierte Gewalt vergreift sich vorwiegend am Eigentum, nicht an Personen (ein Merkmal, das die jüngsten Ereignisse in München und anderwärts von den Stadtunruhen in Amerika unterscheidet; die Ursachen hierfür könnten in einer noch stärkeren Blockierung der Artikulationsmöglichkeit liegen).

In der Identifizierung der Polizei mit der staatlichen Gewalt, in dem Verhältnis zur Polizei, das häufig mehr ein mißtrauisches Nicht-Verhältnis ist, kommt auch die Brüchigkeit des Konsens, die Brüchigkeit der Legitimität institutionalisierter Gewalt zum Ausdruck. Die institutionalisierte Gewalt funktioniert gemäß der Ordnungs- und Legalitätspauschale häufig situationsabstrakt, befindet sich im Einsatz für die vorherrschende Seite des ungleichen Status quo und ist nicht durch breite Beteiligungsprozesse an den jeweiligen Bereich zurückgebunden. Diese gerade auch an den studentischen Unruhen belegbare Legitimationskrise ist um so auffälliger, als sowohl Schwarze wie Studenten einen Großteil der hochgehaltenen gesellschaftlichen Leitwerte teilen, ja besonders stark internalisiert haben.

Eine je nach Situation verschieden gewichtete Skala von Ungleichheit bildet den Mutterboden der Spannungen und schließlich ausbrechender Gewalt. Die Ungleichheit stellt selbst keine mit beliebigen Indikatoren meßbare Größe dar, sondern zentriert sich um soziale, ökonomische und politische Größen, die direkt mit wirtschaftlicher und politischer Macht gekoppelt sind. Es handelt sich also um objektive Tatbestände und nicht um eine unangemessene oder unzeitige »Revolution wachsender Erwartungen«, die infolge der neuen zur Verfügung stehenden Information, gar auf Grund von gezielter politischer Indoktrination ausgebrochen ist. Diesen Tatbestand, der von allen ernst zu nehmenden Kommissionsberichten referiert wird, hat auch Ted Gurr unterstrichen. Die Informationen wirken nur, wo sie in »die Verhältnisse« passen; dann freilich können sie einen auslösenden Effekt haben. Die »Revolution wachsender Erwartungen« erzeugt freilich bei strukturell ungleicher Entwicklung und dem herrschaftlich überspielten »hiatus legitimationis« einen Anforderungsdruck neuer Art, da die Hinnahme einer nicht mehr gläubig akzeptierten strukturellen Ungleichheit prekär wird. Insofern erklärt sich auch die neue Aktivität von Minderheiten, deren Lage sich in jüngster Zeit nicht erheblich verschlechtert, sondern sogar ein wenig verbessert hat.

Das aus der vielfältigen, aber genetisch auf wenige Faktoren reduzierbare Ungleichheit erwachsende Motiv ist als ein politisches anzusehen. Auch hierin wird Tillys Behauptung (und die Ausgangsthese dieses Aufsatzes), daß alle Gruppengewalt mit den bestehenden Herrschaftsstrukturen zusammenhänge, bestätigt. Die Revolte gegen die Abhängigkeit ist auch nach Skolnik das alle Unruhen der 60er Jahre verbindende Thema. Vergrößerung der Autonomie der Gruppen, der Kommunen gegen die zentrale, ökonomisch-militärisch bedingte Heteronomie, die keine zureichende Beteiligung und Kontrolle zuläßt, ist deshalb auch eine ihrer Hauptintentionen.

An diesen genetischen Elementen allein schon läßt sich der sozial und politisch bezogene Charakter der nicht-institutionellen Gewalt zeigen, wie »irrational« und »inkonsequent« auch die Ausdrucksformen sein mögen. Doch ist soziale Rationalität keine bloß intentionale Angelegenheit. Mehr als andere Phänomene hängt sie von ihrer sozialen und politischen Ermöglichung ab. Wenn aber für bestimmte Intentionen in herrschenden Verhältnissen kein Raum ist, kann Gewalt als ohnmächtige Äußerungsform von rationalen Intentionen begriffen werden. Verstopfte Beteiligungs- und Aggregationsmechanismen, verfestigte, dauernd reproduzierte Ungleichheit schaffen die Ausgangssituation. Dazu kommen aktuelle Verhaltensformen, z. B. eine Polizei, die Kosten nicht scheut, eine Fürsorge für Armut, die in Korruption versackt u. a. m.

Funktionen der Gewalt

Die soziale und politische Intentionalität der Gewalt wurde schon im letzten Absatz berührt. Ihre Abstempelung als »irrational« mag zwar denjenigen, die Normalität mit Rationalität identifizieren, ein ruhiges Gewissen bereiten, stimmt aber mit den Tatsachen nicht überein. Abgesehen von den schon angedeuteten expliziten Zielen – Verbesserung der Lebensbedingungen, Vergrößerung der Autonomie – haben Fogelsen u. a. zu Recht auf die erstaunliche Begrenztheit der Aktionen, ihre Zurückhaltung und die überwiegend bestimmte Wahl ihrer Objekte hingewiesen. Dies ist nur verständlich, wenn man eine latente oder manifeste Intentionalität annimmt, die selbst nicht pathologisch ist, allenfalls auf pathologisierende Verhältnisse reagiert. Die Irrationalität im Sinne nicht begrenzter Reaktionen, die Aufbauschung von Ereignissen und Informationen läßt sich vielmehr beim institutionellen Widerpart beobachten. Ronald Steel hat dies bei den Reaktionen gegenüber den Black Panthers nachgewiesen; das gleiche Muster bestätigen die Ereignisse von Attica (Steel 1969, Attica 1972).

Das amerikanische Regierungssystem, die Formen des Kapitalismus, das auf Eigentum und Leistung abgestellte Wertgefüge, ja selbst die prinzipiellen Funktionen der Polizei werden kaum und nur durch relativ marginale Gruppen in Frage gestellt. Die politischen Intentionen sind so bis hin zu den »Black Panthers« ausgesprochen begrenzte (Aya/Miller 1971), obwohl gerade die systematische Vernichtung der letzteren durch offizielle Gewalt kaum zu verkennen ist.

Die wenigstens während der 60er Jahre feststellbare Zielgerichtetheit der Unruhen macht wiederum Gurrs Konzept der relativen Deprivation fragwürdig. Schließlich ist in diesem Zusammenhang die Funktion einer Gewaltausübung nicht institutioneller Art zu sehen, die der Identitätsgewinnung bisher apathischer unterdrückter Gruppen und Klassen dient. Was Frantz Fanon psychologisch isolierend hervorgehoben hat, gilt sowohl für die Ghettounruhen wie, in anderer Form, für manche der studentischen Konfliktaustragungsmuster. In der Fanonschen Isolierung, die immer wieder praktische Nachfolge zeitigte, und zwar mehr in »entwickelten« als in »unterentwickelten« Ländern, ist allerdings die Gefahr nicht auszuschließen, daß Gewalt ›von unten‹ aktionistisch und unhistorisch reduziert und als Identitätsgewinn der einen Seite sakralisiert wird, nämlich in dem wortnahen Sinne, daß Menschenopfer für die kolonial entweihten Tempel notwendig werden. Die Gewaltausübung erhält eine Substanz, die weit über das wichtige Erlebnis »Wir können uns wehren« hinausgeht. Die gerade auch für den »strukturell Unterlegenen« notwendige Kostenanalyse wird abgelehnt (Schäfer 1971).

Bei Betrachtung der funktionalen Zurechnung von Gewalt müßte im Grunde auf der Gegenseite die systemische Funktion des Staates im entwickelten Kapitalismus erörtert werden. Hier jedoch nur ein Hinweis: Verteidigunginstitution und Verteidigungsindustrie ›leben‹ nachgewiesenermaßen von der Chance des Krieges (s. die Abschreckungstheoreme) und können auf solche imaginierten kriegerischen Eventualitäten in keinem Fall verzichten; sie sind auf ihre fortlaufend veränderte Erzeugung vielmehr angewiesen. Ist es angesichts des bürokratischen Verhaltens, des konsequenten Ausbaus des Repressionsapparates in seinen verschiedenen Überwachungs- und Frühwarn-Versionen so abwegig anzunehmen, daß die inneren Krisen und Unruhen, den ökonomischen parallel, den die Stabilität schützenden Institutionen so unwillkommen nicht sind?

Sieht man den Vorfall der Gewalt im Verhältnis zur Reaktion der herrschenden Instanzen, das Schicksal selbst der systemkonformen Kommissionsberichte, die allenfalls wissenschaftliche und symbolisch zufriedenstellende Fortwirkungen haben, beobachtet man, daß die Konsequenzen primär nicht im radikalen Abbau der Ursachen, sondern in einer Mischung aus Kooptationstechnik (ohne politische Konsequenzen, z. B. »Black Capitalism« u. a.) und Verstärkung des Stabilitätsapparates bestehen – dann gewinnt Schurmans Aussage den Rang einer wichtigen, zu überprüfenden Hypothese: »Bureaucracies (except for truly administrative bureaucracies) want and need crisis. The state regulates to create stability, and it helps to find and create crises to satisfy its bureaucracies. [...] As the systems capacity so satisfy its claimants diminishes, the discontented to the right and to the left will resort to violence. The military and the police will seek new wars and crises, the poor will take to the streets...« (Schurman 1971). Die Begründung Schurmans von den Widersprüchen des Systems her ist hier nicht im einzelnen zu diskutieren; die bezeichnete Gefahr im Sinne der staats-erhöhenden »Logik der Gewalt« scheint unabweisbar zu sein. Anders wären die Reaktionen und konsequenten Aktionen nicht verständlich (vgl. Osswalds berechtigte, aber in den Wind geschlagene Warnung vor einem »Übersoll an Sicherheit« und Genschers stolze Bemerkungen über den quantitativen und apparativen Ausbau des Sicherheitsapparates; Osswald 1972; Genscher 1972).

Hier wäre eine Analyse der Widersprüche, die die Äußerungsformen institutionalisierter Gewalt erst verständlich und zurechenbar machte, erforderlich. Sie hätte für entwickelte kapitalistische Länder unter dem Titel »Wohlfahrtsstaat und Gewalt – die Dauererzeugung von Ungleichheit und Krise« zu stehen. Erst aus einer solchen genetisch und funktional angelegten Analyse würde die Unverhältnismäßigkeit vieler staatlicher Reaktionen verständlich, erst aus dem Kontext Struktur gewordener Widersprüche, die je und je verdrängt werden, ließe sich die Gleichläufigkeit und Homologie von Stabilitäts- und Planungsgesetzen einerseits, Notstands- und Informationssicherungsgesetzen andererseits verstehen.

Prohibitiv polizeiliche und präparativ infrastrukturelle Funktionen des Wohlfahrtsstaates sind einander komplementär. Der Legitimationsverlust, unter dem gegenwärtige Regierungs- und Gesellschaftssysteme stehen, ihre »instrumentale Entzauberung«, für die die Vorgänge an den Universitäten exemplarisch sind, macht den Ausbau des Ordnungs- und Informationsapparates zur erstrangigen Aufgabe, bei deren Erfüllung das krisenängstliche Bewußtsein der Bevölkerung nur dienlich sein kann.

Ausdrucksform und Instrumente

Diese Problematik ist hier nur als Darstellungslücke zu markieren. Jedoch eine Bemerkung dazu: Zum einen ist die Erscheinungsform der »Stadt-Guerilla«, deren Möglichkeit und Grenze Martin Oppenheimer in faszinierenden, informierten und analytischen Imaginationen dargetan hat (Oppenheimer 1970, Oppenheimer 1972) in den USA bisher kaum zu beobachten. Selbst die relativ geschlossene Territorialität der Ghettos bleibt lückenhaft; im Ghetto selbst treten Klassenprobleme auf; generell ist die normative bewußtseinsmäßige Überformung der Ghettos zu groß und die Verfügung über Gewaltmittel zu einseitig, um hier nur einige Gründe zu nennen. Bleibt Gewalt der Gruppen nur auf Sachen konzentriert, so ist auch der Organisationsgrad erstaunlich niedrig. Insgesamt werden wenig moderne technische Mittel verwendet. Die Vorteile der Technologie auch im Hinblick auf die kommunikativen Mittel liegen insgesamt bei den herrschenden Instanzen, wenn auch die kommunikative Vorbereitung etwa der Vorfälle in Chicago 1968 und von Kent State 1970 beträchtlich war (Walker-Report 1968, Scranton-Report 1971; Baler/Ball 1969; Narr 1971).

Auch hierzu sind nur einige unsystematische Bemerkungen möglich. Aus der Perspektive der an den Gruppen Beteiligten ist über die Publizität hinaus ein sichtbarer Erfolg kaum zu beobachten. Das heißt aber nicht, daß die generell negative Bewertung von Taft und Ross, die diese auf die Geschichte der »American Labor Violence« (Taft/Ross 1969) bezogen haben, akzeptiert würde oder als für die Gegenwart gültig übernommen werden könnte. Zur Konstitution von Gruppen, zum Herausgang aus der oft kaum verschuldeten Apathie können (Waskow 1967) solche Aktionen erheblich beitragen. Der Erfolg kann nicht allein, vielleicht nicht einmal primär, im Hinblick auf Änderungen des Systems bemessen werden.

Auch in dieser Hinsicht könnte langfristig der Erfolg größer sein im Sinne einschneidender Modifikationen, als es kurzfristig erscheint. Die Publizität und eine erhebliche Änderung der allgemeinen Perzeption der gesellschaftlichen Lage – die entideologisierte Naivität des akademischen Mittelstands der 50er Jahre ist selbst diesem nicht mehr möglich – sind jedenfalls eindeutig.

Adressaten und Träger der Unruhen

Direkt betroffen waren zumeist die Polizei, bei den Studentenunruhen auch Teile der universitären Verwaltung und der Faculty, weiße Kaufleute in den Ghettos, vor allem aber Eigentumsgegenstände. Bei den Ghettounruhen blieb der Aktionskreis weitgehend auf die Ghettos territorial beschränkt, die Studentenunruhen griffen, je nach Lage des Campus, auf die umgebende Stadt über. Dieser Übergriff blieb weitgehend auf Ladenraub beschränkt. Die indirekten Adressaten waren fast generell das Local-, das State- und vor allem das Federal Government. Die Gewalthandlungen selbst waren darauf primär expressiv und symbolisch bezogen. Physische Gewalt während der Studentenunruhen ist fast durchgehend auf das Konto des Polizeieinsatzes zu buchen, die Ghettounruhen waren in ihrem generellen Protestcharakter weniger gezielt, aber nicht weniger eindeutig.

Als eindeutig widerlegt können in allen Fällen die sogenannten »riff-raff«-Theorien gelten, die Behauptung, bei den aufmüpfigen Gruppen habe es sich um kleine, sozial marginale und am untersten Ende der Pyramide stehende Gruppen gehandelt. Gleichfalls tragen die Erklärungen am anderen Ende der Skala, die ideologisierte Verschwörer am Werk sehen, nichts zur Aufhellung des tatsächlichen Teilnehmerkreises bei. Anomie-Theorien, die unvermeidliche bodensätzige Gewalt und Kriminalität aller Gesellschaften annehmen, führen ebenfalls in die Irre. Es sind weder primär die durch große Mobilität geographischer Art Entwurzelten noch die besonders Ungebildeten. Die Situation des Ghettos läßt zunächst arbeitslose junge Schwarze aktiv werden, die widersprüchliche Situation an der Universität und in den Betrieben vor allem Studenten und z. T. die technische Intelligenz (Schurman 1971).

Zusammenfassung

Für die Kommissionsberichte und die ihnen folgenden Analysen gilt generell, daß sie trotz zum Teil erheblicher Kritik am Polizeiverhalten bestenfalls bei einem Integrationskonzept stehen bleiben, das durch Einsprengsel von Forderungen nach neuer ›community power‹ und ›community control‹ ergänzt wird. Das integrierende System wird analytisch nicht in Frage gestellt. Es wird weder nach der Funktion von »Unordnung« für die »Ordnung« im Sinne Schurmans gefragt (Gewaltbekämpfung à la »Sozialimperialismus«), noch nach dem Verhältnis äußerer Gewaltanwendung und innerer Gewaltphänomene. Vor allem bleiben die Ökonomie und ihre private Struktur generell unbefragt.

Dabei hätte es weniger um die »sekundären« Verteilungsungleichheiten zu gehen, die durch den Wohlfahrtsstaat durchaus nicht in den Relationen ausgeglichen worden sind. Es ginge vielmehr um die durch private – d. h. die Öffentlichkeit beraubende, ihr ›Gewalt‹ antuende – Bestimmung der Investitionen und der Produktionsrichtungen verursachten Ungleichgewichtigkeiten, die in einer dauernden Herausbildung von Problemen der strukturellen und kulturellen Ungleichzeitigkeiten zum Ausdruck kommen. Die Folgen eines solchen in seinen gesellschaftlichen Kosten immer nur hinterher berechneten Wachstums bestehen nicht nur in der stetigen Gefährdung demokratischer Reform durch »reaktionäre« Gewalt, die herrschaftlich durch die übliche Volksfront von rechts eingefangen werden (Genovese 1969), sondern auch in der notwendigen Dauerverstärkung bürokratischer Instanzen und sich qualitativ verbreitender Ungleichheit. M. a. W. die spätkapitalistische Entwicklungslogik (Offe 1972), ihre funktionalen und normativen Erfordernisse und Folgen werden nicht mit dem Phänomen der Gewalt zusammen analysiert. Ebensowenig werden im Hinblick auf Zentralisierung und Monopolisierung der Gewalt, zur Strukturierung politischer Beteiligung Vorschläge gemacht. Doch gerade das Versagen der politischen Instanzen – Zugang, Information und Handlungsfähigkeit – ist in den Vorfällen und Berichten der Gewalt offenkundig geworden. Ernst zu nehmende Analysen und Vorschläge finden sich hier fast nur zur lokalen demokratischen Kontrolle der Polizei (Skolnik 1969, Waskow 1970).

In Ansätzen ist dagegen eine Pluralismuskritik weit entwikkelt und in z. T. ausgezeichneten Fallstudien bis ins einzelne belegt. Der Mythos des inkrementalen, balancierenden Wandels wird dabei ebenso zerstört wie der von prinzipiell bestehenden Organisations- und Zugangschancen (Parenti 1970). Fast völlig untergegangen ist das Phänomen der Gewalt von Majoritätsgruppen gegen Minderheitsgruppen vor und hinter der staatlichen Sanktion, auf die vor allem Michael Wallace in ihrem Verlaufsmuster aufmerksam gemacht hat. Was geschieht vor bzw. unter der Decke staatlicher Monopolität, wie wirkt sich der Staat als Partei zwischen den Gruppen aus? Streiks und Einkommenspolitik liefern für beides reiches Anschauungsmaterial.

IV. Gewalt – Legitimität – Demokratie

Die eingangs zitierte Formel vom ausgebrochenen Krieg mitten in einer weithin ruhigen Umgebung bezeichnet zugleich eine Tendenz, die der Argumentationsrichtung dieser Analyse entgegenläuft: Das Politikum der Gewalt soll verdrängt, die Infragestellung des jeweiligen Systems soll unter dem Appell an die in Frage gestellte Existenz abgewehrt werden. Gewalt kennt, so scheint es fast, keine Parteien mehr, sie kennt nur noch Gegner. Von dem überparteilichen Anspruch und der Integrationsdrift können sich nur einige, und meist nur im Sinne eines Vorbehaltes, freihalten (Schwagerl 1972, Osswald 1972 u. a.). Das Politikum institutionalisierter, ›legitimer‹ Gewalt wird dabei zur Sicherheitsforderung, das Politikum nicht-institutionalisierter illegitimer Gewalt wird zum terroristischen Verbrechen reduziert. Dort, wo politische Ansprüche auftreten, werden sie mann- und systemhaft zurückgewiesen. Nelson Rockefellers Bemerkung angesichts der Forderungen der Gefangenen von Attica ist hierfür symptomatisch:

»The inescapable conclusion, he said, was that the prisoners' demands transcended prison reform and had political implications beyond the reform of the prison, which it was not possible for us to conform to and at the same time preserve a free society in which people could have any sense of security« (Rockefeller 1971). Sieht man die Erfahrungen der Stadtunruhen in Amerika, der Studentenunruhen, wie sie hier grob summiert worden sind, mit den jüngsten bundesrepublikanischen Erfahrungen bei der Bekämpfung der Baader-Meinhof-Gruppe und den Münchener Ereignissen vom 4. und 5.9.1972 zusammen, so ergibt sich ein erstaunlich konformes Bild. Diese Konformität und Gleichläufigkeit zeigt, daß die Funktionsmechanismen institutionalisierter Herrschaft und damit die genetischen Ursachen trotz erheblicher Unterschiede des Ursachengeflechts im einzelnen und der Ausdrucksform einander so ähneln, daß ein Vergleich sogar eine kumulative Argumentation möglich macht.

Gesetzliche Vorbereitung und der Aufbau eines »jederzeit abrufbaren Sicherheitspotentials« (Genscher 1972)

Vorbereitung und Aufbau institutioneller und personeller Sicherheitsreserven sind die erste »innovatorische« Konsequenz. Der Versuch, im Sicherheitsapparat für jeden Notfall gerüstet zu sein, die Schaffung einer pauschalen Kompetenz- und Angriffsreserve entsprechen hierbei dem parallelen Versuch einer möglichst weiten Planungskompetenz und eines möglichst beliebigen Zugriffs in wirtschaftlichen, sozialen und sonstigen Krisenzeiten. In vielen der gesetzlichen und apparativen Vorbereitungsmaßnahmen geht es nicht darum, in »dauerhafter Normalität« aktuelle Veränderungen vorzunehmen, sondern zum einen die Sicherheit des – selbst nicht planbaren – ökonomisch-politischen Prozesses zu erhöhen (siehe die Fülle der Planungsgesetze und den verbleibenden institutionellen und prozeduralen Herrschaftspluralismus) und zum anderen die Möglichkeit auszuschalten, daß anomische Erscheinungen die institutionalisierte Ordnung gefährden könnten. Dies führt, was die Gewährleistung der herrschenden Sicherheit angeht, zur Schaffung interpretations- und anwendungsoffener rechtlicher Instrumentarien wie zur Konzentration, Spezialisierung und Modernisierung der Polizei. Als Beispiel für die Schaffung von Pauschalgesetzen, deren Anwendung weit offen ist im Sinne des beliebigen Interpretationsspielraumes der Exekutive, kann das jüngste Gesetz zur Ausweitung der Kompetenzen des Verfassungsschutzes gelten. Es geht dabei »nicht nur« darum, die politischen Aktivitäten der Ausländer stärker zu überwachen (mittels Telefonabhören, Briefkontrolle usw.), sofern nur die »auswärtigen Belange« in irgendeiner Weise gefährdet sind, sondern es sollen, wie der Berichterstatter Sieglerschmidt im Bundestag in der Interpretation bemerkte, »in diesem verhältnismäßig eng begrenzten Rahmen auch die Bestrebungen von Deutschen beobachtet werden können«. Der verhältnismäßig begrenzte Rahmen zeigt sich wenige Zeilen später so: »Wenn so weitgehende Eingriffe gegenüber der politischen Betätigung von Ausländern nach geltendem Recht für möglich und erforderlich gehalten werden, sollte die weniger schwerwiegende Beobachtung durch Verfassungsschutzbehörden unter den vorgesehenen Bedingungen nicht auf Bedenken stoßen.« Mit anderen Worten: das Ausländergesetz, das genau der Figur der oben beschriebenen Gesetze entspricht, nämlich »nahezu eine Blankovollmacht für die Exekutive darstellt« (Müller-Meiningen jr. 1972), dient als Rechtfertigungsbasis für die Unbedenklichkeit einer weiteren Gesetzesveränderung im Sinne der Schaffung einer »Zugriffsreserve«. In diesen Zusammenhang gehört auch die Verabschiedung der Hamburger Beschlüsse, die vor allem in sozialdemokratisch regierten Ländern relativ selten direkt angewandt werden, die aber dennoch durch ihr bloßes Bestehen wirksam sind und außerdem jederzeit vom Wahlkampfmittel bis hin zum Selektionsmittel von Personen eingesetzt werden können.

Konzentration und Modernisierung der Polizeikräfte sind ein Prozeß, der sich über die letzten Jahrzehnte hinweg zieht und beschleunigt wird (Leinwand 1972; Lane 1967 und 1969). Die Professionalisierung erfolgt hier in einer Richtung, die »primär auf den Werten der Technologie, der Effizienz und des Gehorsams beruht« (Skolnik 1971). Hierbei zeigt sich auch, daß »die rechtsstaatliche Funktionstrennung von Polizei und bewaffneter Macht« (Osswald 1972) durchbrochen wird.

Die Funktionen von Bundesgrenzschutz und Polizei in der Bundesrepublik ergänzen und überlappen einander. »Das Rechtsstaatsprinzip verbietet es, die Funktionen der Polizei und die Aufgaben der bewaffneten Macht in einer Institution zu verquicken. Aufgabe der Polizei ist der Rechtsgüterschutz. Der Kampfauftrag von Streitkräften ist die staatliche Bestandssicherung. Beide Aufgaben müssen im Rechtsstaat funktionell und institutionell streng geschieden werden. Zur Wahrnehmung polizeilicher Funktionen dürfen nur besonders ausgebildete und ausgerüstete Polizeikräfte eingesetzt werden, die in ihrem Waffengebrauch darauf beschränkt sind, Ordnungsstörer nur angriffs- und fluchtunfähig zu machen« (Osswald 1972). Doch eben diese Grenze wird bei der Verharmlosung des »sogenannten Paramilitärischen« (Ruhnau 1972) überschritten.

Die apparative Modernisierung und die personelle Aufstokkung der Sicherheitsinstitute dienen einem präventiven Zweck, der in seiner angestrebten Perfektion, selbst wenn diese Illusion bleibt, notwendig eine weitere Aushöhlung rechtsstaatlicher Sicherheit im Sinne der Sicherheit der Bürger vor Eingriffen und nicht der Sicherheit einer herrschenden Ordnung nach sich ziehen muß. »Entscheidend wird jedoch sein, diese Möglichkeiten [der Datenverarbeitung u. a. m.; W.-D. N.] mit so hoher einsatzmäßiger Perfektion zu verbinden, daß den Tätern keine reale Chance mehr bleibt.« (Herold 1972)

Liest man Genschers Erfolgsmitteilung über den Ausbau der Sicherheitsinstitutionen, dann wird die wachsende Bedeutung des Sicherheitsmarktes deutlich: »Ich darf als Beispiel die Stellenvermehrung im Bundeskriminalamt von 933 Stellen 1969 auf fast 1600 Stellen in diesem Jahr und mehr als 2000 Stellen im nächsten Jahr nennen. [...] Parallel zu diesen personellen Verstärkungen läuft die Erhöhung der Aufwendungen für das BKA von 22 Millionen DM jährlich 1969 auf 122 Millionen DM jährlich im kommenden Jahr. Entsprechend ist der Ausbau des Bundesamtes für Verfassungsschutz. Ebenfalls ist der Bundesgrenzschutz im Rahmen unserer Bemühungen um eine Verbesserung der inneren Sicherheit wesentlich verstärkt worden. Die Sollstärkte, die auf 20 000 Mann festgelegt war, wurde erstmals mit dem Haushalt 1970 überschritten. Der Haushaltsentwurf 1972 sieht eine Erhöhung der Sollstärke auf 21 600 vor. Für 1973 ist eine weitere Anhebung auf mehr als 22 100 geplant. Wichtig ist, daß es möglich war, die Iststärke des Bundesgrenzsschutzes in der Zeit vom 30. November 1969 bis zum 30. April d. J. um fast 2000 Mann zu erhöhen. Die Aufwendungen für den BGS schließlich stiegen von 300 Millionen DM auf über 500 Millionen DM in diesem Jahr. Sie werden im kommenden Jahr weiter ansteigen.« (Genscher 1972)

Zu diesen deutschen Entwicklungen zeigen Martin Oppenheimers Analysen über amerikanische Erscheinungen deutliche Parallelen. Unter der Überschrift *The Arms Race* schreibt Oppenheimer: »Increasingly, police are equipping themselves to handle urban disturbances. Elaborate contingency plans, including computerized data-control systems, carefully trained tactical units from federal down to local police levels, and the latest in counter-insurgency weaponry (helicopters, gases, Stoner aussault rifle systems, counter-sniper teams, armored vehicles, electronic snooper devices), are now a normal part of a city's budget. The tactical ›improvements‹ developed in the last several years make earlier army and police manuals on riot and mob control look as relevant as Orville Wright's first airplane. And the sheer economic weight of such repressive measures to urban governments and to society more generally is fantastic and clearly out of proportion to its alleged benefits.

Even by adding up what is known about individual communities, it is difficult to get an accurate figure as to the cost of this repression to society, considering only preparations, not actual enforcement in a real situation. But the remarkable rise in the prices of ›security industry‹ stocks may be one index. One expert has estimated the size of the ›law enforcement market‹ at about $ 2.5 billion per year, which, almost needless to say, is more than the 1968 federal budgetary appropriation to the Office of Economic Opportunity. (This does include about $ 1.2 billion for ›protective service companies‹ such as Pinkerton's, which are only partially devoted to antiriot or related activities.)« (Oppenheimer 1969).

Das Professionalisierungskonzept fügt sich in den Anspruch der Überparteilichkeit und in die Tendenz zu einer Gesamt-

Sicherheitskonzeption, die Bund, Länder und Gemeinden umfaßt. Dieser Aufwand an Sicherheitsapparaturen und Institutionen gilt gleichzeitig dem loyalitätsverpflichtenden Nachweis, daß »der Staat« in der Lage ist, für Ordnung zu sorgen. Sicherheit ist so zum Legitimitätssurrogat geworden, sie versteht sich fast von selbst.

Zur moralischen Aufrüstung

Das »Wertbewußtsein« gilt es zu sichern bzw. wiederherzustellen (Barzel 1972). Deshalb geht es auch darum, »eine Denkschule, die ihr Ziel nicht in Aufklärung, sondern in Entlarvung sieht, die nicht Anleitung zur Erkenntnis, sondern Anleitung zum politischen und revolutionären Kampf sein will«, abzuschaffen. Denn: »es ist kein Zufall, daß einer der Väter dieser Lehre von der transformierten Demokratie, Prof. Brückner, uns später im Baader-Meinhof-Komplex wiederbegegnet« (Genscher 1972). Diese Angst vor Denkschulen, die allzu vordergründige Reformansätze kritisieren oder das parlamentarische System gar insgesamt in Frage stellen, weil es als nicht funktionsfähig erwiesen werden kann, steht in merkwürdigem Kontrast zu der gleichzeitig emphatisch unterstrichenen Behauptung, daß radikale Gruppen heute isoliert seien. Warum, wenn diese Aussage richtig ist, sind dann Hamburger Beschlüsse nötig, die offenbar von der nicht unrichtigen Erkenntnis leben, daß Verhältnisse, wenn sie erst einmal als unerträglich erkannt sind, wenn die Apathie überwunden ist, Konflikt gebären? Deshalb geht es, wenn man schon die Verhältnisse nicht abschaffen kann oder will, darum, vor allem in den Sozialisationsinstitutionen, solch negatives Aufzeigen von Perspektiven zu vermeiden. Die sozialwissenschaftliche Erkenntnis, daß es neue Werte zu schaffen gelte, trifft man gerade bei denen, die in den 50er Jahren das Ende aller Ideologien verheißen haben und nun erkennen, daß es mit der Stabilität der abzugsbildhaft vorgestellten westlichen Demokratie doch nicht so wohl bestellt ist (Kristol/Bell 1971). Um die Herstellung des inneren Vertrauens, um die Schaffung des neuen Vertrauensgefühls geht es denn auch einer Fülle innen- und außenpolitischer Maßnahmen, deren Kosten auf dem außenpolitischen Sektor Hannah Arendt plausibel belegt hat (Arendt 1972). Bei dieser Wiedergewinnung des Vertrauens für die Regierung, für das System, geht es nicht um die Abschaffung von Mißständen, man nimmt vielmehr Mißstände in Kauf, sei es selbst den Krieg in Vietnam, wie Hannah Arendt demonstriert, um das Bild der Stärke in diesem Fall, um das Bild der Sicherheit im anderen Fall aufrechtzuerhalten. Daß das »Übersoll an Sicherheit« selbst zum Sicherheitsrisiko werden kann (nicht unähnlich dem Risiko der Geheimhaltung), wird nicht mehr bedacht. Die Sicherheitsgarantie selbst, der Kampf gegen Linke und auch ein wenig gegen Rechte, wird als Mittel der moralischen Aufrüstung gebraucht.

Strukturelle Gewalt bleibt

Konflikt und Konfliktstoff werden also externalisiert, an Individuen überantwortet, die man mit Einzelaktionen bekämpfen, stillstellen, ausschalten kann. Daß die Frage der Entstehung von Konflikten ausgespart wird, entspricht der Logik bürokratischer Verfahrensweise, der professionalisierten Antwort durch Polizei und Rechtsapparat. Legitimation, die selbst durch Verfahren nicht mehr zureichend erbracht werden kann, da es an zureichenden Artikulations- und Kommunikationsmechanismen fehlt, bedarf so einer Stärkung aus dem Köcher der Hobbesschen Staatsbegründung: Nicht Gerechtigkeit, gar Demokratie können vorgebracht werden, sondern allein eine prekäre Sicherheit, die sich selbst durch ihre Krisen hindurch zu bestätigen sucht. Machiavellis berühmte und oft mißinterpretierte Reflexionen, wie man mit der Gewalt haushälterisch umgehen könnte, werden dabei zumeist hintangestellt.

Abschließende Bemerkung

a) Zur analytischen Karätigkeit des Ansatzes

Es war hier nicht die Absicht, ein zureichend geschlossenes

und operationell vermitteltes Ursachen- und Kostenmodell der Gewalt unter systemanalytischer Perspektive vorzulegen. So konnten nur einige notwendige Elemente einer solchen Analyse genannt werden, die zusammen mit einigen summarischen Illustrationen nur mit einiger Plausibilität versehen werden konnten, einer Plausibilität allerdings, die über dem liegt, was die generellen psychologischen oder soziologischen Gewaltkonzepte anzubieten haben. Aufgezeigt werden sollte,

– daß strukturelle und aktuelle Gewalt unterschieden und zusammen gesehen werden müssen;
– daß strukturelle Gewalt in einer historischen Herrschaftsanalyse festzumachen ist und daß ihre Funktionen ermittelt werden müssen.

Unter diesen generellen analytischen Postulaten wurden für den kapitalistisch funktionierenden Nationalstaat heute u. a. folgende Bedingungen für Gewalt angenommen:

– die beharrliche Tendenz zur Konzentration und zum Beteiligungsverlust, die nicht notwendig zu einer dauernden Verschärfung führen muß, die aber keinen Gewinn, etwa der Beteiligung, etwa der Artikulation u. a. m., zuläßt;
– die dauernde Erzeugung von Ungleichheiten und Ungleichzeitigkeiten, die durch die Sozial- und Infrastrukturpolitik nur gekappt, nicht beseitigt werden, und die so gekappt werden, daß kein sozusagen pluralistisch fragmentiertes Ungleichheitsmuster entsteht, sondern ein kumulatives, freilich kein eindeutig dichotomisches, gar dichotomisch wirkendes: regionale, ökonomische, soziale, politische Irrelevanz und Abhängigkeit fallen weitgehend zusammen.

Ein Testfall für einige der eben noch einmal pointiert zusammengefaßten Aussagen könnte die Entwicklung der EWG darstellen. Wie wird in der EWG mit der eindeutigen wirtschaftlichen und bürokratischen Konzentrationstendenz das regionale Problem gelöst werden, wie das Problem von Apathie und Anomie? Es fällt fast zu leicht, angesichts der gegenwärtigen Entwicklung wenigstens, die Ausbildung und/oder Verstärkung neuer Gebiete der Apathie und potentieller Anomie zu prognostizieren. Die Prognose in dieser Form ist freilich zu roh; eine Systemanalyse, gar eine historische, läßt sich nicht in zwei Sätzen nachholen. Angesichts des hohen Kostenrisikos, das bestehende Systeme eingehen können, angesichts der erstaunlichen Stabilität, deren sie sich trotz Krisen erfreuen, sind letztlich nicht die Gewalt, nicht die Anomie das Problem, sondern die Hinnahmebereitschaft und die Mechanismen ihrer Erzeugung (Zinn 1971).

b) Gewalt als Strategie?

In der Vorbemerkung wurde erwähnt, daß die Analyse von Gewalt keine wertfreie Vogelperspektive erlaubt. Dennoch ist das Interesse dieses Aufsatzes ein primär analytisches, weshalb strategische Einschätzungen der Situation zu vermeiden waren. Zum Schluß jedoch seien folgende Bemerkungen erlaubt: So signifikant die Gewaltausbrüche einerseits und die explizite physische Gewaltanwendung der staatlichen Institutionen andererseits sind, so sehr muß man sich davor hüten, wie es öfters geschieht, daraus prinzipielle Konflikte im System, gar Systemkrisen abzuleiten. Noch so politisch in Gang gesetzte Kaufhausbrände und Sprengversuche an Hochhäusern erzeugen – wenn man von dem nicht rechtfertigbaren Kalkül der möglichen Todesopfer einmal schweigt – allenfalls abschwellende Aufregung, legitimieren vor allem den Ausbau des Sicherheitsapparates und sind insgesamt eher als »Verzweiflungsform politischen Handelns« (Schäfer 1971) zu werten, als daß sie eine Krisensituation des Systems anzeigten; sie lassen viel eher über Konflikte und Widersprüche des Systems hinwegmogeln. Die Verbindung von Stabilität des Gesamtsystems und hohem Gewaltvorfall im einzelnen scheint nicht nur für Amerika zu gelten, da die herrschenden Instanzen gewöhnlich auch den Ausnahmezustand bestimmen können.

Über der durch die Unruhen leicht abgenutzten und durchsichtig gewordenen Decke der Legitimität darf nicht vergessen werden, daß einmal – ebenfalls ein analytisches Ergebnis der Unruhen – die Sensibilität des Systems im Hinblick auf Unruhen zwar groß, seine Fähigkeit, ein relativ hohes Ausmaß verschiedener A- und Antinomien zu ertragen, aber noch sehr viel größer ist. Bestehende Herrschaft hat es nicht nötig, diese A- und Antinomien generell abzubauen. Zweitens ist auch die Kapazität des politischen Systems zu positiven Sanktionen à la Sozialpolitik trotz aller permanenten Knappheit der Mittel nicht zu unterschätzen, die, zusammengehend mit der Verstärkung des negativen Sanktionsapparates, Krisen und Unruhen nicht zu vermeiden, wohl aber zu unterdrücken und den symbolischen Legitimitätsverlust zu balancieren vermag. So sehr die Gewalt ein internationales Phänomen darstellt, so wenig ist zu erwarten, daß nicht-institutionelle, illegale Gewaltgruppen sich zu einer internationalen Einheitsfront zusammenschließen könnten. Die nach wie vor starke nationalstaatlich-historische Differenz, die geographische Disparität, die verschiedenen Formen der Isolierung u. a. m. sprechen eindeutig gegen eine solche Vereinigungsmöglichkeit. Gerade hier wird deutlich, daß die ähnliche oder gleiche Entstehungsursache von Widersprüchen und Konflikten nicht mit der aktuell gleichen Geltung verwechselt werden darf. Eine Reduktion aufgrund von Widersprüchen allein, die mit einigen oberflächlichen Beispielen von Streikbewegungen u. ä. als aktualisiert unterstellt werden, würde eine gefährliche, nämlich illusionäre Krisentheorie darstellen. Außerdem kann von den nationalen Sicherheitsapparaten nicht abgesehen werden, deren terroristische Überwindung durch Einzel- oder Gruppenaktionen trotz verbesserter Technologie kaum den »cordon sanitaire« nationaler Sicherheit selbst in Frage stellt.

Die Warnung vor allzu rasch gefolgerten Krisenaussagen im Hinblick auf die Stabilität der Systeme (nur weil man deren Sicherheitssensibilität allzu sehr beim Wort nimmt) verbindet sich mit der Warnung vor expressiven Gewaltaktionen, die nicht nur nicht an aktuellen Konfliktfronten ansetzt, sondern die sich der Möglichkeit, diese Konfliktfronten politisch zu benutzen, durch die isolierenden Gewaltakte selbst begibt. Das Ausmaß sozialen politischen Lernens, das sich aus der Anwendung physischer Gewaltsamkeit durch staatliche Institutionen bei Betroffenen und Beobachtern ergibt, ist direkt abhängig von der objektiven, durch die Beteiligten realisierten Konfliktlage und nicht durch den Gewaltgebrauch selbst. Diesen konzept- und basislos zu provozieren, ist nicht zu verantworten.

Literatur

Arendt, Hannah, 1972: *Die Lüge in der Politik. Überlegungen zu den Pentagon-Papieren.* In: *Neue Rundschau;* S. 185-213.
Aya, Roderick, und Miller, Norman, 1971: *The New American Revolution.* New York.

Bachrach, Peter und Baratz, Morton, 1970: *Power and Poverty.* New York.
Baler, Robert K., und Ball, Sandra J. (Hg.), 1969: *Mass Media and Violence.* Washington.
Banfield, Edward C., 1970: *Roting Mainly For Fun and Profit. The Unhevenly City.* Boston.
Barzel, Rainer, 1972: *Es ist Zeit für einen neuen Anfang!* In: *Das Parlament* (30. 9. 1972).
Bell, Daniel, 1971: *The corporation and society in the 1970's.* In: *The Public Interest;* S. 5-32.
Bettelheim, Charles, 1971: *Monetärer und ökonomischer Kalkül.* Berlin.
Blumberg, Abraham (Hg.), 1970: *Law and Order. The Scales of Justice.* New York.

Cohen, Albert K., 1970: *The Sociology of the Deviant Act: Anomie and Theory Bayond.* In: Voss, Harwin L. (Hg.): *Society, Delinquency and delinquent Behavior.* Boston; S. 141-150.

Feierabend, Ivo K., Feierabend, Rosalind L., und Gurr, Ted Robert (Hg.), 1972: *Anger, Violence, and Politics. Theories and Research.* Englewood Cliffs/N. J.
Flottau, Heiko, 1972: *Neue Strategie der Schwarzen Amerikas. Statt Gewalt und Revolution Marsch durch die Institutionen.* In: *Süddeutsche Zeitung* (16. 9. 1972).
Fogelson, Robert M., 1971: *Violence As Protest.* New York.

Galtung, Johan, 1971: *Gewalt, Frieden und Friedensforschung.* In: D. Senghaas (Hg.): *Kritische Friedensforschung.* Frankfurt/M.; S. 55-104.
Genovese, Eugene D., 1969: *Marxian Interpretations of the Slave South.* In: B. J. Bernstein (Hg.): *Toward a New Past.* New York; S. 90-125.
Genscher, Dietrich, 1972: *Zum Schutz der freiheitlichen Ordnung.* In: *Das Parlament* (24. 6. 1972).
Graham, Hugh Davis, und Gurr, Ted Robert (Hg.), 1969: *Violence in America.* New York.
Gurr, Ted Robert, 1971: *Why Men Rebel.* Princeton/N. J.

Herold, Horst, 1972: *Wir sind theoretisch in der Lage, kriminalitätsarme Räume zu schaffen..* In: *Wirtschaftswoche* 7. 4. 1972.
Hofstadter, Richard und Wallace, Michael (Hg.), 1970: *American Violence. A Documentary History.* New. York.

Kerner-Report, 1968: *What Happened? Why did it happen? What can be done?* (Report of the National Advisory Commission). New York.
Kristol, Irving, 1971: *From Priorities to Goals.* In: *The Public Interest;* 3/4.

Lane, Roger, 1969: *Urbanization and Criminal Violence in the 19th Century: Massachusetts as a Test Case.* In: Graham und Gurr (1969); S. 468-485.
Lane, Roger, 1971: *Policing the City: Boston, 1822-1885.* New York.
Lasswell, Harold D., 1930: *Psychopathology and Politics.* Chicago.
Lautmann, Rüdiger, 1971: *Politische Herrschaft und polizeilicher Zwang.* In: J. Feest und R. Lautmann (Hg.): *Die Polizei. Soziologische Studien und Forschungsberichte.* Opladen; S. 11-30.
Leinwand, Gerald (Hg.), 1972: *The Police.* New York.
Loewenstein, Karl, 1972: *Jede erfolgreiche Erpressung ermutigt den nächsten.* In: *Süddeutsche Zeitung* (23. 9. 1972).

Mahinka, Stephen Paul, und Rudoy, Dean William, 1971: *Preface.* In: H. D. Graham et al.: *Violence. The Crisis of American Confidence.* London.
Marx Karl, 1962: *Das Kapital,* Bd. 1. Hg. v. H.-J. Lieber und B. Kautsky. Darmstadt.
Merleau-Ponty, Maurice, 1966: *Humanismus und Terror.* Frankfurt/M.
Miller, S. M. und Roby, Pamela, 1970: *The Future of Inequality.* New York.
Miller, S. M. und Roby, Pamela, et al. 1970: *Creaming the Poor.* In: *Transaction* Vol. 7; S. 38-45.
Müller-Meiningen jr., Ernst, 1972: *Araber 'raus?* In: *Süddeutsche Zeitung.*
Muller, Edward N. und Grofman, Bernard N., 1972: *The Strage Case of Relative Gratification and Potential for Political Violence: The V-Curve Hypothesis.* New York.

Nannen, Henri, 1972: *Wir sind im Krieg.* In: *Stern,* September.
Narr, Wolf-Dieter, 1971: *Communications and Violence.* International Institute for Strategic Studies (Man.).

O'Brien, Conor Cruise, 1969: *Holy War in Ireland.* In: *New York Review of Books* (6. 2. 1969); S. 9-16.
Offe, Claus, 1972: *Strukturprobleme des kapitalistischen Staates.* Frankfurt/M.
Oppenheimer, Martin, 1970: *The Urban Guerilla,* Chicago.
Oppenheimer, Martin, 1971: *Stadtguerilla.* Berlin.
Osswald, Albert, 1972: *Bedenken des Landes Hessen.* In: *Das Parlament* (15. 7. 1972).

Parenti, Michael, 1970: *Power and Pluralism: A View from the Bottom.* In: M. Surkin und A. Wolfe (Hg.): *An End to Political Science.* New York.

Potyka, Christian, 1972: *Aggression und Rebellion.* In: *Süddeutsche Zeitung* (16. 9. 1972).

Rockefeller, Nelson, 1971: *Governer Defends Order To Quell Attica Uprising; Appoints Chief of Inquiry.* In: *New York Times* (16. 9. 1971).
Rubenstein, Richard E., 1970: *Rebels in Eden: Mass Political Violence in the United States.* Boston.
Ruhnau, Heinz, 1972: *Das sogenannte »Paramilitärische«.* In: *Das Parlament* (15. 7. 1972).

Schäfer, Gerd, 1972: *Rote Armee-Fraktion und Baader-Meinhof-Gruppe.* In: *links* (Jan. 1972).
Schurman, Franz, 1971: *System, Contradictions, and Revolution in America.* In: Aya und Miller (Hg.): *The New American Revolution.* New York.
Schwagerl, Hans-Joachim, 1972: *Wir brauchen nicht mehr Polizei, sondern Reformen. Der Wiesbadener Verfassungsschützer Dr. Schwagerl setzt sich mit den linksextremen Gruppen auseinander.* In: *Frankfurter Rundschau* (18. 9. 1972).
Scranton, William (Chairman), 1971: *The Report of the President's Commission on Campus.* New York.
Skolnik, Jerome (Vorsitz.), 1969: *The Politics of Protest.* New York.
Skolnik, Jerome, 1971: *Professionelle Polizei in einer demokratischen Gesellschaft.* In: J. Feest und R. Lautmann (Hg.): *Die Polizei. Soziologische Studien und Forschungsberichte.* Opladen; S. 177-194.
Smelser, Neil J., 1962: *Theory of Collective Behavior.* New York.
Der Spiegel, 1972: *Sie töteten die Mörder unserer Treuen. Israel – Nation zwischen Vergeltung und Humanität* (11. 9. 1972).
Steel, Ronald, 1969: *Letter from Oakland: The Panthers.* In: *New York Review of Books* (11. 9. 1969).
Süddeutsche Zeitung, 1972: *Szenen vermieden, Hilfe erschwert; Keine Auskunft über Ausweisungen* (26. 9., 27. 9. usw.).

Taft, Philip und Ross, Philip, 1969: *American Labor Violence: Its Causes, Character and Outcome.* In: Graham und Gurr (1969); S. 281-395.
Tilly, Charles, 1969: *Collective Violence in European Perspective.* In: Graham und Gurr (1969); S. 4-44.
Tilly, Charles und Rule, James, 1972: *1830 and the Unnatural History of Revolution.* In: *Journal of Social Issues;* S. 49-76.
Times Inside Team 1972: Vester, London.
Titmuss, Richard, 1969: *Essays on the Welfare State,* Boston.
Toch, Hans, 1972: *Violent Men. An Inquiry into the Psychology of Violence.* London.

Walker-Report, 1968: *Rights in Conflict. The Violent Confrontation of Demonstraters and Police in the Parks and Streets of Chicago...* New York.
Wallace, Michael, 1970/71: *The Uses of Violence in American History.* In: *American Scholar;* S. 81-102.
Waskow, Arthur I., 1967: *From Race Riot to Sit-in. 1919 and the 1960.* New York.
–, 1969: *Community Control of the Police.* In: *Trans-action* 7; S. 4-7.
Wilson, James Q., 1970: *Varieties of Police Behavior,* Cambridge/Mass.
Wolin, Sheldon S., 1960: *Politics and Vision. Continuity and Innovation in Western Political Thought.* Boston.

Zinn, Howard, 1971: *The Problem is Civil Obedience.* In: Graham et al. (Hg.): *Violence.* Baltimore-London.

Klaus Horn

Gesellschaftliche Produktion von Gewalt. Vorschläge zu ihrer politpsychologischen Untersuchung

I. Gewalt und Aggression

Kürzlich wurde darauf hingewiesen, daß in der Erörterung des Gewaltproblems, sofern diese sich psychoanalytisch oder ethologisch, in der Konfliktsoziologie und der Friedensforschung abspielt, das Diskussionsniveau, welches in der Geschichte des Gewaltbegriffs erreicht war, nicht immer erhalten bleibt (Röttgers 1974, S. 569). Diese Kritik kann, was die Psychologie und die Ethologie betrifft, unter einem spezifischen Aspekt zunächst als unberechtigt angesehen werden, da es sich hierbei um einen ganz anderen, viel jüngeren Ansatz handelt. Dessen Ausgangspunkt war einst die Frage nach dem Naturstand des Menschen, der Versuch zu Ansätzen einer naturwissenschaftlichen Anthropologie, über deren Möglichkeit man sich freilich streiten kann (vgl. z. B. Horn 1974). In den Psychologien – wovon hier vorwiegend die Rede sein wird – handelt es sich weitgehend um die isolierte Betrachtung Vereinzelter bzw. ihres Verhaltens; das trifft in gewisser Weise auch für die Ethologie zu. In diesem Zusammenhang wird gewöhnlich von »Aggression« als offenem oder »Aggressivität« als latentem Verhalten gesprochen. Es ist durchaus sinnvoll, Verhalten oder Verhaltenspotential Einzelner in Erfahrung zu bringen, welches sich im Verlauf der Sozialisation gebildet hat, und zu verfolgen, unter welchen Bedingungen diese Strukturen entstanden sind und wie sie gesellschaftlich verwertet werden. Ohne die Kenntnis der gesellschaftlich produzierten subjektiven Strukturen, die sich als lebensgeschichtliche begrifflich nicht restlos in einen soziologischen Interaktionismus auflösen lassen, ist es kaum sinnvoll möglich, so wichtige Themen wie das Problem Herrschaft und Perspektiven von Befreiung zu diskutieren. Geschieht das dennoch, so implizieren solche Abhandlungen meist eine versteckte common-sense-Anthropologie, Annahmen über oder

Ansprüche an Menschen, die selber erst zu untersuchen wären. In dieser Wendung gegen eine naive Konzepte verwendende oder gar eine subjektlose Politologie und Soziologie machen Ethologie und in verschiedener Weise die Psychologien auf ein Moment aufmerksam, demgegenüber sich der Gegenstandsbereich und entsprechend die Begriffe derjenigen Wissenschaften, welche die objektiven, die gesellschaftlichen Strukturen behandeln, weitgehend verselbständigt haben: Das Naturmoment des Menschen, welches nicht in den Formen seiner gesellschaftlichen Bearbeitung aufgeht, auf dessen Basis sich jeder Einzelne gegenüber dieser seiner ersten Natur, aber auch den Angehörigen seiner Gattung und deren Arbeitsprodukten verselbständigt – sosehr er auch beiden verhaftet bleibt. Insofern ist das Aufkommen dieser neuen Forschungsrichtung von Wichtigkeit für die Sozialwissenschaften.

Aber dieses Hinweisen auf das Naturmoment der Menschen, auf dessen Sperrigkeit, geschieht meist nur implizit, und wenn ausdrücklich, dann zumeist in abstrakter Negation soziologischer und politologischer Positionen, was die eingangs genannte Kritik auf jeden Fall rechtfertigt. Denn nicht nur wird die Untersuchung Vereinzelter nicht als solche begriffen, d. h. die Psychologien sehen – in verschiedener Weise – den Vereinzelten nicht als in seiner Vereinzelung gesellschaftlich, so und nicht anders, produziertes Wesen; die Lorenzschule verlagert die Quelle aggressiven Verhaltens ins phylogenetische Erbe des Zentralnervensystems und damit ins Vorgesellschaftliche –, nein, darüber hinaus wird von dieser Position her gelegentlich versucht, das Problem Gewalt psychologisch, d. h. vom Verhalten Einzelner her, zu erschließen. Das Recht, nicht mehr von Aggression, sondern von Gewalt sprechen zu können, wird entweder nicht oder implizit z. B. daraus abgeleitet, daß das jeweilige Verhalten relativ zu Normen beurteilt wird (Werbik 1974). Damit sind aber bestimmte Vorentscheidungen gefällt. Nicht nur werden jene Normen aus der Diskussion gehalten, sondern es wird auch aggressives Verhalten per Ansatz als abweichendes festgelegt. So ist in der Tat die in der philosophisch-gesellschaftstheoretischen Geschichte des Gewaltbegriffs enthaltene Spannung zwischen den Vereinzelten und den von ihnen mitgeschaffenen gesellschaftlichen Verhältnissen und entsprechenden Institutionen ganz aus dem Blickfeld gerückt. Hier liegt das Problem. Solche Psychologie, die den gesellschaftlichen Einzelnen bzw. sein Verhalten zum Ausgangspunkt des Redens über Gewalt macht, verschleiert den gesellschaftlich produzierten Gewaltzusammenhang, sie entschleiert ihn nicht. Man kann die Art dieser Komplexititätsreduktion insofern »bürgerlich« nennen, als hier Gesellschaft als Summenphänomen gesehen wird: als Zusammenfügung des Verhaltens vieler Einzelner. »Aggression« und »Aggressivität« sind hingegen unbedingt auf ihre gesellschaftliche Genese hin zu untersuchen, so deutlich sich die individuelle Ausgestaltung auch gegenüber ihrer Entwicklung verselbständigen mag. Ein Fall wie der des MyLai-Leutnants Calley (Horn 1972 f.) macht dies anhand einer Extremsituation evident. Zwar konstituiert die einzelne psychische Struktur als Moment auch das Gesellschaftliche, sie trägt es mit; aber sie tut das nicht aus der Position eines Ersten, sondern ist selber bereits aus menschlicher Tätigkeit, der gesellschaftlichen und persönlichen Auseinandersetzung mit »eigner« und äußerer sowie gesellschaftlicher Natur, hervorgegangen.

Zunächst ist deutlich auf den historisch und in der wissenschaftlichen Arbeitsteilung entstandenen Hiatus zwischen den Problemen Aggression und Gewalt aufmerksam und dann der Versuch zu machen, Vermittlungen zwischen beiden Gegenstandsbereichen aufzuzeigen, ohne die Brüche zwischen den Funktionsbereichen kitten zu wollen.

II. Formen des Psychologismus überwinden und den »psychologischen« Gesichtspunkt entwickeln im Sinne einer historisch-materialistischen Theorie des Subjekts

Die Flut der theoretischen Ansätze, des erhobenen Materials und der Interpretationen im Konnotationshof des Problems nichtinstitutionalisierter, d. h. nichtstaatlicher Gewalt, der »violence«, ist geradezu prohibitiv. Es geht offenbar um etwas. Die wichtige interdisziplinäre Entwicklung dieses Gebiets hat – kaum noch in der BRD, aber in den USA, auch im Sinne vergleichender Forschung – zur gleichwohl praktisch kaum relevant gewordenen Vielzahl wissenschaftlicher Produktion beigetragen. Die Ubiquität des Phänomens Gewalt, seine Hartnäckigkeit und Aktualität führten auch in den USA dazu, – nach der Lorenz-Welle hier – trotz entschiedener anthropologischer Gegenargumente im Besonderen (z. B. Alland 1973 und im Allgemeinen (Dobzhansky 1973), ontologisierende Hypothesen über die Genese nicht-institutionalisierter Gewalt in den Vordergrund zu rücken, insbesondere im Sinne eines Rückgriffs auf Faktoren erster Natur. Nach einer Phase sozialwissenschaftlichen Optimismus und des entsprechenden social engineering rekurrierte die amerikanische Diskussion auf die archaische Erklärungsebene – und das wird nicht unabhängig von der Nixon-Restauration gesehen werden können: Verschiedene Momente des phylogenetischen Erbes sollen mehr oder weniger unmittelbar Ursache nichtinstitutionalisierter Gewalt sein (vgl. die Zusammenfassung von Alexander 1972 und z. B. Storr 1972, der von einer biologisch-phylogenetischen conditio humana ausgeht); die institutionalisierte Gewalt reicht auch in dieser Diskussion praktisch kaum in den Horizont des Erörterten. Selbst wenn mit dem Index »sozialkritisch« argumentiert wird, indem man davon ausgeht, daß die Mehrheit der in kapitalistischen Ländern Lebenden vom archaischen »Beutemachen« ausgeschlossen sei und deshalb in soziale Unzufriedenheit ausbrechen müsse (Tiger/Fox 1973), hält die unveränderliche Natur des Menschen her. Nachdem der »subjektive Faktor« sich den umfangreich geplanten Integrationstechniken, der gezielten Sekundärbearbeitung des social engineering nicht gefügt hat, gerät, verdinglichend, die erste Natur des Menschen in verschiedenen Formulierungen und mit unterschiedlichem politischen Akzent wieder als prinzipiell unkultivierbar ins Blickfeld. Dazu hat beigetragen, daß die Frage nach der Funktionsfähigkeit gesellschaftlicher Strukturmerkmale in diesem Kontext nicht im Ernst gestellt wurde (darauf verweist z. B. Grimshaw 1970). Die jüngsten drastischen Einschränkungen der Investitionen auf dem Sektor community und social psychiatry in den USA können in diesem Gesamtzusammenhang gesehen werden.

Jede Argumentation mittels phylogenetischer Archaik ist, gegenüber der Phase des social engineering, freilich nur eine Verdeutlichung der ohnehin klaren, verdinglichenden Perspektive, daß die Elemente der je gültigen Sozialstruktur ordnungsstrategisch die unabhängige und die unter ihr Befaßten die abhängige Größe sind und bleiben sollen, und das ist nicht untersuchungstechnisch, sondern politisch gemeint. Denn nur der Vorstellung, das Unkultivierte drohe ständig sich Bahn zu brechen, sind begriffliche Kontrollsysteme von Gehlen bis Parsons als Abstraktionen und rationalisierte Handlungsentwürfe von Sozialtechnik sinnvoll. Diese Perspektive gilt es in Frage zu stellen, diesen eindimensional begriffenen Zusammenhang, der in Wirklichkeit ein systematischer der blinden gesellschaftlichen Produktion des Menschen ist und innerhalb dessen sich die gewalttätig werdenden Subjekte oder Gruppen nur dem ideologischen Bewußtsein, das aufs Unmittelbare geht, auch als Quelle der Gewalt darstellen. Während man insbesondere im Resozialisationsbereich inzwischen verstanden hat, welche makabre Garantie entsprechende »Hilfs«-Institutionen für eine Karriere im Stigma sind (vgl. z. B. Bonstedt 1972), wenngleich dort der Zusammenhang zwischen primärer Sozialisation und »abweichendem Verhalten«, das ja besonders als gewalttätiges relevant wird, bekannt ist (Moser 1970), gibt es im politischen Bereich diese Form der Erkenntnis nicht – oder besser: man erkennt die politische Genese menschlicher Verhaltensformen in den meisten Bereichen nicht. Hier gelten Tabus. Auch der Bereich der Kriminalität ist sozialwissenschaftlichem Denken zwar erst spät erschlossen worden; aber eine Kostenanalyse ist hier offenbar politisch und wissenschaftlich weniger schwierig als bei der Frage nach der gesamtgesellschaftlichen Gewaltproduktion, deren eine Erscheinungsform Gewaltkriminalität ist.

Ich kann die prohibitive Vielfalt der Gewalt- und Aggressionsforschung, die am Subjekt und an Gruppen ansetzt, für den Zweck dieser Arbeit nicht kritisch wiedergeben. Vielmehr soll an die genannte auffällige Lücke, an diesen gleichsam systematischen Fehler wichtiger Untersuchungen angeknüpft werden. Und dabei zeigt sich, daß gerade die umfangreichsten Untersuchungen, die der Crime Commission des amerikanischen Senats, wichtige Fragen offengelassen haben. Man kann diese Lücken als Indikatoren benutzen, um auf die Spur der spezifischen Schwierigkeiten zu kommen, die die Untersuchung des Problems nichtinstitutionalisierter Gewalt in unserer Gesellschaft verursacht. Einen generellen Hinweis gibt einer der stellvertretenden Vorsitzenden der Violence Commission. Federal District Judge A. Leon Higginbotham verlangte, daß keine weiteren Kommissionen für die Probleme der Armut, der Gewalt und ähnliche eingesetzt werden sollten, bis nicht die vielen wertvollen Vorschläge der bereits wieder aufgelösten Kommissionen zur Beseitigung der betreffenden Probleme endgültig realisiert seien (*To Establish*... 1969, S. 116 f.). In einer zusammenfassenden Würdigung der Kommissionsarbeiten (Short/Wolfgang 1970, S. 3) wird noch schärfer gefragt: »Kann oder will eine National Advisory Commission die Voraussetzungen objektiv prüfen, welche jenes politische und das ökonomische System legitimieren, dem sie selber verantwortlich ist, sowie deren Konsequenzen, eingeschlossen mögliche Mitverursachungen gerade der Probleme, welche Gegenstand der Untersuchungen sind?« An der gleichen Stelle wird auch hervorgehoben, daß man sich zwar über die Schlüsselfunktion des Rassismus und der Armut für die Kriminalität und die Krise der Städte aufgrund der Befunde halbwegs einig sei, aber es gebe noch keinen Konsensus darüber, wie man diese »root causes« selber zu verstehen und, vor allem, was man gegen sie zu unternehmen habe. Die Kritik wird in diesem Sinne noch spezifischer: »So ignorierte die Crime Commission eigentlich den Einfluß der ökonomisch Mächtigen, als sie die Natur des Verbrechens in unserer Gesellschaft definierte und Gesetze zu seiner Kontrolle machte und ausführte. Die National Advisory Commission on Civil Disorders (die Kerner Commission) bezeichnete den ›weißen Rassismus‹ als eigentlichen Grund der Ghettoaufstände, aber sie versagte, als es darum ging, die Implikationen für seinen Fortbestand in den Traditionen und Praktiken des Kongresses der Vereinigten Staaten, in Senioritätsprivilegien und anderen Mitteln zur Sicherung erworbener Rechte zu erforschen. Die Violence Commission forderte eine Neuordnung der nationalen Prioritäten, hielt sich aber bei der Analyse und vollständigen Erforschung der Verwicklungen zwischen der Gewalt zu Hause und dem Krieg in Indochina äußerst zurück und sprach sich statt dessen für eine Verpflichtung aus, die Probleme des Inlandes zu lösen, ›sobald Ressourcen zur Verfügung stehen‹.« (S. 3)

Das sind verwertbare Hinweise. Die betreffenden Untersuchungen bzw. die aus ihnen ableitbaren Reformvorschläge stoßen ganz klar auf politische Grenzen. Aus der Kritik der amerikanischen Untersuchungen geht obendrein hervor, daß steigende Kriminalität und das plakativ als »Krise der Städte« gekennzeichnete Problem Fragen sind, die sich weder in der bekannten ceteris-paribus-Weise herkömmlicher Sozialforschung noch bisher auch nur *tendenziell* politisch-praktisch hätten bereinigen lassen. Denn die Untersuchung von »violence« führt auf keinen einzelnen oder auch nicht bloß mehrere lineare Kausalzusammenhänge, sondern auf ein System von Interdependenzen zwischen Gesellschaftsstruktur und »subjektivem Faktor«. Gerade dieser systematische Zusammenhang wäre zum Zweck einer Psychologismuskritik als politischer zu identifizieren, weil unmittelbar auf Machtinteresse stoßende Wissenschaft Einschränkungen ihrer Arbeit durch institutionalisierte Gewalt und deren Zurückhaltung sogar gegenüber bereits gezähmten Kommissionsvorschlägen erfährt. Als Reaktion darauf ist es, auch aus pragmatischen Gründen, weder sinnvoll noch dem Sachverhalt angemessen, die Unerschlossenheit des gesellschaftlichen Gewaltzusammenhanges lediglich rational kalkulierter instrumenteller Herrschaftsausübung zuzuschreiben. Vielmehr spielt auch Naivität gegenüber der Komplexität des Problems eine wichtige Rolle (Horn 1972b, S. 52 f.). Wir sind erst dabei, entsprechende Theorien über komplexe Wirkungszusammenhänge in sozialen Systemen zu entwickeln (vgl. z. B. Bandura 1972, Deutsch 1966, Easton 1965, Etzioni 1968, Gantzel 1972, Falter 1972, Hondrich 1970, Narr 1969, 1973). Daß die systemtheoretische Analyse bisher relativ bescheidene Erfolge gehabt hat, führt Gantzel (1972, S. 76) auf ihre »irrealen Abstraktionen« zurück. Die vorliegende Arbeit soll – wie einleitend bereits angekündigt – einige Anregungen bringen, in welcher Gestalt das, was im allgemeinen als »psychologisch« (oder anthropologisch) bezeichnet wird, im Sinne einer materialistischen Theorie des Subjekts in solchen systemtheoretischen Modellen seinen Stellenwert bekommt.

Besonders in den psychologischen Wissenschaften wurde das Interesse des etablierten gesellschaftlichen Funktionszusammenhanges in die eigene Methodologie aufgenommen, die sich – soweit neopositivistisch oder kritisch-rationalistisch orientiert – bei ihrer Begriffsbildung am ideologischen Konsens, d. h. konventionalistisch orientiert, nachdem die Realität sich nur in Gestalt und vermittels dieser Konventionen (auch der der Intersubjektivität und der Verkäuflichkeit) und nicht unmittelbar als zugänglich erwies (Schnädelbach 1971). Die konventionalistische Naivität der Psychologie, die gewöhnlich nur individuelle Abweichungen von anerkannten, gesellschaftlich gültigen Konventionen Standards mißt, für deren Eigengesetzlichkeit sie sich unzuständig erklärt, ist besonders auffällig. Insofern steht Psychologie naiv und gezielt im Dienste strukturalisierter, institutionalisierter Gewalt, etwa der Verwertung der Arbeitskraft (Baritz 1960). Die herrschende Psychologie hat, als sich streng nomothetisch verstehende, funktionalistisch-experimentelle Methode, nur ein organismisches Bild vom Menschen und deshalb, mit allen Implikationen, kein Verhältnis zu ihm als historischem Wesen (Holzkamp 1972). Ihr Ansatz ist von der Methode her objektivistisch: Der Mensch ist Natur, die es im Sinne der etablierten gesellschaftlichen Funktionszusammenhänge zu beherrschen gilt. Rosenwald (1972) hat das für die Kleingruppenforschung nachgewiesen. Dem Gegenstand nach ist der psychologische Ansatz subjektivistisch: Er mißt das *Verhalten von Subjekten* an gegebenen Normen. Er kennt zwar auch den Menschen als Funktion (z. B. der Gruppenkohäsion). Und neuerdings werden auch in der bundesrepublikanischen Aggressionsforschung, im Anschluß an amerikanische Überwindungen des kruden Behaviorismus, Momente in die Denkmodelle aufgenommen, die in verschiedener Weise gesellschaftliche Sinnzusammenhänge repräsentieren, welche sich im untersuchten Subjekt niedergeschlagen haben (Interpretation der Situation, situationsspezifische Reaktionsgewohnheiten, Hemmungen und Erwartungen); es wird inkonsequenterweise aber streng am methodischen Objektivismus und dem gegenständlichen Subjektivismus festgehalten (Schmidt-Mummendey 1972, Schmidt-Mummendey und Schmidt 1971). So geht diese gleichwohl wichtige Modifikation weder methodisch noch inhaltlich – wenn wir das hier einmal so getrennt stehen lassen wollen – weit genug. Denn eine psychologisierende Psychologie, eine also, die am handelnden

Subjekt ansetzt und den Widerschein der Gesellschaftsstrukturen nur als abstrakte »Situation«, als nicht auf ihre gesellschaftliche Genese untersuchte Interaktionsstruktur behandelt, erfaßt die Wirkungszusammenhänge der gesellschaftlichen und der psychischen Systeme nicht, auch wenn die behavioristische Verhaltensmessung erweitert werden soll durch Aufnahme intentionaler Momente in die Definition »aggressiven« Verhaltens (Werbik 1971, Simons 1972). Vielmehr isoliert sie ihren Gegenstand damit nur noch konsequenter und mißt ihn naiv an den bestehenden Normen, die ihr »natürlich« vorkommen (zur Kritik vgl. Horn z. B. 1973 a, b). Aus dieser Forschung resultieren nicht nur notwendig counterinsurgency-Strategien, es können so auch weder systematisch Ansatzpunkte für eine rationale Politisierung des »subjektiven Faktors« noch Mechanismen der Gewaltproduktion durchs gesellschaftliche System selber sichtbar gemacht werden. Die »strukturelle Gewalt« als Ursache institutionalisierter Gewalt bleibt entweder außer Sichtweite (z. B. Toch 1968) oder die arbeitsteilig aus der Perspektive der Psychologie gerückten Probleme werden sogar ausdrücklich als nichtpsychologische zurückgewiesen (z. B. Schuh und Mees 1972).[1] Statt dessen wäre, was in der Arbeitsteilung der Wissenschaften heute als psychologisch erscheint, als ein separiertes Moment des gesellschaftlichen Wirkungszusammenhanges zu begreifen. Dieses Moment ergibt sich als psychische Struktur im Sinne zweiter innerer Natur, Bearbeitungsresultat einer separierten Größe erster Natur (der des betreffenden Subjekts als gesellschaftlichem), und wird dann, jenseits primärer, in der sekundären Sozialisation zum darauf relativ flexiblen Material und Kontrahenten gesellschaftlicher Struktur zugleich. Die historische Naivität besonders jener violence-Forschung, die aus einer unhistorisch-anthropologisierenden Perspektive nicht herauskommt, weil sie nur ganz formal von social change redet, aber sich nicht radikal auf die gesellschaftliche Produktion, d. h. das gesellschaftliche Hervorbringen des Menschen einläßt, ist enorm. Empfehlungen wie die, Kinder müßten sich angemessen an Elternvorbildern orientieren können, und jene, man möge gesellschaftlich das gegenseitige Verständnis von Individuen und Gruppen, man möge Einfühlungsvermögen fördern, sind das groteske Ergebnis langwieriger Untersuchungen (Daniels et al. 1970, S. 392 ff.), welche zwar Momente durchaus richtig sehen, aber deren Stellenwert im gesellschaftlichen System nicht einschätzen können. Nicht daß diese Forderungen sinnlos wären. Wie später noch zu zeigen sein wird, haben diese Aspekte (ohne daß jene, die sie hervorheben, das genau bestimmt hätten) zu tun mit den veränderten Sozialisationsbedingungen in einer sich ändernden Gesellschaftsstruktur. Aber angesichts der gattungsbedrohenden Selbstvernichtungskapazität wirkt diese Hilfspädagogik, solche Bastelei am Produzierten, ohne Rekurs auf die Produktionsbedingungen, absurd. Andere amerikanische Untersuchungen zeigen nämlich, daß Einflußnahmen zur Verbesserung der Lebenslage dann kaum nennenswerte Effekte haben, wenn lediglich im Sozialisationssektor, die Sozialstruktur hingegen nicht verändert wird (Jencks et al. 1972).

Wollen wir den »subjektiven Faktor« systematisch mit in die Argumentation einbeziehen, dann hat das nur Sinn, wenn wir ihn radikal als produzierten begreifen, eine Forderung, die von der Kulturanthropologie schon vor langer Zeit erhoben wurde (Mead 1947), aber erst heute im Sinn einer materialistischen Theorie des Subjekts auf dem Wege der Realisierung ist (Lorenzer 1972): Es geht nicht darum, was die Menschen »verinnerlichen«, sondern welche Formen von Subjektivität unter gegebenen objektiven Bedingungen sich *konstituieren*, wie sie gesellschaftlich verwertet werden und zugleich: welche Formen der Distanzierung gegenüber gesellschaftlichen Lebensbedingungen erworben werden können – politische, pseudopolitische, privatistische. Nur indem wir den »psychologischen« Gesichtspunkt derart radikalisieren, läßt sich der »subjektive Faktor« im Sinne der Überwindung des Psychologismus in gesellschaftliche Analyse einbringen. Nur auf diese Weise können vor allem auch die politologischen Verkürzungen der Sicht des »subjektiven Faktors« in Frage gestellt, kann eine subjektlose Sozialwissenschaft überwunden werden. Einfachere Lösungen taugen wenig. Die wegen ihrer Handlichkeit beliebte Dissonanztheorie (z. B. Hondrich 1970) läßt ja völlig offen, warum spezifische Dissonanzen realisiert und andere vernachlässigt werden, d. h. das Muster dieser Denk- und Handlungsstrategien bedarf selber wieder der Erklärung.

Wenn wir den »subjektiven Faktor« auch nur im Anflug milieutheoretisch behandeln, verharmlosen wir das Problem, indem wir z. B. Einfühlungsvermögen als anthropologische Größe konstant setzen. Statt dessen muß umfassend gefragt werden, wie die fortschreitende Rationalisierung unserer Lebenswelt unter der Bedingung privater Aneignung des Mehrwerts und des interventionistischen Staates jenes Einfühlungsvermögen, auf welches zur Rettung der Menschheit gebaut werden soll, hervorbringen kann; ob nicht womöglich schon die zeitliche Organisierung von Sozialisation (ein Nervenpunkt der Beziehungen zwischen Formen der Arbeit und Formen der Interaktion) andere Interaktionsqualitäten viel eher produziert als gerade Empathie. Wir müssen so neu fragen lernen. Sonst bleibt die gesamte Aggressionsforschung, die sich um den »subjektiven Faktor« bemüht, Gefangene der bestehenden Sozialstruktur, weil sie nur an »Verhalten« interessiert ist, und es wird nichts Neues herauskommen, weder wissenschaftlich noch politisch.

Es geht um die Analyse des Gewaltzusammenhanges zwischen Sozialstruktur und subjektiver Struktur: Der psychologistische Spieß ist umzudrehen, indem gefragt wird, wie weit eine spezifische Sozialstruktur ermöglicht, daß die darunter Befaßten sie durchschauen und ändern können, oder: Welche Sprachlosigkeit herrscht und welche Ersatzhandlungen produzieren die Betroffenen? Insofern verstehen sich diese Vorschläge als eine Ergänzung und Fortsetzung der Arbeit von Narr (1973), vor allem hinsichtlich der Historisierung des Galtung-Konzepts in Richtung des »subjektiven Faktors«. Nicht, daß nun etwa eine neue eindimensionale Kausalität an die Stelle der psychologistischen gesetzt werden soll. Es ist jedoch die sozialstrukturelle Determination des Psychischen überhaupt erst einmal systematisch zugänglich zu machen. Wenn diese Analyse an ihre aktuelle historische Grenze getrieben ist, kann der Rekurs auf »menschliche Schwäche« usf. seinen relativen Sinn wiedergewinnen. Die Subjekte als die Formen der Interaktion sind radikal als Funktion der von ihnen miterhaltenen Gesellschaftsstrukturen zu analysieren. Vermittels dieser Analyse soll vor allem auch die Funktion der Subjekte: daß nur sie selber sich befreien können, wieder deutlich werden.

Die Arbeit ist durchaus propädeutisch und hält sich im Rahmen von Anregungen, wie man das Problem einer »psychologischen«, d. h. am Subjekt und an den Formen seiner Interaktion ansetzenden Kritik gesellschaftlicher Strukturen im Zusammenhang der Gewaltproblematik strukturieren kann. Es werden Mosaiksteine ausgebreitet, aber keineswegs bereits zu einem fertigen Bild zusammengefügt. Ja, es besteht sogar die Gefahr, daß einige der Steinchen später nicht passen und andere gesucht werden müssen. Kurz, ein Wegweiser ist nicht das Ziel.

III. Das »enorme« und das Alltags-Bewußtsein: Die reale Kluft zwischen der Struktur institutionalisierter Gewalt einerseits und dem politischen Gewicht der Subjekte andererseits. Die verkürzte symbolische Reproduktion dieser Kluft und die gewalttätige Praxis

1. Die Ideologie der Unmittelbarkeit als Plan gewalttätigen Verhaltens und die Legitimitätsfrage

Das Verhältnis zwischen Gesellschaftsstruktur und ihren Produzenten ist in hohem Maße entpolitisiert, technisiert, emotionalisiert. »Verstaatlichung der Gesellschaft«, »Verrechtlichung der Politik«, »verwaltete Welt« sind Metaphern, die das Erstarren gesellschaftlicher Verkehrsformen zu instrumentellen Regelungen signalisieren. Menschliche Sinnlichkeit, welche diese Strukturen konstituiert, wird unter diesen Verhältnissen auf den instrumentellen Aspekt von Arbeit reduziert. Das kommunikative, das expressive Bedürfnis ist darin nicht in gleicher Weise aufgehoben. Entweder wirkt es dysfunktional und wird, wie bei der Entdeckung der informellen Gruppennormen im Arbeitsprozeß, in Regie genommen, oder es findet separate Verwaltung in allerlei Kulten, die psychohygienische Dienste leisten. Die gegenwärtig vorherrschende Lösung des Legitimitätsproblems im Sinne dessen, was ich Versorgungs-Bonapartismus genannt habe (Horn 1972e, S. 36), gehört in diesen Zusammenhang; Huxley hat diese Vergesellschaftungsform ironisch »Konsumismus« genannt. Sie wirkt, insofern sie zugleich den Tauschwert realisiert, in einem entschiedenen Sinn systemerhaltend. Gehlens Feststellung, es habe »noch nie so viel ausdifferenzierte und ausdrucksfähige *Subjektivität«* gegeben wie heute« (1957, S. 114), täuscht, wenn wir das Subjekt als weltkonstituierendes verstehen; wir haben diese Äußerung eher zu deuten als »bloß subjektiv«. Das ist der Grund, warum »Psychologie« heute auch politologisch eine größere Rolle zu spielen beginnt: Politik rechnet mit der Organisierbarkeit des »Irrationalen«, des Psychischen.

Die Asymmetrie des Verhältnisses zwischen unserer Gesellschaftsstruktur und jenen, die in sie hineingeboren werden, ist groß. Letztere hätten – um eine angemessene Praxis entfalten zu können – ontogenetisch symbolisch sich anzueignen und zu politisieren, was praktisch stattgefunden hat und zur Struktur erstarrte: die Geschichte der Verselbständigung der Produktionsverhältnisse, welche Anlaß zur Kritik der politischen Ökonomie wurde – sofern die Emanzipation davon im Bereich des Interesses liegt, selbst wenn dieses Interesse nur als »abweichendes Verhalten« zur Geltung kommt. Man wird zwar aufgrund verschiedener Forschungsergebnisse (vgl. die Angaben bei Narr 1973, S. 30 f., sowie Snyder und Tilly 1972) nicht sagen können, daß die expressiven Bedürfnisse gerade der Unterprivilegierten derart privatisiert sind, daß sich keine Energien mehr wenigstens gegen die Symbole der legalisierten Gewalt mobilisieren lassen. Aber – und das hat insbesondere die als Befreiungsbewegung gegründete nationalsozialistische gezeigt – die Praxis der Emanzipation ermangelt oft eines der Praxis der Unterdrückung gewachsenen Plans. Das Verdichten der komplexen Problematik gesellschaftlicher Herrschaft in einem Bild wie dem des Juden, gerade diese Retrogression des gesellschaftlichen Bewußtseins ist, trotz der politischen Intention, zum Scheitern verurteilt gewesen, weil das Bild falsch war, Bewußtsein vom Schein der Unmittelbarkeit sich täuschen ließ. Der Nationalsozialismus ist das Paradigma einer im Sinne der Befreiung sinnlosen collective violence: Ein gegenüber gesellschaftlicher Entwicklung zurückgebliebenes und unter hohem Rechtfertigungsdruck stehendes Bewußtsein wird praktisch. Für solche vereinfachten Pläne der Befreiung ist ein starkes personalisierendes Moment charakteristisch: Verhältnisse, die sich in Charaktermasken lediglich niederschlagen, maskieren sich als verschlagene Charaktere. Goebbels (1935, S. 6 f.) hat diese Illusion der Unmittelbarkeit treffend formuliert und als bloßen Streit um Worte beiseitegewischt, was das retrogredierte Bewußtsein nicht differenzierend nachzuvollziehen in der Lage war: »... haben wir diskutiert und uns die Köpfe heißgeredet. Hätte man sich vor 14 Jahren bei Beginn der politischen Auseinandersetzung die Mühe gemacht, diese Begriffe der Politik zu klären und festzustellen, was eigentlich der einzelne unter ›Demokratie‹ oder ›Monarchie‹, unter ›System‹ oder ›Autoritätsstaat‹ verstand, so wäre offenbar geworden, daß wir Deutschen uns zwar über die Grundprinzipien einig waren, daß wir ihnen aber verschiedene Namen beilegten. – Der Nationalsozialismus hat nun das Denken des deutschen Volkes vereinfacht und auf seine primitiven Urformeln zurückgeführt. Er hat die an sich komplizierten Vorgänge des politisch-wirtschaftlichen Lebens wieder auf ihre einfachste Formel gebracht. Dies geschah aus der natürlichen Überlegung heraus, die breiten Massen des Volkes wieder an das politische Leben heranzuführen. Um bei den Volksmassen Verständnis zu finden, trieben wir bewußt eine volksgebundene Propaganda. So haben wir Tatbestände, die sonst nur einigen Sachverständigen und Experten zugänglich waren, auf die Straße getragen und dem kleinen Mann ins Gehirn eingehämmert; alle diese Dinge wurden so einfach dargelegt, daß auch der primitivste Verstand sie aufnehmen konnte. Wir lehnten es ab, mit verschwommenen, verwässerten und unklaren Begriffen zu operieren, sondern gaben allen Dingen einen klar umrissenen Sinn. – Hier lag das Geheimnis unserer Erfolge. – Die bürgerlichen Parteien fühlten sich in ihrem Unverstand über unseren ›Primitivitätskult‹ erhaben, sie saßen mit einer vornehm-intellektuellen Arroganz über uns zu Gericht und kamen zu dem Fehlurteil, daß sie die Staatsmänner und wir die Trommler seien. Sie betrachteten uns bestenfalls als Agitatoren und Vorkämpfer der bürgerlichen Weltanschauung. Wir aber hatten uns andere Aufgaben gestellt, als wankende Throne zu erobern, um sie nach der Entscheidung den anderen großzügig zu überlassen. – Da wir die Fähigkeit besaßen, die Grundprinzipien der deutschen Situation und des deutschen Gemeinschaftslebens klar zu sehen und darzustellen, hatten wir auch die Kraft, für diese neu erschauten Prinzipien und Urformeln des politischen Lebens die breiten Massen unseres Volkes zu bewegen. Dieser rein agitatorische Vorgang blieb auf der Ebene der Machtpolitik nicht ohne einschneidende Folgen.«

Eine irrationale Volksbewegung kann selber zur legalisierten Gewalt werden. Es ist möglich, daß sie dieses Ziel sogar vermittels Wahl erreicht wie im Fall des Nationalsozialismus, wenngleich jene Wahl bereits unter dem NS-Terror stattfand. Das retrogredierte Bewußtsein wird dann in allgemeinverbindlicher Form praxisrelevant und führt systematisch tiefer in die Irre, weil die wirklichen Formen der Abhängigkeit verschleiert bleiben. Das entspricht einem ungestillten und produzierten Bedürfnis nach Unmittelbarkeit und gibt gerade deshalb die Sicht auf die komplexen Vermittlungen nicht frei, welche Herrschaft konstituieren. Dieser abstrakte Einbruch der Sinnlichkeit kann ihr nur zur Geltung verhelfen, aber nicht ihr Recht verschaffen.

Der Nationalsozialismus verstand sich als Freiheitsbewegung. Die begriffliche Folie, aufgrund deren Freiheit hergestellt werden sollte, war ein enorm verkürztes Bewußtsein, das nicht mehr als im strengen Sinn ideologisch bezeichnet werden kann, weil es wahnhafte Züge trug (Horn 1970). Die gesellschaftliche Genese solcher »Definitionen der Situation«, welche entscheidende Defizite gegenüber der bis zu diesem Zeitpunkt geleisteten Kritik von Herrschaft enthalten und entsprechende Einwände nicht aufzunehmen bereit sind, hat für die Analyse des Gewaltproblems zentrale Bedeutung. Das trifft sowohl auf Kollektive als auch auf Einzelne[2] zu.

Im Zentrum der politpsychologischen Analyse kollektiver Gewaltakte muß die Bestimmung der gesellschaftlichen Genese des entsprechenden praxisrelevant werdenden Bewußtseins stehen; zu unterscheiden wird sein zwischen der Untersuchung der Genese des Bewußtseins einerseits und seiner Politisierung andererseits. Nicht nur den schlechtesten Baumeister – nach Marx (1957, S. 186) –, sondern auch die schlechtesten Politiker und ihre plebiszitäre Basis zeichnet ja bekanntlich vor der besten Biene aus, daß sie den Plan ihrer Herrschaft und die Sehnsucht nach Befreiung (wenn überhaupt) zunächst in ihren Köpfen machen. Die praxisrelevanten Verkürzungen solcher Pläne sind Ansatzpunkte fürs Gewaltätigwerden. Diese Analyse ist ohne Rekurs auf die gesellschaftliche Genese der zugrunde liegenden Vorstellungen nur sinnvoll denkbar, wenn man nicht die gesellschaftliche Gewaltproduktion und ihre funktionalen Zusammenhänge in politisierender Absicht untersucht, sondern nur das unmittelbare Erscheinen von Gewalt im Sinne seiner Integration in bestehende Strukturen. Gewalt ist also eine Verhältnisgröße, die sich ähnlich wie Krankheit[3] als spezifisch verdinglichte Beziehung in der Spannung zwischen Subjekten und der Gesellschaftsstruktur aus dem gesellschaftlichen Naturzusammenhang konstituiert. Das Gewaltverhältnis mit seiner objektiven und seiner subjektiven Seite kann sinnvoll nur historisch analysiert werden, um zur gesellschaftlichen Qualifizierung des Gewaltbegriffs zu gelangen, die Narr (1973, S. 16) verlangt und welche von (den bereits anfänglich) irrationalen Volksbewegungen, die am auffälligsten sind, bis zur psychosomatischen Erkrankung und zum Selbstmord reicht.[4] Man hätte sich darauf zu einigen, welche gesellschaftlichen Bereiche im Sinne struktureller Gewalt – Narr (1973, S. 19 ff.) gibt die gesellschaftliche Verteilung von Chancen und Gütern, die Art der politischen Beteiligung und die Formen der Information an – man mit welchen Formen der Fremd- und/oder Selbstzerstörung auf der Subjektseite, gewissermaßen der Symptomseite, in Beziehung zu bringen hat. Symptome wie die höhere Schizophrenierate der Unterschicht und die zunehmende Gewaltkriminalität beanspruchen in diesem Rahmen ebensolches Interesse wie die mehr oder weniger für jedermann sichtbar als politisch zutage tretenden Verhältnisse von institutionalisierter und nichtinstitutionalisierter Gewalt. Das Schicksal innovatorischer Initiativen in Situationen, in welchen ein begrifflich zunächst zureichend strukturiertes Verlangen nach einem besseren bonum commune vermittels der Konfrontation mit der legalisierten Gewalt sowohl die Chance hat hinzuzulernen als auch retrogrediert zu werden, eignet sich gut, um den Deformationsprozeß der ins Pseudopolitische und Privatistische abgedrängten expressiven Wünsche zu studieren. Zu studieren ist dieses gesellschaftliche Schicksal menschlicher Sinnlichkeit insbesondere für den Fall, daß es der legalisierten Gewalt naiv oder gezielt gelingt, die

Innovation abzuweisen, in die Illegalität zu drängen, den Plan zu entdifferenzieren, zu kriminalisieren, ohne jedoch mit letzter Konsequenz das darin enthaltene politische Moment ganz ausschalten zu können. Freilich bleibt es nur einer Minderheit theoretisch gegenwärtig.

Unsere Gesellschaft hat in großem Maßstab einen solchen Prozeß der Entpolitisierung und Emotionalisierung durchgemacht. Marx hatte im *Rohentwurf* das Bewußtsein, das sich vom Warenfetischismus befreit, »ein enormes Bewußtsein« (S. 366) genannt; das den ideologischen Schleier zerreißende, konkret entfaltete Bewußtsein der daran Interessieren – weil in durchschauter Weise ausgebeuteten – Gattungssubjekte. Empirisch hat sich herausgestellt, daß das »enorme Bewußtsein«, welches die arbeitenden »Knechte« als den Plan ihrer Befreiungspraxis hätten entwickeln sollen, zunächst Postulat geblieben ist; jenes Bewußtsein, welches, die personalisierenden Fallen mißachtend, durch die gesellschaftliche Entfremdung hindurch Herrschaft theoretisch und praktisch hätte so aufheben sollen, daß ein neues, besseres bonum commune entstanden wäre. Dieses sollte, ähnlich wie die bürgerliche die feudale aufhob, nun die bürgerliche Gesellschaft aufheben – mit dem gravierenden Unterschied, daß innerhalb der Gattung dann keine Klasse mehr über die andere herrschen, Herrschaft aufs »objektiv Notwendige«, idealiter: die Verwaltung von Sachen, beschränkt werden sollte. Die Lösung des Widerspruchs zwischen dem politisch eingefrorenen Entwicklungsstand der Produktionsverhältnisse und den dynamischen Produktivkräften läuft auf den Wunsch hinaus, eine gerechte Gesellschaft einzurichten; das wird zwar kurzfristig als gewaltsam angesehen. Die gewaltsame Geburt der neuen Verhältnisse sollte jedoch keine Folgen für deren späteres Funktionieren haben.

Die tendenzielle Verkleinbürgerlichung des Proletariats hat zwar weder realiter noch im Bewußtsein zur nivellierten Mittelstandsgesellschaft geführt (vgl. die Zusammenfassung von Hack et al. 1972 und eine ähnliche Analyse der amerikanischen Situation von Sennett und Cobb 1972); aber die Reaktionsformen auf die objektive Lage sind vielfältig und bleiben vorläufig allesamt unterhalb des »enormen Bewußtseins«: es gibt keine allgemeinverbindliche und abgeschlossene Analyse des zeitgenössischen kapitalistischen Systems.

In unserem Zusammenhang interessiert in erster Linie das Problem der Legitimität in der Binnenstruktur des Systems, denn die Frage nach den Verhältnissen zwischen den Formen legalisierter und nichtlegalisierter Gewalt wird vorwiegend in dieser Dimension bedeutsam. Sie kommen allerdings auf der Subjektseite nicht nur als nichtinstitutionalisierte Gewalt, sondern auch in anderer Weise zur Geltung. So gibt es z. B. kaum Zweifel daran, daß das Problem der Ordnungstreue der Massen gegenüber den politisch wirksamen Strukturen im weiteren und engeren Sinne konsumtiv verregelt ist, vermittels des Gespannes »politische Apathie« und »privater Massenkonsum«. In dieser Latenzform befindet sich das Klassenbewußtsein als »enormes Bewußtsein«. Solange die gesellschaftlichen Normen noch formal unter dem Zwang der Rechtfertigung stehen und die faktische Dekomposition des bürgerlichen Konkurrenz-Ich empirisch noch nicht so weit fortgeschritten ist, daß dieses in der Psychoanalyse als Ich-Einschränkung formulierte Phänomen (vgl. dazu Horn 1972 e, S. 63 ff.) nicht umschlagen kann in die Neuformulierung politischer Rechte bzw. Pflichten im Sinne eines legalisierten Ausschlusses von Partizipation, bleibt allerdings die Spannung zwischen jenem »enormen Bewußtsein« und den politischen Reliktfunktionen des empirischen derart bestehen, daß man gegen die enormen Einschränkungen des letzteren mittels der Veränderung politischer Prioritäten immer noch legal vorgehen können müßte.[5] Diese Spannung kann zwar bei faktischer Minimierung des Partizipationsanspruchs sich reduzieren auf Bewußtseinsformen privilegierter Gruppen, ihre Auseinandersetzung mit legalisierter Gewalt. Da aber die Legitimitätskrise im Spätkapitalismus eng mit dessen Rationalitätskrise zusammenhängt – dem Problem des Staates, krisenhaftes Wachstum im Rahmen gegebener ökonomischer und politischer Strukturen zu vermeiden –, kann erstere trotz der politischen Apathisierung, aber gerade wegen des damit verknüpften, anstelle der Legitimation tretenden Massenkonsums jederzeit wichtig werden. Größere Ausschläge des Wachstumstrends nach unten können nicht nur einer Regierung wie der Erhards den Garaus machen, sondern auch zu Formen der Radikalisierung führen. Allerdings ist diese Radikalisierung nicht ohne weiteres ein Praktischwerden des »enormen Bewußtseins«, sondern sie zeigt die Spuren gesellschaftlicher Arbeitsteilung und der damit verbundenen Einschränkung der Erfahrungsmöglichkeit.

2. Die Formen der Arbeit und die Formen der Interaktion

Wenn der Mensch sich hervorbringt, indem er sich in Gesellschaft und Natur gesellschaftlich bearbeitet, dann müssen die Formen seiner Arbeit auch die Formen seiner Interaktion bestimmen. Entscheidend für die politische Entwicklung ist, ob davon Bewußtsein gewonnen wird und quasinatürliche Determinationen praktisch aufgehoben werden können. Bei vielen politologischen und soziologischen Autoren finden wir Bemerkungen wie etwa bei Hofmann (1969, S. 109), daß die dem gesellschaftlichen Grundverhältnis in der Arbeitswelt entspringenden Belastungen nicht materiell auszugleichen sind und sich in psychische Nöte umsetzen. Sehen wir vom berühmten Meister in der Industrie (und ähnlichen augenfälligen Beispielen) ab, der dafür bekannt ist, daß sich spezifische Konflikte seiner Situation in Magengeschwüren niederschlagen, so fehlen Informationen über Vermittlungsmechanismen und die Vielfalt der Erscheinungsformen jener »psychischen Nöte« weitgehend. Oft fehlt es aber an Problembewußtsein, und die Argumente laufen so, daß implizit vom Menschen der bürgerlichen Gesellschaft ausgegangen wird, der durch die Verhältnisse lediglich in peripherer Weise tangiert wird und relativ einfach wieder in seine Rechte eingesetzt werden kann, weil seine Substanz nicht in Frage gestellt ist. Ich erinnere an den von Sozialpsychologen erarbeiteten Vorschlag, das Einfühlungsvermögen zu fördern. Besonders zu achten wäre also auf das Pathologische der »normalen« Interaktion und deren gesellschaftliche Konstitution. Ihre Genese und Funktion wäre versuchsweise an Symptomen zu erschließen (vgl. z. B. Horn 1972e).

Das entscheidende Gewaltverhältnis des organisierten Kapitalismus ist nach wie vor die private Aneignung des Mehrwerts, ein Verhältnis, das zur Vermeidung explosiver Krisen durch oligopolistische und staatsinterventionistische Marktkorrekturen als generelles politisches Verhältnis gesichert wird. Deshalb ergeben sich gesamtgesellschaftliche Prioritäten naturwüchsig im Sinne und als Folge privater Verwertungsstrategien. Naturwüchsig regelt sich auch die Legitimationsfrage – weitgehend entpolitisiert nämlich – »psychologisch«. Wenn Sprache das praktische Bewußtsein der arbeitsteiligen gesellschaftlichen Praxis ist, dann müssen Formen kollektiver »Sprachzerstörung« als Wunden verstanden werden, die aus der arbeitsteiligen Lebenserfahrung – statt des »enormen« Bewußtseins – hervorgehen; Krahl (1970) hat auf die Verwandtschaft der Marxschen Konstruktion des Klassenbewußtseins mit der metaphysischen Mechanik des Weltgeistes aufmerksam gemacht. Da Arbeitsteilung sich nicht allein politisch auflösen läßt, sondern auch ein technisches, instrumentelles Moment hat, sollte man beim Erforschen der Zusammenhänge zwischen Arbeit und Interaktion versuchen, analytisch zwischen denjenigen restriktiven Bedingungen zu unterscheiden, die typisch kapitalistisch-arbeitsteilig sind, und solchen, die darüber hinaus mit dem in Verbindung gebracht werden müssen, was Weber den Prozeß der Rationalisierung genannt hat. Ein Hinweis auf die Notwendigkeit dieser Unterscheidung ist die Tatsache, daß auch in sozialistischen Staaten das Problem der Entfremdung nicht unbekannt ist. Es wäre zu untersuchen, ob nicht jede politische Form gesellschaftlicher Arbeitsteilung – und wie – politisch bedeutsame Ungleichheiten produziert, die sich im Entwicklungsstand des einzelnen Bewußtseins niederschlagen und spezifische Defizite erzeugen – gemessen am »enormen« Bewußtsein.

Der »Prager Frühling« war der Versuch, das in sozialistischer Bürokratie bestehende heillose Nebeneinander von »technischem Pragmatismus und ideologischer Sonntagsrede« (Flechtheim) aufzubrechen. Insgesamt wurden in den kritischen Analysen des Richta-Kollektivs (1972) zwar eher optimistische Perspektiven über die Menschen in der wissenschaftlich-technischen Revolution entwickelt; die schrittweise Entlassung der Arbeiter aus der Mechanisierung soll diese als ein Moment der Produktivkräfte freisetzen zur Nutzung für unabhängige und teilweise schöpferische Arbeit. Doch Jiři Kosta (1972) weist auf die Kritik am Optimismus dieser humanistischen Variante technischer Zivilisation hin; besonders sei das Verhältnis von Technik und Mensch nicht geklärt. Richta (1972, S. 64 ff.) bezieht sich auf die Problematik der Entfremdung und weiß auch, daß der Mensch das Produkt seiner Produkte ist und daß der gesellschaftlichen Entsprechung des Begriffs Entfremdung auch eine innere korrespondiert, aber er kann inhaltlich nichts über die entfremdeten »Bedürfnisse, Interessen und Motivationen« aussagen, außer daß er sich auf Autoren wie Fromm, Galbraith und Marcuse bezieht, die eine Vertiefung der Abhängigkeit der Produzenten von ihren Produkten feststellen. Etzioni (1968) hatte versucht, der zunehmenden Steigerung der Entfremdung begrifflich gerecht zu werden, indem er vom unauthentischen Menschen (gegenüber dem entfremdeten) spricht.

Richta (1972, S. 69 f.) stellt fest, daß trotz der politischen Revolution und der Beseitigung der Ausbeutung auch in den sozialistischen Ländern das Problem der Entfremdung nicht gelöst werden konnte, weil die verselbständigte Struktur der Industriezivilisation, als Kapital wie als Wissenschaft und Technik, sich nicht ohne weiteres aufheben läßt. Denn obgleich das Schisma zwischen gesellschaftlicher Arbeit und privater Aneignung überwunden ist, herrscht die industrialisierte Form der Arbeit weiter, und es wird der Verdacht geäußert, daß die Umkehrung zwischen Subjekt und Objekt »innerhalb der Grenzen der industriellen Produktivkräfte [...] und im Charakter der menschlichen Arbeitsaktivität vorhanden« ist und spezifische Erscheinungsformen der Entfremdung nur »äußerer Ausdruck dieses inneren Wesens sind. [...] [Es] schwingt sich zwar [im Sozialismus] die Gesellschaft der Arbeitenden zum Herren des Industriemechanismus auf, aber dieser beherrscht wie bisher das Leben der Grundmasse der Mitglieder der Gesellschaft. Eben dieser in der gesellschaftlichen Arbeit verborgene Gegensatz ruft die aktuelle Notwendigkeit vermittelnder ökonomisch-gesellschaftspolitischer Formen auf den Plan, die den Prozeß, in dem das Subjekt produziert, mit jenem verbinden würden, in dem das Subjekt selbst produziert wird oder genauer, in dem es als ein sich neu entfaltendes Subjekt produziert wird, als Entwicklung auf der Seite des Subjekts.«

Die Frage der Produktion des Subjekts muß zur Debatte gestellt werden, damit man überhaupt begreifen kann, welcher gesellschaftlichen Strukturmerkmale Funktionen die Produzenten sind; um sie in ihre wirkliche, bewußte Funktion als Produzenten einzusetzen, ist es nötig, Aussagen über den Zusammenhang von Arbeit und Interaktion zu entwickeln, die zeigen können, wie sich die gesellschaftlich organisierte Herrschaft über äußere Natur als Naturprozeß auch in »eigne Natur« (Marx) erstreckt und in den Formen der Interaktion wiederkehrt. Nur wenn wir hier mehr wissen, können Kategorien entwickelt werden, und auch entsprechende politische Praxis, die Ansätze bilden für eine Befreiung der Menschen aus Strukturen gesellschaftlicher Realität, in welchen sie vor allem technische und wissenschaftliche Produktivkräfte und insofern selber tendenziell der Versachlichung ausgesetzt sind. Die begrifflichen Voraussetzungen dazu sollte die interaktionistische Entwicklung der Psychoanalyse bereitstellen können: Erst diese Radikalisierung des »psychologischen« Gesichtspunktes kann den Prozeß der Rationalisierung selber als eine spezifische Form der Verzauberung entlarven helfen (Lorenzer 1972, 1973, 1974).

Wir müssen jede Möglichkeit ausschöpfen, um die lebensprägende Kraft der Determinante Arbeit unter ihren jeweiligen gesellschaftlichen Bedingungen mit allen Implikationen für menschliche Praxis in Erfahrung zu bringen. Wenn wir versuchen, jenen Prozeß, den Max Weber Rationalisierung unserer Lebenswelt genannt hat, als die treibende Kraft zu sehen, dann könnten wir zugleich deren dialektisches Pendant: die Irrationalität unserer Gesellschaft, zu deren Erscheinungsformen das Verhältnis von struktureller und nichtinstitutionalisierter Gewalt gehört, in diesem Kontext zu begreifen versuchen. Rationalisierung wäre als der Prozeß zu sehen, von dem sowohl das Klassenverhältnis als auch die sozialistische Form seiner politökonomischen Überwindung mit bestimmt wird. Habermas (1973, S. 350 ff.) weist darauf hin, daß die Störung des ökologischen Gleichgewichts, die Verletzung des Persönlichkeitssystems (Entfremdung) und die explizite Belastung internationaler Beziehungen in Gesellschaften mit rapiden Wachstumsprozessen systemunspezifische Krisenerscheinungen sind, deren Bearbeitung allerdings systemspezifisch begrenzt ist. Die Geschichte des Bürgertums ist die Geschichte des Voranschreitens dieser Rationalität und Irrationalität

(Horkheimer und Adorno 1947). Ob man diesen Prozeß in der Psychiatriegeschichte und -kritik (z. B. Dörner 1969) verfolgt oder ob ein Historiker ihn zu rekonstruieren versucht unter dem Aspekt der Widersprüche der modernen Geschichte der Zivilisierung (Loewenstein 1973, insbes. 1-36) – abstrahieren läßt sich stets, daß das sich organisierende System der Rationalität (dessen Ausgangspunkt Naturwissenschaft und Technik, also die Entmythologisierung der Natur war und das sich heute besonders augenfällig als Bürokratisierung präsentiert) mit großer Ausstrahlungskraft auf alle gesellschaftlichen Bereiche im Verlauf seines Siegeszuges zugleich das, was ihm (noch) nicht angemessen ist, als Irrationalität organisiert.[6] Auf diese Weise wird eine Form abweichenden Verhaltens als Krankheit behandelbar, eine andere als Kriminalität judizierbar. Maßstab ist stets die herrschende Form der Rationalität.

Mein Vorschlag ist, spezifische Verhältnisse zwischen den verschiedenen Erscheinungsformen des Systems jeweils legalisierter Rationalität und dem, was in ihm selber an Interaktionsformen durch Sozialisation und ihre gesellschaftlichen Verwertungsformen produziert wird, Gewalt zu nennen, andere als deren Resultat sichtbar zu machen. Gewalt ist also eine Verhältnisgröße, die nicht an »Verhalten« allein diagnostizierbar ist. Dort mag die Analyse zwar ansetzen, aber sie muß vom Abstrakten zum Konkreten aufsteigen. Soweit wir die als Moment der Gesellschaftsstruktur objektivierte Seite dieses Verhältnisses meinen, wird abgehoben auf das, was Galtung als strukturelle Gewalt bezeichnete. Damit ist – gegen die Sachgesetzlichkeitsthese – die politische Bedeutung und Funktion dieses Systems der Rationalität als System von Herrschaft unterstrichen. Eine Form des (noch) nicht Integrierten – wenn man so will, des Irrationalen – sind, im Sinne der Legitimitätsfrage und ihrer Zerfallsprodukte, die verschiedenen Modi von nicht-institutionalisierter Gewalt als Verhältnisse des »subjektiven Faktors« zum legalisierten System der Gewalt. In ihnen will Politik sich noch einmal als Freiheit erweisen – im Weberschen Sinn. Daß das System der Rationalität und die von ihm produzierte Irrationalität nicht einfach voneinander zu trennen sind, wird klar, wenn man nicht mehr von einfacher Kausalität ausgeht, sondern von kreisrelationalen Prozessen, die auch den Zeitfaktor einschließen. Dann kommt es bei den Analysen und in der Praxis auf die Interpunktionen (Watzlawick et al. 1969) an, die gesetzt werden. Rationalität und Irrationalität können so ineinander übergehen, daß es möglich wird, von der abweichenden Mehrheit (Basaglia und Basaglia 1972) zu sprechen.

Im günstigsten Fall kann der »subjektive Faktor« so viele Freiheitsgrade entwickeln, daß er sich (kollektiv und solidarisch) aus der Gewalt der produzierten Strukturen befreien kann; daß er im Sinne der Entwicklung jenes »enormen Bewußtseins« als dessen Praxis ein neues bonum commune gegen die alten Strukturen durchzusetzen imstande ist. Auch dazu befähigt Sprache als praktisches Bewußtsein. Im ungünstigen Fall wirkt jedoch die gesellschaftliche Organisation der Arbeit auf die expressive Fähigkeit und die Formen der Interaktion entpolitisierend oder doch so, daß praxisrelevante Bewußtseinsformen entstehen, die zwar nicht an die gesellschaftlichen Strukturen heranreichen, denen aber aufgrund der Verkürzung der eigenen Praxis jener Symptomcharakter eignet, welcher sie als Resultat eines Gewaltverhältnisses, also als Ergebnis von Politik, kenntlich macht.

IV. Wie gewinnen wir unverkürzte Informationen über die historischen Formen des »subjektiven Faktors«?

1. Sozialforschung als Aufklärung: Methodische Hinweise

Unverkürzte Informationen über die historische Form des subjektiven Faktors zu gewinnen, ist aufgrund des herrschenden Psychologismus schwierig. Nicht nur der methodologische Konventionalismus (Schnädelbach 1971) trägt dazu bei, wenn er die intersubjektive Nachprüfbarkeit von Forschung im Sinne ihrer gesellschaftlichen Verwertbarkeit fordert: Der »subjektive Faktor« soll im Sinne der Verwertung für die bestehende Sozialstruktur objektiviert, die Sinnlichkeit soll zerlegt und soziofunktional wieder zusammengesetzt werden, ohne zu innovatorischen Impulsen Gelegenheit zu bekommen. Nicht nur das übliche psychologische Ansetzen am Subjekt verstellt dessen gesellschaftliche Genese. Wir stoßen generell auf einen bürgerlichen Anthropozentrismus, der den Subjekten eine Reihe fester Fähigkeiten (z. B. Einfühlungsvermögen) oder zumindest deren Anlage oder ähnliches unterstellt, die freigelegt werden können, wenn sie verschüttet sind. Man vermag sich offenbar nur schwer vorzustellen, daß gerade die Krone der Schöpfung durch gesellschaftliche Arbeit (und ohne die Vermittlungen einzusehen) schwerwiegend verändert wird. Daß »Identität« gesellschaftlich gestiftet wird, ist allenfalls formal bleibende Einsicht. Gewiß wurde drohende »Fellachisierung« verschiedentlich beschworen, oder registriert, daß Entfremdung sich zur Inauthentizität steigere. Aber wie dieser Prozeß, und zwar konstitutiv für den historischen Menschen und nicht als peripheres Tangieren einer anthropologischen Substanz, begrifflich einzufangen sei, ist noch nicht systematisch gelöst. Wenn wir zudem in Rechnung stellen, daß heute keine verbindliche und geschlossene Analyse des kapitalistischen Systems vorliegt, ist das ein weiteres Erschwernis, die historische Selbstproduktion des Menschen aus »psychologischer« Perspektive zu formulieren.

Eine Möglichkeit, Menschen auf Formen historisch vermittelter Interaktionsweisen hin zu untersuchen, ist das psychoanalytische Verfahren (Lorenzer 1970, 1972, 1973, 1974). Entgegen gängigen Vorurteilen ist diese Form der Therapie ineins Diagnose und Aufklärung lebensgeschichtlich entstandener »Sprachzerstörungen« sowie Praxisdeformationen und zugleich die Form der Empirie, welche Auskunft über historische Veränderungen psychischer Strukturen gibt. Zwar ist Psychoanalyse zunächst ein auf Biographieforschung und Veränderung von Interaktionsformen angelegtes Verfahren und auch erst in jüngster Zeit teilweise auf dem Wege, ihr objektivistisches Selbstverständnis zu überwinden und Sozialwissenschaft zu werden (Lorenzer et al. 1971, Lorenzer 1974). Aber vermittels ihrer materialistischen Sozialisationstheorie (Lorenzer 1972) sollte es möglich sein, das zunächst auf im weiteren Sinn neurotische Leiden beschränkte Verständnis der Überwindung individueller Sprachzerstörungen in dem Sinn sozialwissenschaftlich zu erarbeiten, daß als Forschungsmethode die beiden klassischen Gegenstände Psychopathologie und Ideologie vermittelbar werden und eine historische Analyse der Genese des Alltagsbewußtseins möglich wird.

Jedenfalls bleibt die psychoanalytische Form der Empirie so lange von politpsychologischer Relevanz (im Sinne von Informationsgewinn über die historische Form des »subjektiven Faktors«), wie die Bedeutung primärer Sozialisation für die Formen postadoleszenter Interaktion nicht widerlegt ist. Selbst die Aufhebung des Kleinfamilienrahmens führt noch nicht dazu, die primären Beziehungspersonen als unbedeutend, sondern nur als ersetzbar zu betrachten, was allerdings, wie die Kibuzzim-Erziehung zeigt, Konsequenzen für die Strukturbildung und die Interaktionsformen hat (Rosenbaum 1973). Gleichwohl ist primäre Sozialisation nicht die einzige Nahtstelle zwischen Subjekt und Gesellschaft; zu Recht ist jene Forschung über politische Sozialisation kritisiert worden, die allein auf das frühkindliche Schicksal abhebt (Preuss-Lausitz 1973). Das in diesem Sinn vermittelte gesellschaftliche Interaktionspotential bildet zwar, wie die psychoanalytische Ethnologie zeigt (Parin et al. 1963, 1971), ein gesellschaftsrelevantes Potential. Auch die bürgerliche Gesellschaft, deren Reproduktion über die Einzelnen lief, hat uns gelehrt, daß die je gültigen Formen der Vergesellschaftung des infantil vermittelten Interaktionspotentials entscheidend sind. Der politisierte deutsche Antisemitismus ermöglichte den autoritär Erzogenen einen sekundären Krankheitsgewinn, ohne den das Festhalten, das unbewußte Interesse an solch einer merkwürdigen Erklärung des Weltlaufs nicht verständlich wäre. Aber: Ohne diese politische Organisationsform wäre der von dem Vater auf die Juden verschobene Haß – wie Freud es nannte – »asozial«, d. h. Neurose geblieben.

Wir müssen also davon ausgehen, daß Verhalten zwar infantil vermittelt ist, aber zugleich für den »Erwachsenen«, dessen Struktur relativ verfestigt ist, die aktuelle Vermittlung seines Handelns in der gesellschaftlichen Situation relevant wird. Die KZ-Forschung (Bettelheim 1964) hat über das Verhältnis der relativen Erheblichkeit von infantiler Struktur und den vom Interaktionismus hervorgehobenen Verhaltenserwartungen der anderen gewisse Aufschlüsse gegeben. Am Modell des autoritätsgebundenen »Charakters« wird das Problem deutlich: Fest (»Charakter«) ist nur noch der formale Gehorsam, er läßt sich in verschiedene gesellschaftliche Rahmen einbringen und innerhalb gewisser Grenzen unterschiedlich verwerten. Dieser Sachverhalt macht die Grundlage der asymmetrischen Konfliktlage zwischen Subjekt und Gesellschaft sichtbar: Ersteres wird in Strukturen hineingeboren, in ihnen sozialisiert und müßte sich doch von ihnen metatheoretisch und praktisch distanzieren können. Aber seine Sozialisation ist nicht gleichbedeutend mit Individuation im bürgerlichen Sinn: Welt konstituieren zu können. Vielmehr kann Individuation unter heutigen Bedingungen auch heißen: politische Apathie, Krankheit, Kriminalität usf. Jedenfalls ist eine Wissenschaft, die insofern »psychologisch« ist, als sie die subjektiven Strukturen der Menschen (als gesellschaftliche Wesen) zum Gegenstand hat, in einer nachgeordneten Position gegenüber denjenigen Wissenschaften, die, wie Soziologie und Politologie, die allgemeinen Gesetzmäßigkeiten, die sich gegenüber den Menschen verselbständigt haben und sie regieren, zur Sprache bringen. Das ist hier – im Gegensatz zu formalen kybernetisch-systemtheoretischen Modellen, in deren Rahmen das selbstverständlich ist – eine kritische Feststellung: Dieser Sachverhalt ist aufzuheben. Das Gewicht des »subjektiven Faktors« soll (via politische Veränderung der Gesellschaftsstruktur, die sich in den Modi der primären und sekundären Sozialisation niederschlägt) gegenüber der Heteronomie der vergegenständlichten Formen seiner Arbeit verstärkt werden.

Die Eigentümlichkeit des psychoanalytischen Verfahrens – welches, wie gesagt, auf Lebensgeschichte begrenzt, Diagnose und verändernde Aufklärung in einem ist – bringt die (historische) Wahrheit über den »subjektiven Faktor« zum Vorschein, indem in der Übertragungsbeziehung eine Art reduzierter Praxis zur Verfügung gestellt wird, in der sich produzieren kann, was dem Patienten über sich selber nicht gegenwärtig ist (Muck et al. 1974). Diese Art Sozialforschung fixiert, objektiviert ihren Gegenstand also nicht, sondern versucht, die blinden Flecken seiner Wiederholungszwänge in metasprachlicher Verwendung der Umgangssprache im Rahmen der Übertragungs- und Gegenübertragungssituation bewußt sowie dem Patienten seine bisherigen Grenzen sichtbar und zugleich transparent zu machen. Das sind interessante formale Analogien zu dem, was wir – es stammt aus der Lewinschen Sozialpsychologie – als Aktionsforschung bezeichnen. Auch diese Form der Sozialforschung – sehen wir von ihrer systemfunktionalen Richtung ab – zielt nicht auf eine objektivierende Fixierung ihres Gegenstandes, will nicht voraussagen, was unter der Bedingung fortdauernder Selbstverborgenheit im Rahmen von deren Eigendynamik voraussichtlich passiert. Sie ist nicht nur als Aktionsforschung im engeren Sinne (Haag et al. 1972), sondern auch im Sinne der Standards empirischer Forschung (Ritsert 1972) ausdrücklich auf die Veränderung ihres Gegenstandes, vor allem auf Emanzipation der Erforschten von verschiedenen Formen institutionalisierter Zwänge durch Bewußtmachen der Zwangssituation, aus. Sozialforschung wird auf diese Weise zum Aufklärungsprozeß, der die Betroffenen, auch Kollektive, zur Partizipation bewegen soll (Negt 1968). In diesem Kontext ist auch die heute weitgehend übliche Trennung der Wissenschaft von ihren gesellschaftlichen Entstehungs- und Wirkungszusammenhängen als ideologisch durchschaut und gezielt in die Verfügung genommen, um gesellschaftliche Entwicklungsalternativen sichtbar und womöglich praktisch werden zu lassen. Auf diese Weise kann partikularisierte Praxis des Widerstands gegen strukturelle Gewalt Hinweise auf die dynamische Verfassung des »subjektiven Faktors«, auf seine politisierbare Reichweite geben, allerdings in zwei Richtungen: Die Mobilisierung des Dutschke-Attentäters Bachmann durch die Springer-Presse gehört ebenso in diesem Zusammenhang wie Bürgerinitiativen und spontane Streiks.

2. Sozialforschung als Aufklärung: Ergebnisse des psychoanalytischen Zugangs zu den Formen der Interaktion

Mitscherlich (1957) hatte auf die Problematik hingewiesen, daß eine Spannung zwischen dem Organisationsprinzip unserer Gesellschaft, die Ressourcen zeitintensiv nutze, einerseits und den durch biologische Reifungsvorgänge vermittelten ontogenetischen Entwicklungsprozessen andererseits bestehe; letztere sind an zeitextensive Momente gebunden. Andere Arbeiten (z. B. Halliday 1948) legen durch die Schilderung sich verändernder kindlicher Umwelt nahe, daß sich mit der Rationalisierung der Lebensumwelt der Kinder Sozialisationsprozesse verändern müssen. Es ist z. B. unmittelbar einsichtig, daß die immer mehr in den Arbeitsprozeß integrierte Frau um so weniger Gebrauchswert fürs Kind produziert, je jünger und mehr es auf emotionale Zuwendung verwiesen ist. Besonders interessant sind für uns jedoch neuere Entwicklungen der aus therapeutischer Erfahrung der Psychoanalyse erwachsenen Theorie, in der sich neue Formen der Interaktion ins historische Rampenlicht drängen. Sie wären systematisch mit dem Prozeß der Rationalisierung bzw. seiner Erscheinung als kapitalistische Produktionsweise in Zusammenhang zu bringen; ich kann mich hier nur auf Hinweise beschränken.

Loewald (1973) hat zwei Extremformen der Zeiterfahrung untersucht, welche ein interessantes Licht auf die aus der jüngsten psychoanalytischen Praxis hervorgegangene Narzißmusdiskussion werfen und zugleich an die als klassischer Analcharakter produzierte Form der Zeitökonomie der kapitalistischen Produktionsweise anknüpfen. Nicht nur bei Loewald, sondern auch in anderen den »subjektiven Faktor« behandelnden Publikationen ist zunehmend von der Problematik des Selbstwertgefühls die Rede; das Thema »Identität« ist interdisziplinär so bekannt wie das der Angst. Loewald postuliert, daß die subjektive Zeiterfahrung, Identität, in ihrem Kern darin bestehe, daß man Vergangenheit, Gegenwart und Zukunft sinnvoll miteinander in Beziehung setzen, Vergangenes erinnern, Zukünftiges planen könne. »Die Mikrodynamik des Gedächtnisses ist die mikrokosmische Seite der Geschichte, d. h. der Tatsache, daß das Individuum nicht nur eine Geschichte *hat,* die ein Beobachter entwirren und beschreiben kann, sondern daß es Geschichte *ist* und seine Geschichte macht kraft der Aktivität seines Gedächtnisses, in welchem Vergangenheit-Gegenwart-Zukunft als sich zueinander verhaltende Modi von Zeit geschaffen werden.« (S. 409) Die idealistische Philosophie und, in ihrem Gefolge, in säkularisierter Form auch Marx hatten Arbeit – allerdings anhand feudaler oder handwerklicher Modelle – mit der Selbstverwirklichung des Menschen in Zusammenhang gebracht. Die Entfremdungsproblematik spielt ja in dieser Dimension. Wenn die Organisation der Arbeit, das historische Fortschreiten des Prozesses der Rationalisierung den »subjektiven Faktor« im Sinne seiner Verwertung zunehmend objektiviert, wird das Aufkommen der Identitätsproblematik plausibel: Der Sinn der Produktion ist nicht der Gebrauchwert, den das Subjekt auf sich bezieht, sondern der Tauschwert, auf den das Subjekt bezogen wird; als Subjekt wie als Objekt dieses Prozesses kann sich der »subjektive Faktor« einem Integrationssog schlecht entziehen. Das Schwergewicht liegt also in den objektivierten Strukturen, die zur Aufrechterhaltung ihres Eigenlebens nicht mehr der früh- und konkurrenzkapitalistischen »Persönlichkeit« bedürfen, sondern eher des Funktionärstyps (Harrington 1956, Whyte 1959).

Diesem historischen Strukturwandel des bürgerlichen Individuums entsprechen zwei Formen der Zeiterfahrung, die bei Loewald auch als Extremformen der Abwehr gegen Angst bezeichnet werden. Es handelt sich um zwei Möglichkeiten des Verleugnens des Erlebens der Zeit als Kontinuität von Gedächtnis und Erfahrung. In der Erfahrungsform der Unendlichkeit (die gleichwohl nur auf Momente sich erstreckt) werden Vergangenheit-Gegenwart-Zukunft und alle damit verbundene Bedeutung in der undifferenzierten Einheit des verharrenden Augenblicks kontaminiert. Und aus dieser undifferenzierten Einheit abstrakter Identität heraus kann die Welt wieder mit Sinn besetzt werden. (Hier kann das Problem des quasi-wahnhaften Bewußtseins liegen, dessen in Praxis umschlagende, politisch organisierte Willkür – die des Antisemitismus – von Horkheimer und Adorno beschrieben worden ist [1947, S. 199 ff.].) Die andere Abwehrform des unter seiner Vermittlungsaufgabe zusammenbrechenden bürgerlichen Ich ist die Fragmentierung. In diesem Modell ist Bedeutung, sind sinnvolle Zusammenhänge der Tendenz nach ausgelöscht; jeder Augenblick ist nur die leere Identität mit sich selbst.[7] Dem entspricht der apathische Rückzug von dem als sinnlos und heteronom empfundenen gesellschaftlichen Geschehen auf die unmittelbar notwendige Reproduktionsleistung und die produzierten Formen der Privatheit, die dem Alltagsbewußtsein gelingen; diese Menschen sind ja nicht im klinischen Sinn verrückt. Vermittels der sensory-deprivation-Versuche können ähnliche Zustände experimentell hervorgerufen werden. Ohne Orientierungsmöglichkeiten in Zeit und Raum, ohne die versichernde Bestätigung aktiven Außenweltbezugs entstrukturiert sich die Innenwelt. Interaktion (und sei es für eine Zeitlang nur »Probehandeln«, d.h. Denken) garantiert »Identität« offenbar nur, soweit damit ein subjektiv ins Spiel gebrachter oder reproduzierter Sinn realisiert werden kann. Das Aufkommen des Interaktionismus ist ohne diese Entwicklung kaum denkbar, insbesondere seine gleichsam unhistorischen Formen.

Mit einigen Strichen will ich versuchen, diese Abwehrformen mit entwicklungspsychologischen Aspekten aus der neueren Narzißmusdiskussion der Psychoanalyse (Joffe und Sandler 1967, Kohut 1971, 1973)[8] in Zusammenhang zu bringen. In ihnen spiegeln sich gesellschaftlich induzierte Veränderungen des »subjektiven Faktors«. Bellak formulierte 1967 (S. 215, 217): »Ich glaube, daß sich zunehmend eine Charakterstruktur entwickeln wird, die wir als eine Charakterstörung zu betrachten haben. Sie ist durch oberflächliche und passagere Objektbeziehungen mit geringer subjektiver Gefühlsbeteiligung gekennzeichnet. [...] Diese Charakterveränderungen sind der Ausdruck von Veränderungen der Identifizierungsprozesse in einer Welt, die zunehmend durch rapide Mobilität der sozioökonomischen, technologischen und geographischen Bezugsschemen für Identifizierungen charakterisiert wird.«

Das können nur Hinweise sein. Wir sollten realistischerweise davon ausgehen, daß über die Stufen der Vermittlung zwischen gesellschaftlicher und psychischer Struktur im Sinne nicht von vornherein soziofunktionaler Forschung wenig bekannt ist. Am deutlichsten ist, daß die Entwicklung zum organisierten Kapitalismus die Familienform und damit den Sozialisationsmodus verändert hat; die Blutsbande der Familie werden entzaubert (*Kursbuch* 17, Lüschen und Lupri 1970).[9] Für eine narzißtische Karriere sind einige Punkte charakteristisch. Das Kleinkind erfährt die Trennung vom Objekt, das ihm Befriedigung und Sicherheit gewährt. Es reagiert darauf mit Trennungsangst. Der halluzinatorischen Bewältigung des Problems, also seiner »Abwehr« im psychoanalytischen Sinne, können zwei Strategien dienen, die Ähnlichkeit mit den von Loewald geschilderten Positionen haben. Entweder wird die Elternimago als so vollkommen und allmächtig vorgestellt, daß die Trennung irrelevant wird, oder aber das »grandiose Selbst« begibt sich in diese omnipotente

Rolle, um gegen alles gewappnet zu sein. Dieser halluzinatorische Umgang mit dem Problem wird lebensgeschichtlich zumeist abgelöst durch Bildung psychischer Strukturen, die die Wiederkehr der Mutter repräsentieren und später Eigenaktivität ermöglichen, welche die Abhängigkeit von der Mutter aufhebt. In der bürgerlichen Sozialisation, als deren Kern die ödipale Auseinandersetzung zu Recht angesehen wird, war die letzte entscheidende Strukturbildung die Aufrichtung einer bürgerlichen Identität mit allen Implikationen, zu denen insbesondere die Vorstellung der Autonomie gehörte. Die Geschichte der bürgerlichen Gesellschaft hat diese Illusion zerstört: Die am Nutzen der Einzelnen orientierte Form der Produktion führte zum Chaos. Der organisierte Kapitalismus bedarf anderer Sozialcharaktere. Der Kern jener bürgerlichen Einzelnen, das berüchtigte Über-Ich, ist heute regressiv in Frage gestellt (Calogeras und Schupper 1972). Die sozialpsychologische Bedeutung der Narzißmusdiskussion (Rosenkötter 1973) liegt in dem Hinweis, daß die Elternfiguren (die früh sich versagende Mutter und der bemutternde Vater) in der »vaterlosen Gesellschaft« (Mitscherlich 1963) offenbar nicht in der Lage sind, zu jener Strukturbildung beizutragen, welche die Spannung zwischen Selbst und Selbstideal, die man Scham nennt, auf ein unproblematisches Maß reduziert; die Orientierung an der Gleichaltrigengruppe wird dieser Problemlage ebenfalls nicht gerecht. Die infantile Genese dieser Spannung wäre systematisch mit der gesellschaftlich produzierten Abhängigkeit in Zusammenhang zu bringen, dem »Dschungelgefühl«, wie Adorno[10] es nannte, das, je nach der Art der Beteiligung an den Formen gesellschaftlicher Arbeit und ihrem Ertrag, unterschiedlich ausfällt. Die Sozialstruktur fügt es, daß das psychische Elend der Mehrheit heute in der Fortsetzung infantiler und infantilisierender Abhängigkeit besteht, die regressiv abgewehrt wird, indem auf ontogenetisch frühere Interaktionsformen rekurriert wird – ständiges Suchen nach sozialer Bestätigung und vorwiegend oralen, konsumtiven Befriedigungsformen (Calogeras und Schupper 1972) sowie Lagen in der Macht-Ohnmacht-Dimension. Man führt ein fragmentiertes Dasein, ständig im Zustand der Scham angesichts der eigenen Nichtigkeit inmitten der entfalteten zweiten Natur.[11] Ähnlich wie wir die steigende Eigentumskriminalität zu erklären versuchen, indem wir davon ausgehen, daß gesellschaftlich akzeptierte Ziele mit inadäquaten Miteln angestrebt werden, ist die systematische Verletzung von Selbstwertgefühl potentieller Anlaß kompensatorischer Normverletzungen. Die »narzißtische Wut« (Kohut 1973) ist kein Zustand, in dem angemessen differenzierte Kritik und politische Praxis gedeihen. Solche Formen des pseudo-»enormen Bewußtseins« stehen dem Wahn nahe. Die dem fragmentierten Bewußtsein entsprechende Abwehrform, die an wichtigen strategischen Punkten der Sozialstruktur funktional ist, ist jene, welche die Spannung zwischen Selbst und Ideal im Sinne eines sekundären Krankheitsgewinns hat aufheben können (Argelander 1972). Problematisch ist in beiden Fällen die Objektliebe, das Einfühlungsvermögen, welches Daniels et al. (1970) zur Bereiniging des violence-Problems zu schulen empfehlen. Weder infantile Ohnmacht noch infantile Allmacht, in der Form ihrer soziofunktionalen Verwertung, gestatten psychodynamisch Objektliebe im Sinne des Eingehens auf die Eigenstruktur des Objekts, auch nicht die innere Differenzierung des Subjekts vermittels solcher Erfahrung. Harrington (1971) spricht von einem epidemiehaften Ansteigen des Psychopathieproblems: Objektbeziehungen sind in dessen Rahmen an keinen allgemein verbindlichen Wertvorstellungen orientiert, sondern im egozentrischen Sinn manipulativ; das kann durchaus zugleich die Erfüllung einer Rolle in der Sozialstruktur sein. Die Kategorie des Mitleids, die enge Beziehung zur Solidarität hat, veraltet. Mit dem »manipulativen Typ«, den Adorno in der *Authoritarian Personality* als spezifisches Syndrom der Bindung an Autorität hervorhob, kündigte sich diese Problematik bereits an.

Wir hatten die fraktionierte Erfahrungsweise bereits als eine Form der Identität skizziert, die sich, im Sinne von Loewald (1973), zerstört, um weiterexistieren zu können. Der Abwehrmechanismus der Isolierung ist auch von anderen Autoren (Brown 1959, S. 337 ff.; Dooley 1941) im Kontext der Zeitproblematik als formales Mittel charakterisiert worden, um eine abstrakte Form der Identität aufrechtzuerhalten, die sich der Tendenz nach inhaltsleer, als bloße Verfügung über Zeiteinheiten präsentiert. Die Sinnlichkeit selber ist eingefangen als technologisch organisierte, arbeitsteilige Arbeit und hat wenig Chancen, ein Metabewußtsein von dieser Verdinglichungsform zu gewinnen, weil die konsumtive, die Gebrauchwertseite der Sinnlichkeit *in separater Form* durchaus vielfältig abgesättigt werden kann – solange es nur schleichende Inflation gibt (mit allen Konsequenzen) und das Legitimationsproblem auf diese Weise suspendiert ist. Diese von ihrer gesellschaftlichen Genese in den Köpfen der Menschen isolierte Absättigung infantilisiert; jedenfalls wird auf diese Weise das expressive Bedürfnis vom Bereich instrumentellen Handelns isoliert. Der Aktivitätsradius dieses Ich ist zwar außerordentlich groß, wenn man es als werterzeugendes, als wertschaffendes nimmt; aber gerade dieser Hauptaspekt seiner Tätigkeit bringt es nur in ein abstraktes Verhältnis zu sich und den anderen, das begrifflich nicht nachvollzogen und nur in Form seiner schlechten Unmittelbarkeit erfahren wird.

Diese Retrogression des Bewußtseins gegenüber seiner Gattungsgeschichte wurde von der Psychoanalyse als Ich-Schwäche bezeichnet. Anna Freud (1946, S. 107 ff.) hat die Abwehrstrategie der »Ich-Einschränkung« geschildert, die sie »Neurosenprophylaxe [...] auf eigene Gefahr« nennt: Außenwelteindrücke werden mit der Absicht, Unlust zu vermeiden, nicht apperzipiert. Diese Ich-Einschränkung des Alltagsbewußtseins muß als das zeitgenössische »psychologische Elend der Masse« angesehen werden, das bei Freud (1930, S. 475) in der konservativen Metapher der Führungslosigkeit den Sachverhalt des Orientierungsverlustes in zweiter Natur meint. In jener Arbeit, dem *Unbehagen in der Kultur,* hat Freud dieses darauf zurückgeführt, daß die Energie des von ihm postulierten Aggressionstriebes zunehmend weniger geäußert werden kann, da das Kultur gefährde.

Unser Analysevorschlag legt jedoch eine andere Interpretation aggressiven Verhaltens nahe, die sich mit dem Vorschlag von Deutsch und Senghaas (1971) deckt, die den Freudschen Todestrieb praktisch als Komplexitätskrise interpretierten, wie es Gantzel (1972) fürs internationale System tat: Die Vermittlungsfähigkeit des Ich bricht zusammen. Sie bestünde darin, qualitativ verschiedene Erfahrungen, Momente der Diskontinuität als zunächst Unversöhnliches in die Kontinuität der eigenen Erfahrung einzubringen, sie dort zu tolerieren und nicht auf eine von Konsonanzbedürfnissen bestimmte begriffliche Einheit zu bringen (Kafka 1972, S. 659). Archaik und Primitivität aggressiven Verhaltens, die eine naturalistische Interpretation nahelegen, lassen sich in diesem Kontext nun eher verstehen als eine im Sinne von Ich-Einschränkungen wirkende Entdifferenzierung von Vermittlungsschritten in Bewußtsein und Interaktionsformen, die in Praxis umschlägt. Auch die der *Authoritarian Personality* folgenden kritischen Untersuchungen auf diesem Gebiet (Kirscht und Dillehay 1967) verweisen auf diese Bedeutung der Vermittlungsunfähigkeit des Ich, die auch in einem klinisch-kybernetischen Modell aggressiven Verhaltens als entscheidend angesehen wird (Melges und Harris 1970). Insofern ist das Problem der Gewalt, wenn es als praktizierte Gewalt von Menschen sichtbar wird, ein Problem dieser Formen der gesellschaftlichen Konstitution der Subjekte, die zu untersuchen sind. Es geht um die gesellschaftlich organisierte Versachlichung des Innenlebens und dessen Konsequenzen für das Zusammenleben.

3. Sozialforschung als Aufklärung: Wie gewinnen wir Erkenntnisse über das politische Potential des »subjektiven Faktors«?

Die psychoanalytisch erhobenen innen- und außenpolitischen Verhältnisse der Subjekte spiegeln die Repressivitätsstruktur wider, in der sie leben. Natürlich können Aussagen in dieser Form nicht unmittelbar genetisch und funktional auf den Rahmen bezogen werden, den Narr (1973, S. 20 ff.) in Gestalt von politologisch bedeutsamen Indikatoren zur Messung von Ungleichheit vorschlägt. Zu den zahlreichen Vermittlungsschritten, zugleich im Sinne einer Dynamisierung, gehört auch die Frage nach dem politischen Potential des »subjektiven Faktors« in den objektiv undurchsichtigen Verhältnissen.

Die gesellschaftliche Arbeitsteilung und ihre politische Organisation sowie das Suspendieren der Legitimationsproblematik mittels konsumtiver Gratifikationen und des Sicherheitsversprechens haben zur Reduktion politischen Bewußtseins geführt. Müssen wir aber die Stelle des »subjektiven Faktors« in systemanalytischen Ansätzen einfach mit »apathisch« ausfüllen? Enthält das Alltagsbewußtsein, welches zwischen die klassischen Dimensionen »ideologisch« und »pathologisch« fällt, politisches Potential? Wie sieht es aus, wie ist es zu mobilisieren, damit es einerseits zwar wieder in der Legitimationsdimension aktiv wird, aber gerade nicht in Formen von Gewalttätigkeit, die letzten Endes nur weitere Sicherheitsanstrengungen der legalisierten Gewalt zum Erfolg führen? Der staatlich organisierte Mordanschlag auf Ohnesorg und der Schuß des von der Springer-Presse aufgehetzten Bachmann auf Dutschke – das sind die sozusagen normalen Fälle, die das politische Klima spiegeln. Nicht ohne Grund glaubte insbesondere Bachmann, sich aufwerten zu können, indem er sich ans schon nicht mehr zwischen den Zeilen der einschlägigen Presse Stehende hielt und es realisierte. Doch so wie seine Gewaltanwendung nicht legalisiert war und er als Einzeltäter verurteilt wurde, so wurde der Funktionär der legalisierten Gewalt freigesprochen, auch als Einzeltäter. Der Gewaltzusammenhang, in dem alles geschah, blieb unberücksichtigt. Wir müssen aber mit ihm rechnen. Also ist zu fragen: Was tut die institutionalisierte Gewalt (im Verein mit interessierten Verbündeten), um die bestehende gesellschaftliche Struktur gegen jene, denen gegenüber sie sich zu legitimieren hätte, als die je beste Form des bonum commune, um selbst diese Protestierenden noch für die Festigung des Systems zu benutzen? Was kann dagegen getan werden? Gerade die Gewaltproblematik in ihrer sozialpsychologischen Ideologisierung hat die Notwendigkeit dieser Fragestellungen gezeigt. Ob man nun den Fall des Dutschke-Attentäters Bachmann oder den des SPK in Heidelberg analysieren will oder auch die Geschichte der Baader-Meinhof-Gruppe – ein wichtiges Moment der Entwicklung zur Gewalttätigkeit ist stets das Abprallen politischer bzw. politisierender Impulse von der Gesellschaftsstruktur (Geiss 1972). Die damit oft einhergehende paranoide Inversion sozialer und/oder psychischer Systeme (Horn 1972b) und ihr Umschlagen in Gewalttätigkeit sind ohne das schrittweise Betreiben der Illegalisierung überhaupt nicht denkbar. Diese mit staatlicher Hilfe produzierte nichtlegalisierte Gewalt ist jeweils Anlaß, die Macht der legalisierten Gewalt zu demonstrieren, die petrifizierte Sozialstruktur gegen Kritik weiter zu festigen und sich zumindest als mächtige, als funktionierende Macht zu legitimieren. Wer heute die Armut in den Apallachen und das Negerproblem dortzulande noch in Beziehung setzt zu den Ausgaben für Mondbesuche und zum Vietnamkrieg, dabei Widersprüche empfindet und gar versucht, im Ernst etwas zur (gesellschaftlichen) Bearbeitung dieser Widersprüche zu tun – wer also, mit anderen Worten, das »enorme Bewußtsein« als eines von Widersprüchen wenigstens als Möglichkeit, als in schrittweiser Praxis zu Realisierendes noch für sich in Anspruch nimmt, der ist ganz schnell ein »marginal man«, reagiert psychologisch, spielt verrückt, wird gewalttätig, weil so wenig zu bewegen ist von dem, was bewegt werden müßte. Die »Verzweiflungsform politischen Handelns« (Schäfer 1972) ist ebenso ein Produkt des Systems dieser besonderen Rationalität wie die Disparitäten zwischen privaten und öffentlichen Investitionen. Während in der UdSSR die innenpolitische Opposition seit einiger Zeit psychiatrisch bekämpft wird, ohne daß die Eingewiesenen verrückt wären, ist in kapitalistischen Demokratien die Reaktion der legalisierten Gewalt aufgrund längerfristiger und selber demokratisch erscheinender Interaktionsmodi gegen ernste Opposition eher mittelbar. Es besteht aufgrund der formaldemokratischen Abwehrstruktur des organisierten Kapitalismus tatsächlich die Chance, daß Oppositionelle »verrückt« werden, oder doch wenigstens kriminell. Man praktiziert das Konzept der »self-fulfilling prophecy«. Mit diesem Risiko ist behaftet, was die Psychoanalyse einst als Ich-Stärke bezeichnet hatte, eine (ins bürgerliche Konzept passende) im Prinzip unbegrenzte theoretische und praktische Vermittlungsfähigkeit. »Hinter der aktivistischen Entschlossenheit beim Aufbau von Betriebskadern und dem Knüpfen von Kontakten mit südamerikanischen Guerillas, die revolutionäre Praxis zur Rechenaufgabe, zum heroischen Idealismus, zur Staatsstreichtechnik verkehrt, steht Verzweiflung. Diese aber ist berechtigt und muß ausgehalten werden.« (Böckelmann 1971, S. 9)

Negt (1969 b, S. 162) hat darauf hingewiesen, daß Bürokratien und politische Herrschaftssysteme heute nicht mehr vom Standpunkt ihrer Verwalter untersucht werden können, weil der Schleier technologischer und administrativer Rationalität deren hohes Maß an Irrationalität verdeckt, das zugleich mit der Rationalität produziert wird. Vielmehr seien politische Herrschaftssysteme heute unter dem Gesichtspunkt zu betrachten, was sie an realer Emanzipation, an objektiv möglicher Befreiung von Entfremdung, Unglück, Gewalt und Elend leisten. Am besten sollten jene, die sich – in welch reduzierter Form immer sie das demonstrieren – emanzipieren wollen, diese Untersuchung als politische Praxis selbst betreiben. Verhaltenspotential, welches Psychoanalyse hinsichtlich seiner infantilen Genese untersucht, kann sich im politischen Alltag gewöhnlich nur nach dessen Gesetzmäßigkeiten entfalten. Negt und Kluge (1972, S. 79 ff.) machen deshalb darauf aufmerksam, daß es wichtig ist, die Bedingungen zu kennen und zu verändern, unter denen sich Äußerungen des Unbehagens ergeben und möglichst Identifikationshilfen zur Verfügung zu stellen, die eine Ideal- und keine Über-Ich-Funktion zu übernehmen imstande sind, insofern sie die Formulierung der je eigenen Probleme unterstützen können.

In diesem Sinne ist die Sozialwissenschaft in jüngster Zeit Wege gegangen, die sich – wie gesagt – zusammenfassen lassen unter »empirische Forschung als politische Aktion« (Fuchs 1970/71). Es werden »exemplarische Mobilisierungen« angestrebt, die an spezifische, gerade fürs Alltagsbewußtsein erfahrbare und wichtige Widersprüche anknüpfen (Kern und Schumann 1973; vgl. auch die Zusammenfassung von Horn 1973c, sowie Bahr 1972, Ebert 1970, Leithäuser o. J., Negt und Kluge 1972, Negt und Meschkat 1973). Diese Ansätze versuchen, dem spezifischen Elend des Alltagsbewußtseins Rechnung zu tragen, seiner Retrogression einerseits, andererseits aber auch der Tatsache, daß es nicht ganz entpolitisiert ist und Unbehagensgefühle sich mobilisieren lassen. Entscheidend ist, ob sich dieses Unbehagen in den Verwertungszusammenhang integriert oder ob es, in bescheidener Weise, partiell im Hier und Jetzt ansetzend, sich im Dschungel der zweiten Natur kritisch voranzuarbeiten in der Lage ist[12]. Es ist mit der paradoxen Situation zu rechnen, daß das Verlassen des je konventionellen Sicherheitsraumes, welches dazu dienen soll, die Unsicherheit solidarisch zu bewältigen, zunächst einmal die Unsicherheit einfach deshalb schon steigert, weil man die Konvention (apathisches Verhalten) verläßt. Hier können auch neue Impulse für die Theorie entstehen.

Diese Ansätze müssen im Sinne herkömmlicher Sozialforschung als unkonventionell bezeichnet werden. Deshalb folgen sie nicht der antidemokratischen Tradition der klassischen Massenpsychologie, in der Volksbewegungen und Ansätze dazu nur als Feinde des etablierten bürgerlichen bonum commune und deshalb als »irrational« angesehen wurden (vgl. z. B. Smelser 1972, zur Kritik dieser Entwicklung Currie und Skolnik 1970). Zwar ist die Entwicklung, in welcher »Masse« zum Gegenstand vor allem der psychologisierenden Psychologie und in deren Rahmen experimentell aufgelöst wurde (so bei Hofstätter 1957), von kritischer Sozialwissenschaft erst wieder zu überwinden. Sie muß den »subjektiven Faktor« als wichtigen Gegenstand neu entdekken, nachdem der dogmatisierte Marxismus die Diskussion des Psychischen, sofern es in seinem Machtbereich nicht Gegenstand von Ingenieurpsychologie wurde, weitgehend tabuiert (zur Kritik vgl. Horn 1972a) und die psychologisierende Psychologie mit ihrem bürgerlichen Subjektverständnis sich selber ideologisch eingesperrt hatte und in der Tat nicht dazu taugte, das »Irrationale« als Symptom des Systems dieser Rationalität darzustellen. Aber wir sind dabei, zwischen der zum positiven System erstarrten Marxschen Kritik gesellschaftlicher Strukturen einerseits und den psychologischen Kunstmenschen andererseits die lebendigen Subjekte als wichtigen wissenschaftlichen Gegenstand in ihrem Alltag wiederzuentdecken (vgl. z. B. Brown 1973).

V. Nachbemerkung

Im Anschluß an die Komplexitätskrisentheorie von Gantzel (1972) könnte man davon ausgehen, daß in Psychologie abgedrängte, nur in undurchsichtiger Weise auf Gesellschaft und sich selbst bezogene Subjektivität den zentralen Aspekt der Gewaltproblematik ausmacht, denn eine der Erscheinungsformen dieses Abgedrängten ist nichtlegalisierte Gewalt. Da unsere Ich-Ideal-Vorstellungen, im Anschluß an die übliche private Aneignung des Mehrwerts, im Sinn einer Individualkultur organisiert sind und von daher Leistungsdruck ausgeübt wird, besteht auch unter diesem Aspekt keine Aussicht auf eine Entwirrung der Komplexität. Innerhalb dieses Sinnzusammenhanges ist es nur legitim, das Nichtentfaltenkönnen der Einzelnen bzw. die Kosten, die auf sie als Bürde der Irrationalität in allen möglichen Formen überkommen, auf Widersprüche des Systems zu beziehen. Nur in der Skinnerschen Utopie und ähnlichen ist die fiktive Einpassung in die Sozialstruktur so gut gelungen, daß die gesellschaftlich gestiftete Verbindung zwischen Trieb und Objekt einer ersten Natur gleicht und die Legitimationsfrage im Ernst nicht auftaucht bzw. an den Rand des Systems gedrängt ist. Da *diese* Retrogression realiter kaum wird erreicht werden können, muß das »luxurierende« Moment anerkannt werden. Die Gewaltförmigkeit seiner nichtlegalisierten Existenz kann eskalieren, wenn die Sozialstruktur nicht praktisch verändert wird und ihre Widersprüche sich immer mehr in den Subjekten niederschlagen, ohne daß diese anders als »psychologisch« reagieren können. Von Gewalt, und zwar von legalisierter, »struktureller«, muß unter der Perspektive des akzeptierten Ideals der Individualkultur auch dann noch gesprochen werden, wenn die psycho- und soziotechnische Manipulation Emanzipationsversuche immer schon eingeholt hat, bevor sie selber ins Stadium nichtlegalisierter Gewalt treten.

Anmerkungen

1 Umgekehrt gibt es heute in der fortschrittlichen Psychiatriediskussion den Versuch, Begriffe aus der Psychopathologie analogisierend auf gesellschaftsstrukturelle Momente anzuwenden. Dieser begriffliche Heroismus, der nicht dem Psychologismus gleichzusetzen ist, welcher gesellschaftliche auf psychische Gesetze reduziert, verstellt die zu leistende Vermittlung zwischen der historisch-kritischen Analyse jeweiliger Normalität und den verschiedenen Differenzen zu dieser Norm (dazu Japp 1972), was man traditionell als Beziehung zwischen Ideologie und Psychopathologie fassen kann. In jüngster Zeit wird die double- bind-Hypothese in dieser Hinsicht besonders strapaziert und überfordert.

2 Ein abstruses Modell gewaltsamer Unmittelbarkeit lieferte ein zweiundvierzigjähriger Amerikaner, der in der kalifornischen Stadt Redding festgenommen wurde. Er hatte sein Fernsehgerät mit siebzehn Schüssen aus einem großkalibrigen Gewehr zerschossen, weil er von ›seiner‹ Baseballmannschaft enttäuscht worden war. Die Polizei kam, weil einige der Kugeln die Wände der

300 m entfernt wohnenden Nachbarin durchschlagen hatten. Bei seiner Festnahme trat er das Rückfenster des Polizeiwagens ein und sagte im übrigen nur: »Wieso – haben Sie etwa noch niemals auf ihr Fernsehgerät schießen wollen?« (*FAZ* v. 23. 5. 73).

3 Vgl. dazu meine Einleitung zum Kapitel *Krankheit als soziales und medizinisches Phänomen*, in: Mitscherlich et al. (Hrsg.), 1967, S. 55.

4 Natürlich ist die Form der ›Sprachzerstörung‹ (Lorenzer 1970b) im Fall irrationaler Volksbewegungen anders zu fassen als im Fall neurotischer Erkrankungen. Aber das Sprachzerstörungskonzept, das sich zunächst auf neurotische Deformationen bezog, läßt sich gewiß sinnvoll generalisieren und die Neurose als Spezialfall begreifen.

5 Die grammatikalisch umständliche Form sagt etwas über die wahren Verhältnisse aus.

6 Adorno (1955) hat diesen Sachverhalt als konstitutiv für das von Gesellschaft ausgeschiedene Psychologische überhaupt hervorgehoben.

7 In einer älteren Arbeit (Horn 1967, S. 84 ff.) hatte ich bereits versucht, die dem Zwangskranken zur Verfügung stehende Abwehrform der Isolierung als eine zugleich politisch relevante Bewußtseinsstörung zu bestimmen.

8 Joffe und Sandler stellen das »Sicherheitsprinzip« in den Mittelpunkt ihrer Argumentation. Eingedenk der enormen Vermittlungsschwierigkeiten des Ich wird in diesem Abschnitt deutlich, worauf Sicherheit in diesem Sinne sich bezieht: Es ist das Verlangen, eine Form der Identität sich zu erhalten, und sei sie noch so eingeschränkt. Auf diese Weise wird deutlich, warum – wie Narr (1973, S. 35) schreibt – innenpolitisch das Thema »Sicherheit [...] zum Legitimitätssurrogat« werden konnte. Aus den Augen gerät über dieser offensichtlich besonders wahltaktisch einsetzbaren Äquivokation, daß gerade diejenige gesellschaftliche Struktur abgesichert wird, welche die Formen persönlicher Unsicherheit produziert.

9 An anderer Stelle (Horn 1972 e) habe ich die sozialwissenschaftliche Bedeutung der Narzißmusdiskussion etwas ausführlicher zu skizzieren versucht und sie in Beziehung gesetzt zu politischer Apathie und der Legitimationsform des Konsumismus.

10 Adorno (1951) hat als erster die Bedeutung der narzißtischen Problematik für die Faschismusanalyse hervorgehoben.

11 Bursten (1973) schildert – ohne auf die *Authoritarian Personality* einzugehen – ein klinisches Syndrom, die »manipulative Persönlichkeit«, welche ein zwingendes Bedürfnis habe, ständig zu manipulieren. Diese Lebensstrategie kann sich als Charakter etablieren, also ichsynthon werden. Sie dient dem Bedürfnis, ständig narzißtische Kränkungen auszugleichen. Es ist vorstellbar, daß diese Lebensform gesellschaftliche Bedeutung gewinnt. (Vgl. Argelander 1972).

12 Es dürfte deutlich geworden sein, daß das Konzept »Die Therapie [von Kopfweh, Müdigkeit, Schlafstörung, Impotenz, Neid, Haß usf., K. H.] heißt Revolution« (Duhm 1973, S. 3) zu kurz greift und in die Irre führt.

Literatur

Adorno, Theodor W., 1951: *Die Freudsche Theorie und die Struktur der faschistischen Propaganda.* In: *Psyche* 24/1970; S. 486-509.

–, 1955: *Zum Verhältnis von Soziologie und Psychologie.* In: *Sociologica I. Frankfurter Beiträge zur Soziologie* Bd. 1, Frankfurt/Main: Europäische Verlagsanstalt.
Alexander, Tom, 1972: *The Social Engineers Retreat Under Fire.* In: *Fortune,* Oktober; S. 132-148.
Alland jr., Alexander, 1972: *Aggression und Kultur. Plädoyer für menschliche Maßstäbe bei der Erklärung menschlichen Verhaltens.* Aus dem Amerikanischen von F. Herborth. Frankfurt/Main (Fischer) 1974.
Argelander, Hermann, 1970: *Das Erstinterview in der Psychotherapie.* Darmstadt: Wissenschaftl. Buchgesellschaft.
–, 1972: *Der Flieger. Eine psychoanalytische Charakterstudie.* Frankfurt/Main: Suhrkamp.

Badura, Bernhard, 1972: *Bedürfnisstruktur und politisches System. Kultur und Kommunikation in »pluralistischen« Gesellschaften.* Stuttgart–Köln–Berlin–Mainz: Kohlhammer.
Bahr, H.-E. (Hrsg.), 1972: *Politisierung des Alltags. Gesellschaftliche Bedingungen des Friedens.* Darmstadt und Neuwied: Luchterhand.
Bahrdt, Hans Paul, 1958: *Industriebürokratie.* Stuttgart: Enke.
Baritz, Loren, 1960: *The Servants of Power. A History of the Use of Social Science in American History.* Middleton/Conn.
Basaglia, Franco und Basaglia Ongaro, Franca, 1972: *Die abweichende Mehrheit. Die Ideologie der totalen sozialen Kontrolle.* Frankfurt/Main: Suhrkamp.
Bellak, L., 1967: *The Broad Scope of Psychoanalysis.* Ed. by D. P. Spence. New York.
Bettelheim, Bruno, 1964: *Aufstand gegen die Masse. Die Chance des Individuums in der modernen Gesellschaft.* München: Szczesny.
Böckelmann, Frank, 1971: *Die schlechte Aufhebung der autoritären Persönlichkeit.* Frankfurt/Main: Makol.
Bonstedt, Christoph, 1972: *Organisierte Verfestigung abweichenden Verhaltens. Eine Falluntersuchung.* München: Juventa.
Brown, Norman O., 1959: *Zukunft im Zeichen des Eros.* Pfullingen: Neske.
Brown, Bruce, 1973: Marx, Freud and the Critique of Everyday Life. Toward a Permanent Cultural Revolution. New York–London: Monthly Review Press.
Bursten, Ben, 1973: *The Manipulator. A Psychoanalytic View.* New Haven und London.

Calogeras, Roy C. und Schupper, Fabian X., 1972: *»Verschiebung« der Abwehrformen und einige ihrer Konsequenzen für die analytische Arbeit.* In: K. Horn (Hrsg.), 1972d; S. 312-348.
Currie, Elliot und Skolnik, Jerome H., 1970: *A Critical Note in Conceptions of Collective Behavior.* In: *The Annals . . .*; S. 34-45.

Dahmer, H., et al., 1973: *Das Elend der Psychoanalysekritik (Beispiel Kursbuch 29). Subjektverleugnung als politische Magie.* Frankfurt/Main: Athenäum.
Daniels, David N. et al. (Hrsg.), 1970: *Violence and the Struggle for Existence.* Boston.

Deutsch, Karl W., 1966: *The Nerves of Government. Models of Political Communication and Control.* New York und London.

–, und Senghaas, Dieter, 1971: *Die brüchige Vernunft von Staaten.* In: Senghaas (Hrsg.), *Kritische Friedensforschung.* Frankfurt/Main: Suhrkamp, S. 105-163.

Dobzshansky, Theodosius, 1973: *Genetic Diversity and Human Equality. The Facts and Fallacies in the Explosive Genetics and Education Controversy.* New York: Basic Books.

Dörner, Klaus, 1969: *Bürger und Irre. Zur Sozialgeschichte und Wissenschaftssoziologie der Psychiatrie.* Frankfurt/Main: Europäische Verlagsanstalt.

Dooley, Lucile, 1941: *The Concept of Time in Defence of Ego Integrity.* In: *Psychiatry* IV/1941; S. 13-23.

Duhm, Dieter, 1973: *Revolution ohne Emanzipation ist Konterrevolution. Zwei Aufsätze.* Köln: Rosa Luxemburg Verlag.

Easton, David, 1965: *A System Analysis of Political Life.* New York: Wiley & Sons.

Ebert, Theodor (Hrsg.), 1970: *Ziviler Widerstand. Fallstudien aus der innenpolitischen Friedens- und Konfliktforschung.* Düsseldorf: Bertelsmann Universitätsverlag.

Etzioni, Amitai, 1968: *The Active Society. A Theory of Social and Political Processes.* London und New York: Collier-Macmillan/Free Press.

Falter, Jürgen W., 1972: *Ein Modell zur Analyse individuellen politischen Verhaltens.* In: *PVS* 13; S. 547-566.

Freud, Anna, 1946: *Das Ich und die Abwehrmechanismen.* London: Imago.

Freud, Sigmund, 1930: *Das Unbehagen in der Kultur.* In: *Ges. Werke* (Imago), Bd. XIV; S. 419-506.

Fuchs, W., 1970/1: *Empirische Sozialforschung als politische Aktion.* In: *Soziale Welt* Welt 21/22, Heft 1.

Gantzel, Klaus Jürgen, 1972: *System und Akteur. Beiträge zur vergleichenden Kriegsursachenforschung.* Düsseldorf: Bertelsmann Universitätsverlag.

Gehlen, Arnold, 1957: *Die Seele im technischen Zeitalter. Sozialpsychologische Probleme in der industriellen Gesellschaft.* Reinbek b. Hamburg: Rowohlt.

Geiss, Immanuel, 1972: *Gewalt und Gewaltlosigkeit in der Entwicklung der Afro-Amerikaner.* In: *PVS* 13; S. 567-581.

Goebbels, Joseph, 1935: *Wesen und Gestalt des Nationalsozialismus.* Berlin.

Grimshaw, Allen D., 1970: *Interpreting Collective Violence: An Argument for the Importance of Social Structure.* In: *The Annals of the American Academy of Political and Social Science: Collective Violence,* ed. by James F. Short jr. and Marvin E. Wolfgang. Philadelphia; S. 9-20.

Haag, F., et al. (Hrsg.), 1972: *Aktionsforschung, Forschungsstrategien, Forschungsfelder, Forschungspläne.* München: Juventa.

Habermas, Jürgen, 1973: *Was heißt heute Krise? Legitimationsprobleme im Spätkapitalismus.* In: *Merkur* XXVII, Nr. 300; S. 345-364.

Hack, Lothar et al., 1972: *Klassenlage und Interessenorientierung. Zum Konstitutionsprozeß der Bewußtseinsstrukturen und Verhaltensmuster junger Industriearbeiter.* In: *Zeitschrift für Soziologie* 1; S. 15-30.

Halliday, James L., 1948: *Industriegesellschaft als psycho-soziale Umwelt.* In: Mitscherlich, et al. (Hrsg.), 1967; S. 159-171.
Harrington, Alan, 1959: *Das Leben im Glaspalast.* Düsseldorf: Econ.
–, 1971: *The Coming of the Psychopath.* In: *Playboy,* Dezember; S. 201 ff.
Hofmann, Werner, 1969: *Grundelemente der Wirtschaftsgesellschaft.* Reinbek b. Hamburg: Rowohlt.
Hofstätter, Peter, 1957: *Gruppendynamik. Kritik der Massenpsychologie.* Reinbek b. Hamburg (durchgesehene und erweiterte Aufl. 1971[13]): rde.
Holzkamp, Klaus, 1972: *Verborgene anthropologische Voraussetzungen der allgemeinen Psychologie.* In: ders., *Kritische Psychologie. Vorbereitende Arbeiten.* Frankfurt/Main: Fischer; S. 35-70.
Hondrich, Karl Otto, 1970: *Wirtschaftliche Entwicklung, soziale Konflikte und politische Freiheiten. Bestimmungsgründe politischer Partizipationsrechte in soziologischer Analyse.* Frankfurt/Main: Suhrkamp.
Horkheimer, Max und Adorno, Theodor W., 1947: *Dialektik der Aufklärung. Philosophische Fragmente:* Amsterdam: Querido.
Horn, Klaus, 1967: *Dressur oder Erziehung. Schlagrituale und ihre gesellschaftliche Funktion.* Frankfurt/Main: Suhrkamp.
–, 1970: *Sozialpsychologische Aspekte des Faschismus.* In: *Facism and Europe. An International Symposium.* Prague 28th-29th August 1969, Vol. II, ed. by the Institute of History, Czechoslowac Academy of Sciences. Februar 1970, S. 107 ff. Kurzfassung in E. Kühnl, (Hrsg.): *Faschismustheorien.* Reinbek (Rowohlt) 1974.
–, 1972a: *Psychoanalyse – Anpassungslehre oder kritische Theorie des Subjekts. Gegen den antipsychologischen Affekt der Marx-Epigonen.* In: Gente (Hrsg.): *Marxismus, Psychoanalyse, Sexpol,* Bd. II, *Aktuelle Diskussion.* Frankfurt/Main: Fischer, S. 116-159.
–, 1972b: *Zur Sozialpsychologie von Kommunikation und Interaktion unter der Bedingung von Konflikt und Aggression.* In: *Jahrbuch für Friedens- und Konfliktforschung,* Bd. 2: *Friedensforschung und politische Praxis.* Düsseldorf: Bertelsmann Universitätsverlag; S. 35-56.
–, 1972c: *Entwicklungen einer psychoanalytischen Sozialpsychologie;* überarbeitete Fassung von: *Fragen einer psychoanalytischen Sozialpsychologie.* In: *Psyche* 22, S. 896 ff. In: H.-U. Wehler (Hrsg.), *Psychoanalyse und Soziologie,* München: Kohlhammer, sowie in: ders., *Psychoanalyse – Kritische Theorie des Subjekts. Aufsätze.* Frankfurt/Main; S. 214 ff.
–, (Hrsg.), 1972d: *Gruppendynamik und der ›subjektive Faktor‹. Repressive Entsublimierung oder politisierende Praxis,* Frankfurt/Main: Suhrkamp.
–, 1972e: *Bemerkungen zur Situation des ›subjektiven Faktors‹ in der hochindustrialisierten Gesellschaft kapitalistischer Struktur.* In: ders. (Hrsg.), 1972d; S. 17-116.
–, 1972f: *Das Opfer. Nachwort zu: Ich war gern in Vietnam. Leutnant Calley berichtet.* Von John Sack. Frankfurt/Main (Fischer).
–, 1973a: *Psychologischer Objektivismus in der Konfliktforschung. Einige seiner politischen und methodologischen Probleme.* In: *Beiträge zur Konfliktforschung* 3; S. 103-114.
–, 1973b: *Approaches in Social Psychology Relevant to Peace Research as Developed in the Federal Republic of Germany.* In: *Journal of Peace Research* 18, S. 305-315.
–, 1974: *Die humanwissenschaftliche Relevanz der Ethologie im Lichte einer*

sozialwissenschaftlich verstandenen Psychoanalyse. In: G. Roth (Hrsg.): *Kritik der Verhaltensforschung. Konrad Lorenz und seine Schule.* München: Beck, S. 190-221.

Japp, Uwe, 1972: *Die Maßlosigkeit der Kriterien. Ist der Begriff der ›pathologischen Gesellschaft‹ möglich?* In: *Ästhetik und Kommunikation. Beiträge zur politischen Erziehung* 3; S. 20-34.

Jencks, Christopher, Marshall Smith, Henry Acland, Mary Jo Bane, David Cohen, Herbert Gintis, Barbara Heyns and Stephan Michelson, 1972: *Inequality. A Reassessment of the Effect of Family and Schooling in America.* New York–London: Basic Books.

Joffe, W. G. und Sandler, J., 1967: *Über einige begriffliche Probleme im Zusammenhang mit dem Studium narzißtischer Störungen.* In: *Psyche* 21; S. 152-165.

Kafka, John S., 1972: *The Experience of Time. Panel Report.* In: *Journal of the American Psychoanalytic Association* 20/3; S. 650-667.

Kern, Horst, und Schumann, Michael, 1973: *Zum politischen Verhaltenspotential der Arbeiterklasse.* In: *Gesellschaftsstrukturen,* herausgegeben von Klaus Meschkat und Oskar Negt. Frankfurt/Main: Suhrkamp; S. 130-160.

Kirscht, John P., und Dillehay, Ronald C., 1967: *Dimensions of Authoritarianism. A Review of Research and Theory.* Lexington: University of Kentucky Press.

Kohut, Heinz, 1971: *Narzißmus. Eine Theorie der psychoanalytischen Behandlung narzißtischer Persönlichkeitsstörungen.* Literatur der Psychoanalyse, herausgegeben von Alexander Mitscherlich. Frankfurt/Main: Suhrkamp.

–, 1973: *Überlegungen zum Narzißmus und zur narzißtischen Wut.* In: *Psyche* 27, S. 512 ff.

Kosta, Jiři, 1972: *Der Mensch und die Gesellschaft in der wissenschaftlich-technischen Revolution:* In: Richta und Kollektiv. Frankfurt/Main: Makol; S. 32-38.

Krahl, Hans-Jürgen, 1970: *Produktion und Klassenkampf.* In: ders., *Konstitution und Klassenkampf. Zur historischen Dialektik von bürgerlicher Emanzipation und proletarischer Revolution. Schriften, Reden und Entwürfe aus den Jahren 1966-1970.* Frankfurt/Main: Neue Kritik; S. 384-406.

Kursbuch 17, 1969: *Frau, Familie, Gesellschaft.* Frankfurt/Main: Suhrkamp.

Leithäuser, Thomas, o. J.: *Untersuchung zur Konstitution des Alltagsbewußtseins.* Schwarze Presse, o. O. (Hannover).

–, 1973: *›Ideologischer Kampf‹ und Theoriebildung.* In: Dahmer et al., *Das Elend der Psychoanalysekritik (Beispiel Kursbuch 29). Subjektverleugnung als politische Magie.* Frankfurt/Main: Athenäum.

Loewald, Hans W., 1973: *The Experience of Time.* In: *The Psychoanalytic Study of the Child* 27: Quadrangle Book, New York Times; S. 401-410.

Loewenstein, Bedřich, 1973: *Plädoyer für die Zivilisation.* Hamburg: Hoffmann & Campe.

Lorenzer, Alfred, 1970: *Sprachzerstörung und Rekonstruktion. Vorarbeiten zu einer Metatheorie der Psychoanalyse.* Literatur der Psychoanalyse, herausgegeben von Alexander Mitscherlich. Frankfurt/Main: Suhrkamp.

–, 1972: *Zur Begründung einer materialistischen Sozialisationstheorie.* Frankfurt/Main: Suhrkamp.
–, 1973: *Über den Gegenstand der Psychoanalyse oder: Sprache und Interaktion.* Frankfurt/Main: Suhrkamp.
–, 1974: *Die Wahrheit der psychoanalytischen Erkenntnis. Ein historisch-materialistischer Entwurf.* Frankfurt/Main: Suhrkamp
–, et al., 1971: *Psychoanalyse als Sozialwissenschaft.* Frankfurt/Main: Suhrkamp.
Lüschen, Günther, und Lupri, Eugen (Hrsg.), 1970: *Soziologie der Familie.* In: *Kölner Zeitschrift für Soziologie und Sozialpsychologie* (Sonderheft 14). Köln: Westdeutscher Verlag.

Marx, Karl, 1857/8: *Grundrisse der Kritik der Politischen Ökonomie (Rohentwurf)* 1857-1858, Anhang 1850-1859. Berlin 1953: Dietz.
–, 1957: *Das Kapital. Kritik der politischen Ökonomie,* Bd. I, Berlin: Dietz.
Mead, Margaret, 1947: *Kulturbegriff und psychosomatische Medizin.* In: Mitscherlich, et al. (Hrsg.), *Der Kranke in der modernen Gesellschaft.* Köln–Berlin: Kiepenheuer & Witsch; S. 111-139.
Melges, Frederick T., und Harris, Robert F., 1970; *Anger and Attack. A Cybernetic Model of Violence.* In: Daniels, et al. (Hrsg.), 1970; S. 97-127.
Merton, Robert K., 1949: *Social Theory and Social Structure.* New York und London.
Mitscherlich, Alexander, 1957: *Pubertät und Tradition.* In: L. v. Friedeburg (Hrsg.), *Jugend in der modernen Gesellschaft.* Köln–Berlin: Kiepenheuer & Witsch; S. 288-307.
–, 1963: *Auf dem Wege zur vaterlosen Gesellschaft. Ideen zur Sozialpsychologie.* München: Piper.
–, et al. (Hrsg.), 1967: *Der Kranke in der modernen Gesellschaft.* Köln–Berlin: Kiepenheuer & Witsch.
Moser, Tilmann, 1970: *Jugendkriminalität und Gesellschaftsstruktur. Zum Verhältnis von soziologischen, psychologischen und psychoanalytischen Theorien des Verbrechens.* Frankfurt/Main: Suhrkamp.
Muck, Mario, Rolf Klüwer, Klaus Schröter, Udo Eberenz, Klaus Kennel, Klaus Horn, 1974: *Information über Psychoanalyse.* Frankfurt/Main: Suhrkamp.

Narr, Wolf-Dieter, 1969: *Theoriebegriffe und Systemtheorie.* Stuttgart–Berlin–Köln–Mainz.
–, 1973: *Gewalt und Legitimität.* In: *Leviathan* 1; S. 7-42.
Negt, Oskar, 1968: *Soziologische Phantasie und exemplarisches Lernen. Zur Theorie der Arbeiterbildung.* Frankfurt/Main.
–, 1968a: *Rechtsordnung, Öffentlichkeit und Gewalt.* In: ders. *Politik als Protest. Reden und Aufsätze zur antiautoritären Bewegung.* Frankfurt/Main: (agit buchvertrieb gmbh) 1971; S. 102-118.
–, 1968b: *Das Ende des Liberalismus.* In: ders.: *Politik als Protest,* Frankfurt/Main 1971; S. 146-158.
–, 1969a: *Spontaneität und Kaderorganisation.* In: ders., *Politik als Protest.* Frankfurt/Main; S. 175-185.
–, 1969b: *Die Neue Linke und die Institutionen.* In: ders., *Politik als Protest.* Frankfurt/Main; S. 159-174.
– und Kluge, Alexander, 1972: *Öffentlichkeit und Erfahrung. Zur Organisa-*

tionsanalyse von bürgerlicher und proletarischer Öffentlichkeit. Frankfurt/Main: Suhrkamp.
– und Meschkat, Klaus (Hrsg.), 1973: *Gesellschaftsstrukturen.* Frankfurt/Main: Suhrkamp.

Parin, Paul, et al., 1963: *Die Weißen denken zuviel. Psychoanalytische Untersuchungen bei den Dogon in Westafrika.* Zürich: Atlantis.
–, 1971: *Fürchte deinen nächsten wie dich selbst. Psychoanalyse und Gesellschaft am Modell der Agni in Westafrika.* Frankfurt/Main: Suhrkamp.
Preuß-Lausitz, Ulf, 1973: *Zum Schwinden der ›Fähigkeit‹, sich mit dem politischen System zu identifizieren. Zur Kritik der sogenannten ›politischen Sozialisation‹.* In: *betrifft erziehung* 2, 3; S. 19-24, 44-48.

Richta, Radovan, 1972: *Die wissenschaftlich-technische Revolution und die Alternative der modernen Zivilisation.* In: Richta und Kollektiv; S. 39-72.
Richta, Radovan und Kollektiv, 1972: *Technischer Fortschritt und die industrielle Gesellschaft.* Eingeleitet von Ossip Flechtheim. Frankfurt/Main: Makol.
Ritsert, Jürgen, 1972: *Inhaltsanalyse und Ideologiekritik. Ein Versuch über kritische Sozialforschung.* Frankfurt/Main: Athenäum.
Röttgers, Kurt, 1974: *Gewalt.* In: *Hist. Wörterbuch d. Philosophie,* hgb. von Joachim Ritter, Bd. 3, G-H. Darmstadt: Wiss. Buchgesellschaft, S. 562-570.
Rosenbaum, Heidi, 1973: *Familie als Gegenstruktur zur Gesellschaft. Kritik grundlegender theoretischer Ansätze der westdeutschen Familiensoziologie.* Stuttgart: Enke.
Rosenkötter, Lutz, 1973: *Unfertige Hypothesen zur sozialpsychologischen Bedeutung des Narzißmus.* In: *Almanach 1973,* herausgegeben von der Stuttgarter Akademie für Tiefenpsychologie und analytische Psychotherapie e. V. (im Buchhandel als: *Individuum und Gesellschaft*), Stuttgart: Klett; S. 170-180.
Rosenwald, George C., 1972: *Zum Objektivierungsproblem in der Gruppenpsychologie.* In: K. Horn (Hrsg.) 1972d; S. 394-441.

Schäfer, Gerd, 1972: *Rote Armee-Fraktion und Baader-Meinhof-Gruppe.* In: *links,* Januar 1972.
Schmidt-Mummendey, Amélie, 1972: *Bedingungen aggressiven Verhaltens.* Bern–Stuttgart–Wien: Huber.
Schmidt-Mummendey, Amélie und Schmidt, Hans Dieter, 1972: *Aggressives Verhalten. Neue Ergebnisse der psychologischen Forschung.* München: Juventa.
Schnädelbach, Herbert, 1971: *Erfahrung, Begründung und Reflexion. Versuch über den Positivismus.* Frankfurt/Main: Suhrkamp.
Schuh, Horst und Mees, Ulrich, 1972: *Aggression und gewaltsamer Konflikt. Untersuchungen der situativen und habituellen Bedingungsfaktoren.* In: *Beiträge zur Konfliktforschung* 2; S. 59-99.
Sennett, Richard und Cobb, Jonathan, 1972: *The Hidden Injuries of Class.* New York: Knopf.
Short, James F. jr. und Wolfgang, Marvin E., 1970: *On Collective Violence: Introduction and Overview.* In: *The Annals . . .*; S. 1-8.
Simons, Dietrich, 1972: *Kommentar zu Werbiks Klassifizierung ›aggressiver*

Verhaltensweisen‹. In: *Zeitschrift für Sozialpsychologie* 3; S. 197-298.
Smelser, Neil J., 1962: *Theory of Collective Behavior*. New York: Prentice Hall.
Synder, David und Tilly, Charles, 1972: *Hardship and Collective Violence in France 1830 to 1960*. In: *American Sociological Review* 37; S. 520-532.
Spitz, René, o. J.: *Nein und Ja. Die Ursprünge der menschlichen Kommunikation*. Stuttgart: Klett.
Storr, Anthony, 1972: *Human Destructiveness*, London: Chatto-Heinemann.

The Annals of the American Academy – 1970 – of Political und Social Science. Vol. 391. *Collective Violence*. Special Editors James F. Short jr. und Marvin E. Wolfgang. Philadelphia.
Tiger, Lionel und Fox, Robin, 1973: *Das Herrentier. Steinzeitjäger im Spätkapitalismus*. Einführung von Konrad Lorenz. München–Gütersloh–Wien: Bertelsmann.
To Establish Justice, To Insure Domestic Tranquility, 1969: *Final Report of the National Commission on the Causes and Prevention of Violence*. Washington D. C.
Toch, Hans H., 1969: *Violent Men. An Inquiry Into the Psychology of Violence*. With a Foreword by J. Douglas Grant. Chicago: Aldine Publ. Comp.

Watzlawick, P., et al., 1969: *Menschliche Kommunikation. Formen, Störungen, Paradoxien*. Bern und Stuttgart: Huber.
Werbik, Hans, 1971: *Das Problem der Definition ›aggressiver‹ Verhaltensweisen*. In: *Zeitschrift für Sozialpsychologie* 2; S. 233-247.
–, 1974: *Theorie der Gewalt. Eine neue Grundlage für die Aggressionsforschung*. München (Fink–UTB).
Whyte, William H., 1956: *Herr und Opfer der Organisation*. Düsseldorf: Econ.

Niklas Luhmann
Symbiotische Mechanismen

I.

Wenn von Gewalt die Rede ist, kann man der Versuchung kaum widerstehen, das Problem binär zu schematisieren, je nachdem, ob die Gewalt im Namen und im Sinne des Rechts oder ob sie als reine Gewalt gegen das Recht ausgeübt wird. Die Disjunktion von Recht und Unrecht ist – ähnlich wie in anderen Fällen gesellschaftlich bedeutsamer binärer Schematismen, etwa der zweiwertigen Logik oder der Differenz von Eigentum und Nichteigentum – in der Gesellschaftsstruktur so hoch und in solchem Maße kontextfrei abgesichert, daß sich kein Interesse gegen die Disjunktion mehr formieren und verständlich machen läßt, sondern allenfalls ein Interesse an Recht, an Wahrheit, an Eigentum. Damit ist man indes schon auf eine Alternative festgelegt, ohne ihre Herkunft und ihre Relevanz geprüft zu haben.[1] Mit solchen Schematismen verbindet sich ein in ihnen angelegter Optionsdruck – im Falle Recht/Unrecht ebenso wie im Falle Wahrheit/Unwahrheit, Haben/Nichthaben usw. Man kann, wenn man sich auf den Schematismus einläßt, der Option nicht mehr ausweichen, sondern sie allenfalls noch »verkehrt« ausüben, indem man die suggerierte Richtung negiert. Die vier Freiheiten, für oder gegen rechtmäßige und für oder gegen unrechtmäßige Gewalt zu sein, reduzieren sich nach dem Schematismus des Rechts auf zwei. So weit geführt, kann man Theorie nur noch einsetzen zur Begründung der Option.

Da Gewalt in unserer Gesellschaft faktisch so dichotomisiert ist – und dies nicht zuletzt mit dem Sinn, zur Option zu motivieren und Böcke und Schafe zu sondern –, wird man sich dieser Vorgabe schwer entziehen können, wenn man sich vorschnell auf Gewalt als Einzelthema konzentriert. Georges Sorel und Frantz Fanon gehören zu den prominenteren Opfern solchen Denkens. Wer als Wissenschaftler empfindlich ist gegen gesellschaftliche Vorstrukturierungen seines Denkens, wird sich in eine Situation nicht hineinlotsen lassen, in der ihm nur noch die Möglichkeit bleibt, die Freiheit des Denkens gegen die Freiheit des Negierens zu vertauschen.

Es gibt mehrere Auswege aus dieser Situation. Der spezifisch politische Ausweg ist, der staatlich-administrativen Dichotomie von rechtmäßiger/unrechtmäßiger Gewalt eine andersartige vorzuschalten, nämlich die Dichotomie von konservativen und progressiven Zielsetzungen und Parteiungen.[2] Eine solche Vorschaltung entspricht der faktischen Stellung der Politik in einer möglichkeitsoffenen, stark differenzierten Gesellschaft. Ebenso richtig ist, daß dieser Sonder-Schematismus für Politik mit keinem anderen Schematismus zur Dekkung kommt – weder mit Recht/Unrecht noch mit Haben/Nichthaben, noch mit Wahrheit-Unwahrheit. Die Dichotomisierung von konservativ/progressiv ermöglicht es gerade, Politik von Bindungen an Recht, Eigentum und Wahrheit und ihre Gegenteile freizuzeichnen – sofern sie als politischer Dualismus hinreichend institutionalisiert ist.

Der übliche wissenschaftliche Ausweg ist, die Elemente solcher Dichotomien, hier also Gewalt für oder gegen das Recht, gar nicht auf ihren Sinn, sondern nur auf ihre Ursachen und auf ihre Wirkungen hin zu befragen. Die folgenden Überlegungen suchen einen anderen Ausweg, der die Frage nach dem Sinn von Gewalt festhält, sie aber mit Hilfe eines abstrakteren begrifflichen Instrumentariums behandelt. Dafür dienen uns zwei Problemstellungen, in deren Schnittpunkt wir unser Thema formulieren wollen.

Das eine Problem ist durch die Frage bezeichnet, wie selektiv erfaßter Sinn übertragen werden kann. Selektion ist ja immer Auswahl aus anderen Möglichkeiten, deren Übernahme durch andere sich nicht von selbst versteht, sondern motiviert werden muß. Kommunikationscodes, die auf diese Funktion spezialisiert sind, wollen wir *symbolisch generalisierte Medien der Kommunikation* nennen.[3] Unter »Code« soll hier eine Struktur verstanden werden, die die Fähigkeit besitzt, für jedes beliebige Item in ihrem Relevanzbereich ein genau komplementäres anderes zu suchen und zuzuordnen. Sprache besitzt diese Fähigkeit – und eignet sich deshalb als Code – durch ihre Koppelung mit dem Negationsmechanismus. Für symbolisch generalisierte Kommunikationsmedien, die nicht nur Verständlichkeit, sondern auch Annahme von Kommunikationen sicherstellen sollen, genügt eben wegen dieser Komplementierform der universellen Negierbarkeit der Sprach-

Code nicht. Für sie werden besondere binäre Schematismen ausgebildet, die als Zweier-Paradigma auf jeweils bestimmte Medien zugeschnitten werden. Wir hatten wichtige Beispiele – Recht/Unrecht, Haben/Nichthaben, Wahrheit/Unwahrheit – schon erwähnt. Die Konsequenzen solcher Schematisierungen für den Aufbau der Symbol-Codes und für die Form der durch sie ermöglichten Prozesse können hier nicht weiterverfolgt werden. Uns interessiert nur ein Sonderproblem, das wir mit dem Begriff des symbiotischen Mechanismus fassen wollen.

Diese zweite, engere Problemstellung lautet, wie symbolisch generalisierte oder gar mediengesteuerte motivierende Kommunikation möglich ist in Interaktionen, in denen auch physische und organische Faktoren eine Rolle spielen. Selbstverständlich bestehen Interdependenzen und Interferenzen zahlreicher Art zwischen der Ebene sinnorientierter (sprachlicher oder nichtsprachlicher) Kommunikation und physischen bzw. psychischen Prozessen. Unwiderstehliches Gähnen unterbricht zum Beispiel die Kommunikation und führt nicht selten zu einer Themenänderung oder gar zur Neuverteilung der Redechancen. Die Interferenzen verstärken sich und werden problematischer dadurch, daß sinnkonstituierende Systeme nicht nur aktuelle Wirklichkeiten, sondern auch Möglichkeiten präsent halten können, sich also auch an möglichen physischen oder organischen Ereignissen orientieren, die noch nicht oder vielleicht sogar niemals als Wirklichkeit vorkommen. Außerdem kann die Tragweite solcher Ereignisse dadurch zunehmen, daß soziale Reflexivität ins Spiel kommt: Ich nehme wahr, daß andere wahrnehmen, daß ich gähnen muß, versuche es deshalb zu verhindern, muß dabei mit der Möglichkeit rechnen, daß die anderen wahrnehmen, daß ich es zu verhindern suche, und daran erkennen, daß meine mögliche Wahrnehmung ihrer Wahrnehmung mich motiviert. Bei so ins Indirekte, zum Teil nur Mögliche verschobenen Interferenzen wächst zugleich die Unsicherheit über die wechselseitige Einstellung zum Ereignis und damit die Wahrscheinlichkeit, daß niemand offen darauf reagiert.

Dieses Beispiel steht für zahllose Fälle von interaktionell leicht absorbierbaren Störungen. Einige wenige Interferenzen haben größere Bedeutung; für sie müssen spezielle Regulierungen gefunden und dem jeweiligen Entwicklungsstand der Gesellschaft angepaßt werden. Solche Regulierungen wollen wir *symbiotische Mechanismen* nennen. Wie das Wort symbiotisch anzeigen soll[4], regeln diese Mechanismen den Bezug zur organischen »Infrastruktur«; ihre Funktion ergibt sich aus der Notwendigkeit des auch organischen Zusammenlebens. Sie selbst sind aber keine organischen Mechanismen. Sie sind nicht einmal psychologisch ausreichend zu erklären, sondern sind Einrichtungen des sozialen Systems, die es diesem ermöglichen, organische Ressourcen zu aktivieren und zu dirigieren sowie Störungen aus dem organischen Bereich in sozial behandelbare Form zu bringen.[5]

Im funktionalen Kontext sozialer Systeme und durch ihn gewinnen symbiotische Mechanismen Eigenarten, die sich weder auf biologische noch auf psychologische Daten reduzieren lassen. Ihr Verhältnis zu organischen und psychischen Bedingungen kann als »relativ unabhängige Variabilität« beschrieben werden und hängt mit der Differenzierung dieser verschiedenen Ebenen der Systembildung eng zusammen.[6] Das heißt: Ein symbiotischer Mechanismus fungiert bis zu bestimmten Belastungsgrenzen auch dann, wenn die ihn fundierenden organischen Prozesse gar nicht vorkommen, so wie umgekehrt ein sinnwidriges Vorkommen organischer oder psychischer Ereignisse die symbiotischen Funktionen in sozialen Systemen nicht ohne weiteres umwirft. Am deutlichsten kann man dies ablesen an den Selbstkorrekturen des Wahrnehmungsprozesses in Richtung auf angenommene Wahrheiten und an der Stabilisierung von Wahrheit durch bloße Wahrnehmbarkeit ohne aktuellen Vollzug. So fungiert auch Sexualität bis zu bestimmten Belastungsgrenzen als Bezugspunkt sozialer Beziehungen ohne aktuellen Vollzug.[7] Physische Gewalt ist ebenfalls auf der Ebene des Möglichen so stabilisiert, daß sie als bloße Möglichkeit schon wirkt, hochgradig unabhängig von organischen Prozessen und von Unterschieden psychischer Dispositionen zu Furcht oder Gewaltsamkeit. Die eingangs erörterte binäre Schematisierung scheint mit der Herstellung solcher »relativ unabhängigen Variabilität« eng zusammenzuhängen; sie ist wenn nicht eine Voraussetzung dafür, so doch bestimmend für das Ausmaß wechselseitiger Neutralisierung.

Schon das verweist auf Zusammenhänge in symbolisch generalisierten Kommunikationscodes. Unsere These formuliert nun Beziehungen zwischen diesen beiden Konzepten der Kommunikationsmedien und der symbiotischen Mechanismen. Sie besagt, daß die Ausdifferenzierung und Entwicklung besonderer symbolisch generalisierter Kommunikationsmedien in den wichtigsten Fällen eine Mitausdifferenzierung und Mitentwicklung symbiotischer Mechanismen erfordert, und zwar derart, daß bestimmten Medien bestimmte Mechanismen zugeordnet werden – so etwa der Macht die physische Gewalt, der Liebe die Sexualität. Das heißt zugleich, daß die Regulierung der entsprechenden symbiotischen Mechanismen ein Bestandteil des symbolisch generalisierten Medien-Codes ist. Gewalt, Sexualität usw. haben in diesem Sinne eine symbolische, nicht nur eine physische oder organische Wirksamkeit. Darin liegt das Korrelat zu der soeben erörterten Zunahme der Selektionsproblematik bei sinnorientierter Erlebnisverarbeitung. Zugleich folgt daraus, daß die soziale und kulturelle Entwicklung von Medien-Codes Umdispositionen im Bereich der symbiotischen Mechanismen erfordern mag, die sich in der Veränderung der Stellung, der Relevanz dieser Mechanismen und der gesellschaftlichen Bewertung historisch nachweisen lassen müßten. Schließlich eröffnet die Existenz einer Mehrheit von Medien-Codes die Möglichkeit, diese These an verschiedenen Belegfällen vorzuführen.

In der abstrakten Annahme, daß eine mediengesteuerte Kommunikation zur Übertragung von Selektionsleistungen im Verhältnis zur organischen Sphäre in spezifischer Weise störempfindlich und absicherungsbedürftig ist, liegt demnach nur ein erster Beweisschritt. Es besteht aber Aussicht, größere Tiefenschärfe und mehr Plausibilität zu erreichen in dem Maße, wie man diese These durch vergleichende, durch historische und durch historisch-vergleichende Untersuchungen erhärten kann.[8]

II.

Bevor wir damit beginnen, müssen wir eine allgemeine evolutionstheoretische Erörterung vorschalten, die Typik und die Funktionsweise evolutionär erfolgreicher symbiotischer Mechanismen betreffend. Wie hinreichend bekannt und wie am

Falle der Proteine im Übergang von chemischer zu organischer Evolution gut zu belegen, haben im Evolutionsprozeß (im Falle der Proteine: bei der Ermöglichung von Autokatalysation) Systemstrukturen eine zentrale Funktion, die zwei Eigenschaften kombinieren, nämlich relativ leicht (rasch, häufig) aufzubauen sind und für die Genese komplexerer Systeme eine hohe, praktisch unbegrenzte Zahl von Verwendungsmöglichkeiten bieten, also selektiv verwendbar sind.[9] Beim Aufbau sozialer Systeme erfüllen diese Bedingungen Interaktionssysteme, die durch Bezug auf bestimmte organische Prozesse relativ rasch strukturiert werden können, dadurch aber nicht festgelegt sind, sondern noch definierbar bleiben. Das gilt eindeutig für gemeinsames Wahrnehmen, für Drohung mit physischer Gewalt, für Kommunikation über nur sozial bzw. nur asozial zu befriedigende Bedürfnisse: Sexualität bzw. Befriedigung aus knappen Ressourcen. In all diesen Fällen ist eine reflexive soziale Struktur, die das Erwarten von Erwartungen ermöglicht, relativ rasch und relativ voraussetzungslos herstellbar – verglichen mit sonstigen Schwierigkeiten der Einfühlung und der Abschätzung des Erlebens anderer.[10] Der Bezug auf präsente Organismen erleichtert, mit anderen Worten, die Herstellung der reflexiven Reziprozität der Perspektiven und damit die soziale Strukturierung der Situation.[11] Zugleich ist diese Struktur eine solche, die Inhalte noch nicht eindeutig festlegt, sondern offen bleibt für den Einbau struktureller Beschränkungen, unter denen der organische Bezug aktualisiert bzw. nichtaktualisiert werden soll. Eben dadurch ist es möglich, in der sozialen Situation Kommunikation einzusetzen, die zum selbstselektiven, quasi »autokatalytischen« Aufbau komplexerer Sozialsysteme führen kann. Die Ergebnisse unterscheiden sich natürlich erheblich, je nachdem, ob sie ihren Ausgangspunkt in dem einen oder dem anderen organischen Bezug haben (und ebenso deutlich wird schon hier, wie sehr Mischformen – etwa physischer Zwang zur Sexualität – den Aufbau komplexer Systeme behindern). Gleichwohl ist in jedem Bezugsrahmen die Varietät anschließbarer Sinnbildungsleistungen extrem hoch. Und das heißt zugleich, daß die selbstselektiven Prozesse des Systemaufbaus unter eine Vielzahl von Beschränkungen gesetzt, also durch symbolische Codes gesteuert werden können.

Die eben erwähnte Fähigkeit eines Prozesses, unter Beschränkungen zu operieren, liefert das Stichwort für einen Gesichtspunkt, den wir näher ausarbeiten müssen. Er betrifft die Form des Zusammenhangs von symbolisch generalisierten Kommunikationsmedien und organischer Sphäre. Organische Prozesse können durch geeignete Symbole *konditioniert* werden, indem der Symbol-Code die Bedingungen definiert, unter denen sie relevant sein sollen. Über Konditionierung ist keine vollständige Determinierung des faktischen Vorkommens organischer Prozesse zu erreichen, wohl aber eine ausreichende Regelung derjenigen Fälle, in denen der konditionierte Prozeß die Übertragung von Selektionsleistungen befördern soll. So darf physische Gewalt nach dem Code der Macht nur unter den vom Recht definierten Bedingungen eingesetzt werden; anders wäre weder ein komplexes Rechtssystem noch die Bildung langer Ketten von Macht über Machthaber möglich. Wahrnehmung vermittelt Wahrheit unter gesteigerten Ansprüchen an Wissenschaftlichkeit ebenfalls nur, wenn sie auf eine theoretisch relevante Frage antwortet. Mit dem Geld-Code soll erreicht werden und wird in hochentwickelten Wirtschaften im Prinzip auch erreicht, daß eine Befriedigung von Bedürfnissen aus knappen Ressourcen nur möglich ist, wenn dafür bezahlt wird. Und ähnlich wird das Sicheinlassen auf sexuelle Beziehungen konditioniert durch eine kommunikative Vorgeschichte, die Liebe bezeugt.

Mit alledem wird die alltägliche Aktualität und durchgehende Selbstverständlichkeit des organischen Zusammenlebens nicht aufgehoben, geschweige denn beseitigt. Der Bezug zur organischen Sphäre bleibt in allen Interaktionssystemen erhalten, wird aber in Situationen, die durch Kommunikationsmedien geregelt werden, zu einer bloßen Möglichkeit *generalisiert* und dann *respezifiziert*. Das setzt Codes voraus, welche den organischen Prozeß kontingent setzen – das heißt vorsehen, daß er stattfinden oder auch nicht stattfinden kann – und welche hinreichende Anknüpfungs- und Legitimationsgesichtspunkte für die Entwicklung von Sonderprogrammen (Rechtsnormen, preislich ausgezeichnete Warenangebote, Liebesgeschichten, Theorien) bereitstellen, die die Respezifikationsleistung im einzelnen durchführen. Nicht zuletzt ist das Bestehen sozialer Systeme vorausgesetzt, die das Eintreten bzw. Nichteintreten der Bedingungen überdauern, also nicht in ihrem Bestehen von denselben Bedingungen abhängen wie der Kommunikationsprozeß in ihnen.

Unter Beschränkungen operieren können mithin organische Prozesse, die hinreichend unspezifisch in bezug auf Sinn, hinreichend leicht assoziierbar und hinreichend kontrollierbar sind, um sich verschiedenen, wechselnden Konditionen fügen zu können. Es mag in all diesen Hinsichten Grenzen der Plastizität und Belastbarkeit organischer Prozesse geben. Für die gesellschaftliche Entwicklung wichtiger ist die Frage, wie abstrakt, situationsfern und unwahrscheinlich Bedingungen gesetzt werden können, bis ihre Funktion als symbiotischer Mechanismus versagt.

III.

Eines der Hauptmerkmale gesellschaftlicher Evolution sehen wir in der Spezialisierung unterschiedlicher Medien-Codes und in der Ausdifferenzierung entsprechender Teilsysteme der Gesellschaft für Politik, Wirtschaft, Familienleben, Wissenschaft – um nur die wichtigsten, erfolgreichsten und zugleich eindeutigsten Fälle zu nennen. Für die Politik wird das Kommunikationsmedium Macht, für die Wirtschaft das Kommunikationsmedium Geld, für die Familie das Kommunikationsmedium Liebe und für die Wissenschaft das Kommunikationsmedium Wahrheit in besonderer Weise (obwohl natürlich nicht ausschließlich!) relevant. Die entsprechenden Symbolabstraktionen und Terminologien entstehen im Laufe der antiken Entwicklung regionaler und städtischer Hochkulturen. Wir analysieren im folgenden weder die Gründe noch die Gesamtheit der Folgen, noch die Zukunftsaussichten dieser Differenzierung, sondern lediglich ihre Konsequenzen für die Entwicklung symbiotischer Mechanismen.

Ausdifferenzierung und Spezifikation setzen sich bis in den Bereich symbiotischer Mechanismen hinein fort. Symbiotische Mechanismen geraten zunächst in den Bannkreis spezifischer Medien, Funktionen und gesellschaftlicher Teilsysteme. Der Code für Macht assoziiert zum Beispiel überlegene physische Gewalt, und es wird codewidrig, schließlich undenkbar, daß ein Machthaber versucht, seine Gefolgschaft durch Tränen zu rühren.[12] Die Entwicklung verläuft sodann mit erheblichen

Unterschieden und Zeitverschiebungen im einzelnen in Richtung auf eine zunehmend eindeutige Zuordnung. Bei höhrerer Komplexität der Gesamtgesellschaft und ihrer einzelnen Teilsysteme müssen die Mediensymbole höher generalisiert und zugleich auf einer operativen Ebene spezifiziert werden, um mit mehr möglichen Zuständen und Ereignissen kompatibel zu sein. Daraus resultiert ein Anforderungsdruck, der zur Reorganisation der Stellung symbiotischer Mechanismen im Kontext der einzelnen Kommunikationsmedien führt. Der höheren Generalisierung von Code-Symbolen entspricht eine stärkere Thematisierung, Problematisierung und Präzisierung ihres Verhältnisses zu den symbiotischen Grundlagen der Gesellschaft.

Den besten Beobachtungspunkt dafür bietet der Übergang zum Gesellschaftssystem der Neuzeit, zur bürgerlichen Gesellschaft. Hier kommt es – aus welchen Gründen immer – zu einer so starken Differenzierung von Religion, Politik, Wirtschaft, Wissenschaft und Familienleben, daß die Kommunikationsmedien über alle historischen Vorbilder hinaus generalisiert, ja sogar von Moral-Codes getrennt werden müssen. Annähernd gleichzeitig kommt es daher in den vier Medien-Codes für Wahrheit, Liebe, Geld und Macht zu einem parallellaufenden Umbau. Die Stellung der jeweils zugeordneten symbiotischen Mechanismen wird unter Umwertung älterer Wertungen *neu legitimiert*. Sie wird deutlicher als zuvor auf die Ebene des Fungierens als bloße *Möglichkeit* gehoben und zugleich für den gesamten Funktionsbereich des Teilsystems *universell* relevant.

So wird als Grundbedingung neuzeitlicher Wissenschaft das Verhältnis von Wahrheit und Wahrnehmung neu geordnet. Wahrnehmung wird in ihrer wissenschaftlichen Relevanz durch zulässige methodische Operationen definiert und so von allgemeiner Lebenserfahrung abgetrennt. Ihre Einstufung als niedrigste und unvollkommenste Ebene des Kontaktes mit der Realität (= Perfektion), neben der es andere, vollkommenere Kontaktebenen gibt, wird aufgegeben; statt dessen umgrenzt (»definiert«) Wahrnehmbarkeit jetzt den Possibilitätenraum der Wissenschaft, die Wahrheitsfähigkeit des Erlebens selbst. Wissenschaftliches Erkennen wird strukturell durch »Dispositionsbegriffe« (wie zum Beispiel Verifizierbarkeit, Falsifizierbarkeit, Operationalisierbarkeit) definiert, in deren Definition der Bezug zur symbiotischen Ebene sinnlichen Wahrnehmens eingeht. Dadurch wird der symbiotische Mechanismus des Wahrnehmens für alle wissenschaftlichen Operationen universell bedeutsam; Ideen und Begriffe werden zur Technik der Ordnung des Zugangs zu spezifisch wissenschaftlich relevanten Wahrnehmungen. Andererseits kann in der Wissenschaft noch viel weniger als im täglichen Leben[13] Selektionsfähigkeit eine unmittelbare Funktion der Eindeutigkeit von Wahrnehmungen sein und in Proportion zu ihr wachsen (ebensowenig wie Macht in Proportion zur Zahl der Soldaten). Die Selektionsleistung wird durch Theorie vermittelt. Daher muß das, was im Kontext von Forschung als Wahrnehmung fungiert, so stark punktualisiert und abstrahiert werden, daß die Aufnahmefähigkeit dieses »Wahrnehmens« für operative Bedingungen allen theoretischen Anforderungen genügt.[14] Als Korrelat so geordneter Operationen wird Realität im Sinne von »Wirklichkeit« neu formuliert.

Entsprechend zur Aufwertung der Wahrnehmung kommt es zur Aufwertung der Sexualität. Während der alte Symbolkontext Freundschaft/Liebe (philia, amicitia) in seinen religiösen ebenso wie in seinen gesellschaftlichen Konnotationen die Sexualität außer sich hatte als eine Art erfreuliche Pathologie, wird Liebe jetzt selbst zu Passion und damit auf das Fundament der Sexualität gesetzt. Die »offene« Legitimation der Sexualität fällt der bürgerlichen Gesellschaft zunächst schwer. Das dürfte damit zusammenhängen, daß das Code-Symbol der »Passion« zwar die Ausdifferenzierung des Liebens aus der gesellschaftlichen Kontrolle symbolisiert und insofern die Auffassung der Liebe als öffentliche Tugend ersetzt; daß aber Passion als Regulativ des Zugangs zu sexuellen Beziehungen doch nicht ganz ausreicht, weil sie teils zuwenig, teils zuviel verlangt. Wie dem auch sei – Liebe wird im Blick auf mögliche sexuelle Beziehungen sentimentalisiert und als kulturelle Formvorschrift für die Einleitung von Intimbeziehungen institutionalisiert, mit denen sich Ehe-Erwartungen verbinden.[15] Damit gilt universell, daß man die Absicht der Eheschließung mit Liebe zu begründen hat und daß auch sexuelle Beziehungen dadurch binär schematisiert werden:

mit einem Partner, aber nicht mit anderen.

Die entsprechende Lage im Bereich der Wirtschaft wird sichtbar, wenn man deren symbiotischen Mechanismus im Konsum sieht – Konsum auf jeder Ebene organischer, psychischer und kultureller Bedürfnisse genommen. Unter diesen Bedürfnissen gibt es solche, die auf organischer Basis beruhen und daher kulturell nicht oder wenig disponibel sind; sie müssen in relativ kurzen Zeithorizonten zwangsläufig befriedigt werden oder sie werden, wenn unbefriedigt, mit rücksichtsloser Unmittelbarkeit handlungswirksam. Die Ausschaltung der laufenden Interferenz solcher Bedürfnisse läßt sich praktisch nur durch Sicherung ihrer Dauerbefriedigung erreichen, und erst auf der Grundlage einer solchen Ausschaltung entsteht die Möglichkeit zu wirtschaftlicher Rationalität und zu funktionalen Systemdifferenzierungen in der Gesellschaft. Diese Dauerbefriedigung ist auf der Systemebene abstrakt und relativ zeitbeständig (vor allem: unabhängig von dem zeitlichen Anfallen individueller Bedürfnisse) garantierbar durch den Geldmechanismus, der dem Einzelnen die Artikulation seiner Bedürfnisse überläßt.

Andererseits hängt der Kommunikations-Code des Geldes, der die Wirtschaft ausdifferenziert und integriert, von der *Möglichkeit* ab, mit Geld Bedürfnisse zu befriedigen. Durch Geld wird die Unsicherheit des Glücks in die Sicherheit der bloßen Möglichkeit des Glücks transformiert. Diese Möglichkeit des Konsumierens bedarf als bloße Möglichkeit der Absicherung – nicht allein durch Gold oder Devisenbestände, sondern letztlich durch die Faktizität des Konsums; der immense Horizont des durch Geld Erreichbaren kann als Zukunft nur den überzeugen, der gegenwärtig schon ausgewählte Bedürfnisse befriedigen kann. Damit wird das Problem der Verteilung akut. Nicht nur um der Gerechtigkeit willen – das wäre politisch gedacht –, sondern um des Geldes willen muß eine gleichmäßigere Verteilung der Bedürfnisse selbst und der Bedürfnisbefriedigungen angestrebt werden. Und der Universalität des Geldmechanismus entspricht, daß Bedürfnisse keiner Rechtfertigung mehr bedürfen; sie werden als Privatangelegenheit angesehen.

Die damit angedeuteten Probleme verschärfen sich für die bürgerliche Gesellschaft, da diese sich durch einen Primat der

Wirtschaft definiert. Für sie wird die Gesellschaft zu einem Aggregat von Bedürfnissen und Befriedigungsmöglichkeiten, die Welt zum Material für Bedürfnisbefriedigung. Materialismus ist die für sie zutreffende »Philosophie«. Und auf das Problem der Verteilung spitzt sich nach dem Selbstverständnis dieser Gesellschaft das Problem der Gesellschaftsstruktur zu. Anders als im Falle von Wahrheit/Wahrnehmung oder auch von Macht/physischer Gewalt wird hier im Verhältnis von Medium und symbiotischer Sphäre kein Minimierungs-, sondern ein Maximierungsproblem gesehen. Es gilt, so viele Bedürfnisse wie möglich zu befriedigen und auf diese Weise Glück zu maximieren. Das ist wenn nicht durchführbar, so doch denkbar, weil man Bedürfnisse interpretieren, beliebig vermehren und den Zeitpunkt ihrer Befriedigung variieren kann. Das Ende der bürgerlichen Gesellschaft ist demnach auch nicht durch andere Lösungen ihres Verteilungsproblems zu erreichen – »sozialistische« Verteilungsordnungen sind nur eine ihrer Varianten –, sondern nur durch Aufhebung dieser für sie typischen Beziehung von Medium und symbiotischem Mechanismus. Für sie selbst ist das nur als »Kommunismus« vorstellbar.

Die Parallelanalyse für den Fall von Macht und physischer Gewalt ist wiederum einfacher.[16] Physische Gewalt kann als Machtgrundlage nur dienen, wenn und solange sie nicht benutzt, sondern als bloße Möglichkeit präsent gehalten wird. Das gewaltsame Bewegen oder Beschädigen von Leib oder Sachen anderer ist nur eigenes Handeln, nicht machtvolle Disposition über das Verhalten anderer.[17] Für den Aufbau größerer komplexerer Machtstrukturen ist, wie oft betont worden ist, eine doppelte Regelung des Verhältnisses zur physischen Gewalt erforderlich: Einerseits muß der Gesellschaft die freie Disposition über physische Gewalt entzogen, das heißt Territorien müssen pazifiziert werden; zum anderen muß die Kompetenz zur Entscheidung über die Anwendung von Gewalt zentralisiert und mit dem Rechtssystem verbunden werden. Pazifizierung der Territorien und Monopolisierung der Entscheidung über Anwendung physischer Gewalt sind Vorbedingungen dafür, daß physische Gewalt den Status eines einheitlichen, jedenfalls überlegenen Potentials bekommt und, von Ausnahmen wie Testfällen, Pannen oder situationsbedingten Konfrontationen abgesehen, im Zustande bloßer Möglichkeit verbleibt.

Eine solche Verbindung von physischer Gewalt und politischer Macht mit Frieden und Recht ist als eine mehr oder minder prekäre, temporäre Leistung schon in den frühen Hochkulturen der alten Welt erreicht worden. Die beginnende bürgerliche Gesellschaft der frühen Neuzeit muß sie, nachdem sich die Religion als politisch verhängnisvolle Konfliktquelle erwiesen hat, unabhängig von religiösen und dann auch unabhängig von moralischen Grundlagen sicherstellen.[18] Dadurch verliert ebenso wie das Bedürfnis auch die physische Gewalt ihre Rechtfertigung durch Rechte oder Zwecke. Sie begründet sich als ein bloß faktisches Potential durch ihre Funktion, insbesondere durch ihre Fähigkeit, unter (rechtlichen) Beschränkungen zu operieren. Ähnlich wie in den anderen Fällen ist auch hier ein symbiotischer Mechanismus als Bestandteil eines Medien-Codes und als Potential so weit abstrahiert, daß seine Aufnahmefähigkeit für operative Beschränkungen praktisch unbegrenzt und seine Rechtfertigung dadurch entbehrlich bzw. selbstverständlich wird.

Mit Hobbes wird sichtbar, welche Konsequenzen dies für die Gesellschaftstheorie hat.[19] Gewalt – und nicht mehr natürliches Recht oder natürliche Freiheit – wird als natürliche Grundlage der politisch konstituierten Gesellschaft gesehen, und dies negativ: als Erfordernis der Bindung von Gewalt. Gewalt aber ist, aktiv ebenso wie passiv, ein natürliches Potential jedes Einzelnen, welchen Standes und welcher Vernunft immer: Jeder kann angreifen, jeder kann sich wehren, jeder Einzelne muß gegebenenfalls gezwungen werden. Politik wird damit in neuartigem Sinne universell bedeutsam, nämlich in bezug auf vorrechtliche Aspekte des Menschseins, in denen Menschen nicht mehr relevant differieren, und Vernunft wird etwas erst Herzustellendes. Dadurch wird schließlich die Differenz rechtmäßiger und rechtswidriger Gewalt als Disjunktion zum Problem; die Unterscheidung von legitimer und illegitimer Gewalt verliert ihre Grundlage in der Natur, sie wird mit Kant zu einer Frage der Zukunft, nämlich zur Frage der Bewährung von Revolutionen[20], und die Politik findet die historischen Bedingungen ihres Erfolgs jetzt darin, daß diese binäre Schematisierung der Gewalt gelingt.[21]

Nach diesem Überblick über verschiedene Fälle des Zusammenhanges von symbolischem Code und symbiotischen Mechanismen läßt sich deutlicher erkennen, wo der Grund liegt für die evolutionäre Vorteilhaftigkeit solcher Zuordnungen. Zugleich verzahnen wir jetzt diese Überlegungen mit der Theorie gesellschaftlicher Systemdifferenzierung.

Der direkte Zugriff auf einen eigenen symbiotischen Mechanismus macht einen Medien-Code unabhängig von anderen Medien-Codes, macht damit auch bestimmte funktionale Teilsysteme der Gesellschaft, die über eigene Kommunikationsmedien verfügen, relativ autonom gegenüber anderen. Der eigene symbiotische Mechanismus bewirkt, daß der Bezug der organischen Sphäre nicht der Vermittlung durch andere Funktionssysteme der Gesellschaft bedarf. Insoweit, als Sexualität das Sentiment stützt, braucht die Liebe nicht durch den Magen zu gehen. Insoweit, als die Wissenschaft auf Wahrnehmung rekurriert, ist ihre Wahrheitsproduktion immun gegen politisch manipulierte physische Gewalt. Politik wiederum kann sich von der Pression wirtschaftlicher Bedürfnisse freimachen in dem Maße, wie sie auf Gewalt zurückgreift.

Bei der Übertragung dieser Unabhängigkeitsthese auf die Systemebene ist freilich Vorsicht am Platze. Selbstverständlich sind funktionale Teilsysteme einer Gesellschaft – das liegt schon im Begriff Teilsystem – nicht in dem Sinne unabhängig, daß sie nichts miteinander zu tun hätten oder ohne Rücksicht aufeinander fungieren könnten; selbstverständlich ist die Politik nicht frei von wirtschaftlichen Rücksichten, sowenig wie die Forschung frei ist von politisch oder von wirtschaftlich gesetzten Prioritäten. Die Fundierung in eigenen Medien und eigenen symbiotischen Mechanismen schließt Interdependenzen und selbst relative Primate im Verhältnis der gesellschaftlichen Teilsysteme nicht aus. Sie besagt nur, daß jedes System sein eigenes Medium verwenden kann und verwenden muß, um solche Interdependenzen in eigenes Funktionieren zu übersetzen, und daß ein System für andere nur insofern interessant ist, als es dies kann. Um es nochmals an einem Beispiel zu formulieren: Politischer Einfluß auf wissenschaftliche Forschung hat natürlich nur dann Sinn, wenn diese tatsächlich das Medium Wahrheit verwendet und auf Wahrnehmung gestützte Wahrheiten bzw. Unwahrheiten produziert; Einfluß hätte keinen Sinn – bzw. würde zur Operation im eigenen Hause –, wenn die Forschung nur nachäffte, was die Politiker in Ideologie und Volkssprache sagen.

Der Bezug auf einen eigenen Zugang zur organischen Sphäre, also zu einer Ebene, die von den symbolischen Verflechtungen höherer Ebenen unabhängig ist, sichert dem Teilsystem der Gesellschaft einen Standort, von dem aus es eigene Perspektiven zur Geltung bringen kann, ein Instrument, mit dem es im Konzert der Systeme eine eigene Stimme spielen (aber kaum sehr lange unabhängige Geräusche produzieren) kann. Damit ist indes nur eine strukturelle »Bedingung der Möglichkeit« angegeben. Ob und wie sie ausgenutzt werden kann, ist zunächst von der symbolischen Generalisierung des entsprechenden Medien-Codes und sodann von Problemen der strukturellen Kompatibilität der Systeme, schließlich von der (immer auch historisch-situativ zu sehenden) evolutionären Lage des Gesellschaftssystems selbst abhängig.

IV.

Solche Parallelen nehmen wir als Argument für Nichtbeliebigkeit des Arrangements in einem symbolischen Code generalisierter Kommunikationsmedien. Daraufhin könnte man weitläufige historische Forschungen einleiten über genetische Bedingungen und situative Kontexte (einschließlich mitspielender »Zufälligkeiten«)[22] bei der Institutionalisierung symbiotischer Mechanismen. Solche Forschungen lägen weder auf der Ebene bloßer Begriffsgeschichte noch auf der Ebene einer »Wissenssoziologie«, die Vorstellungen auf ihre materielle Basis oder auf die Seinslage ihrer Trägergruppen relativiert; sie führten aber deren Intentionen fort.

Statt dessen wollen wir im folgenden nur noch einige theoretische Gesichtspunkte erwähnen, die den Stellenwert symbiotischer Mechanismen im Aufbau symbolischer Codes zu beleuchten helfen. Als erstes kommen wir auf die oben erwähnte These zurück, daß bei zunehmender Komplexität der Gesellschaft ihre Medien-Codes *höher generalisiert*, das heißt mit mehr verschiedenartigeren Kommunikationen verträglich sein müssen. Unter dem Druck dieser Anforderungen konzentrieren sich die Code-Regeln für die Symbolisierung der Beziehungen zur organischen Sphäre auf solche Aspekte, die entsprechend generalisierungsfähig sind. Es werden, mit anderen Worten, symbiotische Mechanismen herangezogen und ausgebaut, die mit dem Bereich sinnhafter Kommunikation *relativ unspezifisch* verknüpft werden können.[23] Die Generalisierungsfähigkeit symbiotischer Mechanismen kann dabei verschiedene Formen annehmen. Sie besteht im Falle der Sexualität oder im Falle der physischen Gewalt darin, daß der physisch-organische Prozeß eine Verknüpfung mit sehr verschiedenartigen Sinngehalten und Kommunikationsthemen zuläßt, im Falle der Bedürfnisse und der Wahrnehmung dagegen in ihrer kulturellen Plastizität und Verfeinerungsfähigkeit nach Maßgabe höchst verschiedenartiger Interessen. In all diesen Fällen enthält die Code-Funktion der symbiotischen Mechanismen mithin noch keine Festlegung auf bestimmte Inhalte; sie bleibt flexibel und anpassungsfähig. Bei zunehmender Komplexität der Gesellschaft kommt eine Tendenz auf, die Generalisierung ins Esoterische zu überdehnen.

Ein zweiter Punkt hängt damit eng zusammen. Mit höherer Generalisierung sind höhere Risiken verbunden, z. B. dahingehend, daß Möglichkeiten gar nicht Wirklichkeit werden, oder daß sie bei funktionsspezifischer Abstraktion gesamtgesellschaftlich nicht mehr integriert werden können. Solchen Risiken gegenüber übernehmen symbiotische Mechanismen eine *Sicherheitsfunktion*.[24] Man kann Wahrheiten, die bloß mitgeteilt werden, so lange für Hirngespinste halten, als sie nicht an für alle und jederzeit zugänglichen Wahrnehmungen festgemacht werden (wofür exemplarische Realisierungen genügen). Man kann immer wieder an der Liebe des anderen zweifeln, die Aufnahme sexueller Beziehungen gilt als Beweis. Geld behielte nicht seinen Wert, wenn nicht einige der Bedürfnisbefriedigungen, die es in Aussicht stellt, faktisch vollzogen würden, und Macht könnte nicht über Antizipation von Reaktionen, hier Gewaltanwendung, generalisiert werden, wenn nicht die Sicherheit bestünde, daß solche Reaktionen des Machthabers faktisch vollzogen werden können. Wichtig ist, daß in all diesen Beispielen die motivierende Funktion der Kommunikation nicht eine lineare Funktion der Zahl der Fälle ist, in denen symbiotische Beziehungen faktisch realisiert werden; aber als Basis für Steigerungsleistungen ist die Möglichkeit des Rückgriffs auf das organische Substrat unentbehrlich.

Dabei sind Unsicherheit und Sicherheit nicht als sich wechselseitig ausschließend zu verstehen. Der Umstand, daß Sicherheit auf einer *anderen Ebene*, nämlich auf organischer Basis, gewährleistet wird, ermöglicht es vielmehr, Sicherheit und Unsicherheit aufeinander zu beziehen und gemeinsam zu steigern. Auf der Basis von Wahrnehmung kann man Unwahrscheinlicheres denken, auf der Basis physischer Gewalt Unwahrscheinlicheres verlangen, auf der Basis von Sexualität auch unwahrscheinlicher (z. B. schichtunabhängig oder homosexuell) lieben. Offenbar steht die Disponibilität solcher Sicherheitsgrundlagen in engem Zusammenhang mit dem Ausmaß erträglicher Unsicherheit, das die Gesellschaft ermöglicht. Das gehört mit in den Zusammenhang der Anpassung von Strukturen und Prozessen an hohe gesellschaftliche Komplexität und an von Situation zu Situation wechselnde Bedingungen.

Bei genauerem Zusehen zeigt sich schließlich, daß im organischen Bereich gar nicht mehr die letzten Sicherheitsgrundlagen liegen. Deren Sicherstellung erfordert heute vielmehr Organisation. Die Absicherung der physischen Gewalt durch Polizei- und Militärorganisationen ist ein altes Beispiel, die organisierte Erzeugung und Erhaltung von Bedürfnissen und die Großorganisationen der Forschung ein Phänomen dieses Jahrhunderts, ebenso wie die Absicherung sexueller Beziehungen durch die pharmazeutische Industrie. Offensichtlich gibt es in all diesen Hinsichten heute längerfristige Erwartungs- und Kontinuitätsinteressen, die auf ad-hoc-Basis mit Bordmitteln nicht mehr zu befriedigen sind. Hinter den organischen Prozessen, die gesellschaftlich funktionalisiert worden sind, tauchen also wiederum Sozialsysteme besonderen Typs auf, nämlich funktionsspezifisch organisierte Sozialsysteme. Dadurch wird die Differenzierung einer sinnhaft-symbolischen und einer organischen Ebene der Beziehung zwischen Menschen nicht etwa beseitigt, sondern im Gegenteil stabilisiert.

In dem Maße, wie die Beziehungen zwischen sinnhaft-symbolischer und organischer Ebene auf relativ offene Kombinationsmöglichkeiten und auf Sicherheitsfunktionen eingestellt werden, wird schließlich auch jene *Irritierbarkeit der Kommunikation abgeschwächt*, die mit aller Präsenz von Organismen verbunden ist. Selbstverständlich heißt dies nicht, daß in der alltäglichen Lebensführung all jene Unsicherheiten im Bereich ›unterhalb der Gürtellinie‹ wirksam ausgeschaltet werden, daß Wahrnehmungen keinen Schrecken mehr einjagen können, daß unzeitgemäße Bedürfnisse nicht mehr ablenken. Es werden jedoch spezifische Problemlagen von besonderer gesellschaftlicher Bedeutung, etwa wissenschaftliche Innovation oder politisch lenkbare Herstellung von kollektiv bindenden Entscheidungen, davon unabhängig gemacht, und der Rest wird »privatisiert«.

Mit der Sicherheit der Kontrollierbarkeit symbiotischer Basen wird erst die Voraussetzung dafür geschaffen, daß in sozialen Systemen ein weiter, zur Zukunft hin offener Zeithorizont relevant werden kann. Erst wenn eine ausreichende Kontrolle organisch vermittelter Interferenzen auf alle Fälle gesichert erscheint, kann man eine Zukunft ins Auge fassen, die nicht bloße Kontinuität der Gegenwart mit unabsehbaren Überraschungen in Aussicht stellt, sondern einen strukturierten Horizont der Auswahl künftiger Gegenwarten anbietet, auf den hin man planen kann. Zwar bietet bereits die Generalisierung der Symbol-Codes die Chance größerer zeitlicher Reichweite von Kommunikationsprozessen; diese Chance kann aber nur genutzt werden, wenn ein allzu direktes und folgenreiches Durchschlagen organischer Prozesse ausgeschlossen werden kann.

Einen Testfall für diese Hypothese bietet wiederum die Phase des Übergangs in die bürgerliche Gesellschaft[25], die erstmals auf der Ebene des Gesellschaftssystems die Möglichkeit geschaffen hat, Probleme in stärkerem Maße durch Verzeitlichung in eine lösbare Form zu bringen, nämlich durch ein sinnvolles Nacheinander verschiedenartiger Ereignisse und Zustände zu lösen. Die Veränderungen lassen sich auch an begrifflichen Behandlungen des Zeitproblems ablesen, die im 18. Jahrhundert beginnen.[26] Für eine ausreichende Erklärung müssen jedoch die neuen, wirksamen Formen der »Domestikation« symbiotischer Prozesse herangezogen werden. Das sind (1) die Stabilisierung eines »staatlichen« Monopols auf Entscheidung über die Anwendung physischer Gewalt in der anlaufenden Neuzeit – mit anderen Worten: die Sicherung des Friedens[27]; (2) die ökonomische Sicherung der laufenden Befriedigung elementarster Bedürfnisse – das heißt solcher Bedürfnisse, die, wenn unbefriedigt, durchschlagen und (unwirtschaftliches!) Handeln erzwingen; und (3) der seit dem Ende des 18. Jahrhunderts sich ausbreitende Gebrauch antikonzeptioneller Techniken in der bürgerlichen Familie – eine zwar nicht literaturfähige Erscheinung, die aber ihr literarisches Gegenstück im Malthus-Komplex findet.[28] All dies zusammengenommen bewirkt eine Umstrukturierung des Zeithorizontes der Gesellschaft im ganzen, da es sich nicht mehr um nur schichtspezifische Erscheinungen handelt, sondern um solche, die für den Menschen schlechthin zumindest proklamiert werden können.

V.

Die skizzierten Kombinationen von Symbol-Codes und symbiotischen Mechanismen sind »unnatürliche Errungenschaften«[29] nicht nur im Verhältnis zur alltäglichen Lebenswelt; sie zeichnen zugleich bestimmte Kommunikationsmedien vor anderen aus und geben ihnen bei zunehmender gesellschaftlicher Komplexität bessere Erfolgschancen. Die Funktion, Selektionsleistungen übertragbar zu machen, ließe sich an sich durch sehr verschiedene symbolische Strukturen ordnen. Nur wenige davon haben durchschlagenden, bis in die Neuzeit hineinreichenden gesellschaftlichen Erfolg. Das liegt an Unterschieden der Einstellfähigkeit auf hohe gesellschaftliche Komplexität. Ein Moment dieser evolutionären Selektion erfolgreicher Medien ist ihre Fähigkeit, die Beziehungen zum organischen Substrat auch unter der Bedingung hoher gesellschaftlicher Komplexität noch zu ordnen. Wir wollen dies am Gegenbeispiel eines zurückbleibenden Kommunikationsmediums zeigen: am Fall des religiösen Glaubens.[30]

In Abhebung von älteren Formen magisch-ritualistischer Behandlung religiös empfundener Problemlagen hatte sich in nur wenigen Fällen, vor allem im Christentum, eine höher generalisierte, primär auf Glauben ausgerichtete Religion entwickelt.[31] Das bot die Chance, sich in Kommunikationen über abstraktere und vielfältigere Themen auf gemeinsame Glaubensgrundlagen zu beziehen. Damit aber wurde das Problem der Sicherheit als Problem der Glaubensgewißheit akut, *und hierfür standen keine der Wahrnehmung, der physischen Gewalt usw. analogen symbiotischen Mechanismen zur Verfügung.* Der gemeinsame Kult war nach Entritualisierung der Religion keine ausreichende Grundlage mehr. Das Problem der Glaubensgewißheit wurde während des Mittelalters in die theologische Dogmatik verschoben, dort thematisiert als Frage nach den Gründen des Glaubens an den Glauben – und erwies sich so als ein unlösbares Paradox.[32] Ein Ausweg konnte nur im Rekurs auf theologisch inadäquate, sozusagen »subdogmatische« Ebenen gesucht werden – etwa auf katholischer Seite im Hinweis auf eine ununterbrochene Kette von Zeugen, die die Offenbarung bezeugen können, oder auf reformatorischer Seite im dafür substituierbaren Faktum der »Schrift«. Dafür stand jedoch lediglich der Rückgriff auf wiederum nur kommunikative Situationen zur Verfügung, deren »Materialisierung« in der Form der Kommunikation unter faktisch Anwesenden oder in der schriftlichen Dokumentation bestehen sollte. Damit allein konnten die Überzeugungsgrundlagen des Glaubens nicht ausreichend abgesichert werden. Das Problem, wie Unsicherheit und Sicherheit zugleich gesteigert werden könnten, das sich bei anderen Kommunikationsmedien als bis zu einem gewissen Grade lösbar erwiesen hat, blieb für die Theologie ein Paradox: Gerade aus der höchsten Ungewißheit des Heils und gerade aus der Äußerlichkeit der Offenbarungstradition sollte die Glaubensgewißheit folgen[33] – wenn man es glaubt! Eine Möglichkeit, die Selektion des Glaubens selbst zu übertragen, war damit nicht gefunden, weil der gesamte Glaubens-Code unter der Präsupposition des Glaubens stand und für die Durchbrechung dieser Selbstbezüglichkeit kein hinreichend funktionsspezifischer symbiotischer Mechanismus bereitgestellt werden konnte. Der Versuch, auch die Funktion der Religion zu spezifizieren und einem darauf spezialisierten Teilsystem Kirche zuzuordnen, stößt unter anderem auf das Problem, daß kein entsprechend spezialisierbarer symbiotischer Mechanismus zur Verfügung steht.

Dies Kontrastbeispiel erhärtet die Vermutung, daß, selbst wenn man die These von einer kulturell-symbolischen Steuerung der gesellschaftlichen Evolution akzeptiert[34], der Bezug zur Sphäre physisch-organischen Zusammenlebens damit nicht bedeutungslos wird, vielmehr gerade in spezifischen, neuen, unter Umständen entwicklungskritischen Funktionen erkennbar wird. Ein bloßes Gegenüberstellen, Gegeneinanderausspielen und »dialektisches« Vermitteln spekulativer Begriffe wie Materie und Geist dürfte kaum ausreichen, um solche Zusammenhänge zu erhellen. Fruchtbarer wird es sein, davon auszugehen, daß sinnhafte Erlebnisverarbeitung und Kommunikation ihr physisch-organisches Substrat als Wirklichkeit nicht ignorieren, sondern nur modalisieren können (indem sie es zum Beispiel als kontingent begreifen); und daß dem zufolge evolutionär variable Symbolstrukturen ausgebildet werden, die das Nichtignorierbare selektiv behandeln, um Interferenzen zu entschärfen, um den unspezifischen Charakter organischer Vorgaben und ihre Kompatibilität mit hochgeneralisierten Symbol-Codes zu gewährleisten, und um organische Gegebenheiten zugleich in der spezifischen Funktion von Sicherheitsgrundlagen zu verwenden. Als Sammelbezeichnung für Einrichtungen, die diese Anforderungen erfüllen, lohnt sich ein einheitlicher Begriff: symbiotische Mechanismen.

Anmerkungen

1 Eine interessante Frage wäre, wer in welchen Situationen solche Alternativen unter Ausschluß dritter Möglichkeiten oktroyieren kann. Dazu anregend Kelly (1958).

2 Vgl. Harris (1970), S. 242 ff., zur Logik von (solchen!) Dichotomien; ferner Luhmann (1974b).

3 Einige Bemerkungen zu diesem Konzept auch in Habermas und Luhmann (1971), S. 342 ff., und in Luhmann (1972c).

4 Terminologisch suchen wir keinen direkten Anschluß an den alteuropäischen Gebrauch von Symbiosis, Symbioticus etc., der in den Zusammenhang der Theorie politischer Gesellschaft gehörte und eigentlich nur eine aus Darstellungs- oder später aus Gelehrsamkeitsgründen bevorzugte Variante bot für Begriffe wie societas oder communitas und den politisch-rechtlichen (vertraglichen) Zusammenschluß zu den Vorteilen einer gemeinsamen Lebensführung bezeichnete. Vgl. Merzbacher (1972). Der neuere Sprachgebrauch ist ohne Rücksicht auf die Tradition aus Anlaß von Forschung über Tiergesellschaften aufgekommen und bezeichnet hier und sodann in der Übertragung auf

Menschengesellschaften das organische Zusammenleben innerhalb einer Species. Vgl. z. B. Park (1939). In ähnlichem Sinne brauchen Katz und Kahn (1966), S. 34 f., den Begriff »symbiotic patterns«. Die Verwendung des Begriffs bleibt jedoch vereinzelt und hat sich nicht zu einer geläufigen Terminologie entwickelt. Man findet zum Beispiel keinen Eintrag unter diesem Stichwort im derzeit führenden *Lexikon zur Soziologie* (1973).

5 Das Pendant auf der Ebene organischer Prozesse wäre mithin so etwas wie Erröten, Beschleunigung des Herzschlags, Aktivierung organischer Reserven, sexuelle Erregung usw. als Reaktion auf bestimmte soziale Situationen.

6 Einen ähnlichen Gedanken formuliert Talcott Parsons im Konzept der »hierarchy of control«.

7 Es sei erinnert an Paul Claudels *Soulier de satin*.

8 Das gleiche Programm läßt sich auch für andere Aspekte von Medien-Codes entwerfen – so für die eingangs erwähnte binäre Schematisierung oder für Reflexivität in den mediengesteuerten Prozessen.

9 In bezug auf Proteine, Enzyme und Autokatalysation vgl. z. B. Calvin (1961), S. 216.

10 Zur Illustration der typischen Problematik vgl. Laing, Phillipson und Lee (1966).

11 Anders *Park* (1939), der von einer scharfen Trennung von symbiotisch-kompetitiven Beziehungen und sozial-reflexiver Kommunikation ausgeht.

12 So wie Häuptlinge bei den auf jungsteinzeitlichem Niveau lebenden Kapauku Papuas nach der Beobachtung von Pospisil (1958), S. 255. Im Anschluß daran können wir unsere Aussage auch so formulieren, daß Tränenvergießen (ebenfalls ein symbiotischer Mechanismus, wenn vor versammeltem Volk) und Anwendung physischer Gewalt unter zunehmendem Spezifikationsdruck ihre funktionale Äquivalenz verlieren.

13 Vgl. hierzu Whitehead (1968), S. 111 ff.

14 Ich hoffe, mit diesen Formulierungen Bedenken ausräumen zu können, die Helmut G. Spinner mündlich und brieflich gegen diese These einer funktionellen Aufwertung des Wahrnehmungsprozesses in der neuzeitlichen Wissenschaft vorgebracht hat.

15 Vgl. als Einführung in eine umfangreiche soziologische Diskussion des Clichés »romantischer« Liebe Goode (1967), S. 76 ff. Eine mehr ins einzelne gehende Analyse des Codes der romantischen Liebe findet man bei Aubert (1965).

16 Vgl. dazu auch Luhmann (1969); ders. (1972b).

17 Ähnlich Bachrach und Baratz (1970), S. 27 ff.

18 Um Mißverständnissen vorzubeugen: Die Unabhängigkeit von Religion und Moral bezieht sich auf die Sicherstellung der Funktion. Damit ist nicht gesagt, daß die Machtpolitik sich einer religiösen oder moralischen Bewertung entziehen kann, und auch nicht, daß es politisch gleichgültig wäre, wie diese Bewertung ausfällt.

19 Vgl. zum folgenden Rammstedt (1974).

20 Vgl. den Beitrag von Röttgers (1974).

21 Etwas Ähnliches passiert übrigens im Medienbereich Wahrheit mit dem Versuch Kants, den binären Schematismus der Logik auf die Welt anzuwenden. Wie für Macht (Handeln) die politisch konstituierte Gesellschaft, so ist für Wahrheit (Erleben) die Welt der Horizont möglicher Operationen. Die Antinomien, in denen dieser Versuch endet, vgl. Kant (1787), S. 432 ff., erzwingen eine

(nur) operative Rekonstruktion der Logik, und die Wissenschaft hat die historischen Bedingungen ihres Erfolgs jetzt darin, daß die binäre Schematisierung der Wahrnehmung gelingt. Auch im Stil wird die Veränderung übrigens spürbar: Die Antinomien haben nicht mehr die Form eines feierlichen Paradoxes wie antike mundus-Bestimmungen, sowenig wie die Gründung der politischen Gesellschaft als Akt natürlicher Moral gefordert werden kann.

22 Mit »Zufälligkeiten« meine ich Konstellationen wie die, daß die fanatischen religiösen Auseinandersetzungen des späten Mittelalters Religion als Basis für Politik diskreditierten in einem Augenblick, als auch die ökonomische Entwicklung abstraktere politische Dispositionsbefugnisse erforderte.

23 Mit dieser These wird zugleich die Möglichkeit einer theoretischen Reduktion auf das organische (oder sonstwie »materielle«) Substrat ausgeschlossen.

24 Parsons spricht in Analogie zum Geldmechanismus von den »real assets« oder von den »security bases« symbolisch generalisierter Medien, die das Generalisierungsrisiko abdecken. Vgl. Parsons (1963); ders. (1964a). Deutsch (1969), S. 184 ff., hat diesen Gedanken aufgenommen unter dem Gesichtspunkt von »Mechanismen der Schadensbegrenzung« (»damage control mechanismus«). In seiner neuesten Stellungnahme zum Medienkomplex deutet Parsons (1970) die Möglichkeit an, »erotic pleasure« als Sicherheitsbasis des Mediums Affekt anzusehen (S. 47, Anm. 29); (1974, S. 214 ff.) – allerdings nicht auf der Ebene sozialer Systeme, deren Viererblock bei Parsons anders besetzt ist, sondern auf der Ebene des allgemeinen Aktionssystems.

25 Andere Möglichkeiten der Prüfung des Zusammenhangs von Zeithorizont und symbiotischen Mechanismen gibt es im Bereich gesellschaftlicher »Subkulturen«. Vgl. z. B. Bittner (1967).

26 Vgl. Lovejoy (1950), insb. S. 242 ff.

27 Vgl. Elias (1969).

28 Dazu und zur dadurch ermöglichten Zukunftsorientierung des Familienlebens vgl. Lepenies (1973).

29 »evolutionary universals« im Sinne von Parsons (1964b).

30 Dazu einführend: Luhmann (1972a), insb. S. 30 ff., 63 ff.

31 Zum Ausnahme-Charakter von Glaubensreligionen vgl. etwa Schneider (1970), S. 22 ff.

32 Vgl. die Darstellung von Heim (1911).

33 Siehe außer Heim (1911), S. 220 ff. (249) auch Althaus (1967), S. 183 ff.

34 Vgl. Parsons (1966); ders. (1971).

Literatur

Althaus, Paul, 1967: *Die Prinzipien der deutschen reformierten Dogmatik im Zeitalter der aristotelischen Scholastik.* Leipzig 1914. Neudruck Darmstadt.

Aubert, Vilhelm, 1965: *A Note on Love.* In: Ders.: *The Hidden Society.* Totowa/N. J.; S. 201-235.

Bachrach, Peter und Baratz, Morton S., 1970: *Power and Poverty: Theory and Practice.* New York–London–Toronto.

Bittner, Egon, 1967: *The Police on Skid-Row.* In: *ASR* 32; S. 699-715.

Calvin, Melvin, 1961: *Origin of Life on Earth and Elsewhere.* In: *The Logic of Personal Knowledge: Essays Presented to Michael Polanyi.* London; S. 207-230.

Deutsch, Karl W., 1969: *Politische Kybernetik. Modelle und Perspektiven.* Freiburg/Breisgau.

Elias, Norbert, 1969: *Über den Prozeß der Zivilisation.* 2 Bde. 2. Aufl. Bern–München.

Fuchs, Werner, Klima, Rolf, Lautmann, Rüdiger, Rammstedt, Otthein, und Wienold, Hanns (Hg.), 1973: *Lexikon zur Soziologie.* Opladen.

Goode, William J., 1967: *Soziologie der Familie.* München.

Habermas, Jürgen und Luhmann, Niklas, 1971: *Theorie der Gesellschaft oder Sozialtechnologie – Was leistet die Systemtheorie?* Frankfurt.
Harris, Nigel, 1970: *Die Ideologien in der Gesellschaft. Eine Untersuchung über Entstehung, Wesen und Wirkung.* München.
Heim, Karl, 1911: *Das Gewißheitsproblem in der systematischen Theologie bis zu Schleiermacher.* Leipzig.

Kant, Immanuel, 1787: *Zur Kritik der reinen Vernunft.* Akademie-Ausgabe, III.
Katz, Daniel und Kahn, Robert L., 1966: *The Social Psychology of Organizations.* New York–London–Sydney.
Kelly, George A., 1958: *Man's Construction of His Alternatives.* In: G. Lindzey (Hg.): *Assessment of Human Motives.* New York; S. 33-64.

Laing, Ronald D., Phillipson, Herbert und Lee, A. Russell, 1966: *Interpersonal Perception: A Theory and a Method of Research.* London. Deutsch: *Interpersonelle Wahrnehmung.* Frankfurt 1971.
Lepenies, Wolf, 1973: *Verzeitlichung und Enthistorisierung. Über einen möglichen Beitrag der Geschichte der Anthropologie und der historischen Anthropologie zur Bestimmung der Neuzeit als Epochenschwelle.* Vervielf. Manuskript.
Lovejoy, Arthur O., 1950: *The Great Chain of Being: A Study of the History of an Idea.* Cambridge/Mass. 1936. Neudruck Cambridge/Mass.
Luhmann, Niklas, 1969: *Klassische Theorie der Macht. Kritik ihrer Prämissen.* In: *ZfP* 16; S. 149-170.
–, 1972a: *Religiöse Dogmatik und gesellschaftliche Evolution.* In: K.-W. Dahm, N. Luhmann, D. Stoodt: *Religion – System und Sozialisation.* Darmstadt–Neuwied; S. 15-132.
–, 1972b: *Systemtheoretische Ansätze zur Analyse von Macht.* In: R. Kurzrock (Hg.): *Systemtheorie, Forschung und Information.* Schriftenreihe der RIAS-Funkuniversität, Bd. 12.; S. 103-111.
–, 1972c: *Knappheit, Geld und die bürgerliche Gesellschaft.* In: *Jb. f. Sozialwissenschaft* 23; S. 186.

Merzbacher, Friedrich, 1972: *Der homo politicus symbioticus und das ius symbioticum bei Johannes Althusius. Festschrift für Günter Küchenhoff.* Berlin; S. 107-114.

Park, Robert E., 1939: *Symbiosis and Socialization: A Frame of Reference for the Study of Society.* In: *AJS* 45; S. 1-25.
Parsons, Talcott, 1963: *On the Concept of Political Power. Proceedings of the American Philosophical Society* 107; S. 232-262. Neu gedruckt in: Parsons (1967).
–, 1964a: *Some Reflections on the Place of Force in Social Process.* In: H. Eckstein (Hg.): *Internal War: Problems and Approaches.* New York–London; S. 33-70. Neu gedruckt in: Parsons (1967).
–, 1964b: *Evolutionary Universals in Society.* In: *ASR* 29; S. 339-357. Neu gedruckt in: Parsons (1967).
–, 1966: *Societies: Evolutionary and Comparative Perspectives.* Englewood Cliffs/N. J.
–, 1967: *Sociological Theory and Modern Society.* New York–London.
–, 1970: *Some Problems of General Theory in Sociology.* In: J. C. McKinney und E. A. Tiryakian (Hg.): *Theoretical Sociology: Perspectives and Developments.* New York; S. 27-68.
–, 1971: *The System of Modern Societies.* Englewood Cliffs/N. J.
Pospisil, Leopold, 1958: *Kapauku Papuans and Their Law.* New Haven.

Rammstedt, Otthein, 1974: *Gewalt und Hierarchie.* Im vorliegenden Band. S. 132 ff.
Röttgers, Kurt, 1974: *Andeutungen zu einer Geschichte des Redens über die Gewalt.* Im vorliegenden Band S. 157 ff.

Schneider, Louis, 1970: *Sociological Approaches to Religion.* New York–London–Sydney–Toronto.

Whitehead, Alfred North, 1968: *Modes of Thought.* New York (Neudruck von 1938).

Otthein Rammstedt

Gewalt und Hierarchie*

Daß das Phänomen Gewalt in der heutigen gesellschaftswissenschaftlichen Diskussion auf ein rezentes Interesse stößt, mag durch das Tagesgeschehen verständlich werden, kaum jedoch durch den wissenschaftlichen Gehalt der einschlägigen Beiträge. Schon George Sorel schränkte in seinen *Reflexions sur la violence* (1908), wie übrigens auch Friedrich Wieser in *Das Gesetz der Macht* (1926) und Walter Benjamin in *Zur Kritik der Gewalt* (1920), Gewalt begrifflich so ein, daß reale Gewalttätigkeit nicht mehr faßbar wird; Sorel, Wieser und Benjamin erörtern nämlich einzig die Zwecke, für die die von ihnen immer nur als Mittel verstandene Gewalt eingesetzt werden kann. Über diesen Ansatz sind auch die jüngeren Arbeiten nicht hinausgekommen[1]: entweder wird in ihnen unter Betonung des Zwecks Gewalt und/oder Gewaltlosigkeit oder unter Betonung des Mittels das Verhältnis von Gewalt zu Macht und Herrschaft problematisiert.[2]

Das Einfügen des Gewaltverständnisses in das Mittel/Zweck-Schema spiegelt ein Unbehagen wider, das bei einer Transformation dieses Verständnisses in das Ursache/Wirkung-Schema zutage träte. Gewalt allein als Mittel zu fassen, scheint möglich, da nur vom Zweck aus die Mittel problematisiert werden können: ob als Mittel für den Zweck brauchbar oder nicht brauchbar oder im Vergleich zu anderen Mitteln für den spezifischen Zweck besser brauchbar oder schlechter brauchbar. Gewalt lediglich als Ursache zu fassen, scheint hingegen unmöglich, da zum einen jede Ursache mehrere Wirkungen hat, und zum anderen jede Ursache Ursachen haben muß. Während die Wirkung einer Gewalt als Ursache immanent zu analysieren ist, ist der Zweck einer Gewalt als Mittel letztlich stets einem Telos verpflichtet. Insofern kann Zweck nur als eine spezielle Form von Wirkung verstanden werden; das teleologische Moment im Zweck des Nur-Mittels

* Der Aufsatz geht in weiten Teilen auf den Text eines Habilitationsvortrages an der Fakultät für Soziologie, Universität Bielefeld, im April 1971, zurück.

Gewalt verhindert dessen Problematisierung, da mit dem Telos, der selbst als dem Sozialen vorgegeben gilt, die Wirkung einer Handlung nur danach beurteilt wird, ob sie dem Telos gemäß ist oder nicht. Im voraus können also mit dieser dualen Betrachtungsweise Wirkungen als zu negierende beurteilt werden, denn eine mit diesen Wirkungen veränderte Realität ist nicht eine beeinflussende Variable für den Telos. Wird jedoch das Ziel als nicht zeitlos gültig angesehen, sondern als sozial bedingt aufgefaßt, so ist der jeweilige Zweck, wenn man das Zweck/Mittel-Schema nicht aufgeben will, durch Zwang herzustellen, und zwar dergestalt, daß er enttäuschungsunanfällig, zeitlich generalisiert wird.[3] Die Wirkung des Mittels als Ursache bleibt damit scheinbar unabhängig von der bewirkten Realitätsänderung. Letzten Endes wird die Zukunft reduziert auf einen unilinearen Progreß; jedes Akzeptieren von Offenheit der Zukunft würde den erstellten Zweck hinfällig werden lassen, auch wenn das Erstellen des Zwecks bedingt ist durch das Bewußtsein von der offenen Zukunft. Die Zwecksetzung, selbst wenn sie sich intersubjektiv »zwanglos« ergibt, beinhaltet immer, daß abweichende Zielsetzungen, auch wenn sie erst zeitlich später auftreten, nicht akzeptiert werden, daß andere mögliche Möglichkeiten auch mit Zwang zur Unmöglichkeit gemacht werden.[4]

Dieser Aspekt führt dazu, daß durch die »Verweltlichung« des Telos im Konsens als Grundlage der Zwecksetzung der Zwang enthalten ist. Da dieser Konsens nicht problematisierbar sein soll, um den Zweck enttäuschungsunanfällig zu halten, untersagt er letztlich normativ jede Art von Zwang, auch die Gewalt, soweit sie den Zweck gefährden könnte.

Das normative Untersagen des Zwangs bzw. der Gewalt wird verstärkt durch die Tendenz des Zweck/Mittel-Schemas, das Negieren eines Eingetretenen, da im Zweck dessen Negation nicht mit gesetzt wird, als konsensfähiges Ziel zu nehmen: So erringt das Bürgertum mit dem ausgehenden 18. Jahrhundert die politische Macht und übt sie mit dem Ziel aus, jegliche Herrschaft von Menschen über Menschen überflüssig zu machen[5]; so kann gegen gezeigte Gewalt bei wachsendem Konsens gewaltsam vorgegangen werden: gerechtfertigt, und zwar nicht nur legal, scheint hiermit das Vorgehen des Staates gegen Gewalt durch den Einzelnen wie auch das Reagieren des Einzelnen auf strukturelle Gewalt.

Jedoch greift das Zweck/Mittel-Schema auch hier zu kurz, da es Gewalt, als Nur-Mittel verstanden, in die Kategorie des Habens überführt, sie in die freie Disponibilität des Einzelnen stellt und scheinbar zum total sozial faßbaren Phänomen werden läßt. D. h. Gewalt in den zwischenmenschlichen Beziehungen wird verharmlost, denn hier muß davon ausgegangen werden, daß zur Erfüllung eines bestimmten Zwecks andere Mittel als Gewalt einsetzbar sind; es wird so getan, als ob Gewalt vom Sozialen, von der Zweckbestimmung her gänzlich aufhebbar sei. Zwar hat der Gebrauch des Zweck-Mittel-Aspekts zunächst scheinbar den Vorteil, Gewalt in die Kategorie des Handelns zu überführen; jedoch ist die gesellschaftliche Bedeutung des Phänomens Gewalt nur unter Absehung vom Zweck/Mittel-Ansatz faßbar; diese Bedeutung liegt nämlich darin, daß Gewalt gerade keine soziale Handlung ist, obwohl sie sich im zwischenmenschlichen Bereich »abspielt«. Gewalt im Unterschied zu Zwang meint einen einmaligen physischen Akt: daß ein Mensch einem anderen Menschen Gewalt qua Stärke antut. Ein erstes Moment, um Gewaltanwendung als soziale Handlung zu verstehen, ist die Unterstellung, daß der, dem mittels physischer Stärke Gewalt angetan wird, sich gegen diese wehren müsse oder wehren wollen müsse; d. h. der Gewaltanwendende kann sich daran orientieren, daß der Betroffene die Handlung zu vermeiden suchen wird. Dieser Aspekt allein kann jedoch nicht ein Handeln Gewalt als zeitlich generalisiert vermitteln; er setzt keine gemeinsamen Symbole voraus; weder ist die Selbstgewißheit von Stärke auf der einen Seite und der Wille zu verhindern, Gewalt erleiden zu müssen, auf der anderen Seite ein gemeinsames Symbol, noch muß auf eine andere Form von Kommunikation zurückgegriffen werden, um gewalttätig werden zu wollen, noch beeinflußt die Kenntnis, der Angegriffene werde die Gewaltanwendung zu verhindern suchen, das Handeln des Angreifers oder die, der Angreifer werde gewalttätig, das Handeln des Angegriffenen. Erst der reflexive Mechanismus der Erwartungserwartung bezieht das, was wir Kenntnis nannten, beidseitig ein, d. h. ego hat nicht nur eine Erwartung, wie alter handeln wird, sondern zugleich die Erwartung, was alter von ego erwartet, wenn alter handelt. Neben der Erweiterung des Handlungsspielraums sowohl für alter wie für ego bedingt die Erwartungserwartung, daß die je andere Erwartung in der eigenen mit enthalten sein muß. Damit werden sie zu Gemeinsamkeiten. Die darauf aufbauenden Interaktionen lassen sich zeitlich generalisieren; nur dann sind sie als soziales Handeln analysierbar.

Wenn der Begriff Gewalt erst in der Neuzeit aus der Umgangssprache in die »praktische Philosophie« übernommen wurde, so spricht dies dafür, daß sich im Umkreis von Macht und Herrschaft Probleme ergeben hatten, die mit den verfügbaren Begriffen nicht sachadäquat in Sprache umgesetzt werden konnten.[6] Zwar wurde der Begriff Gewalt, indem er den Dichotomien des Bezugsrahmens der klassischen politischen Philosophie (Zweck/Mittel, Ganzes/Teil, Herrschende/Beherrschte[7]) unterworfen wurde, seiner nichtnormativen Aspekte scheinbar beraubt und somit immer nur im Hinblick auf das politisch-soziale Ganze problematisiert; aber die Unvereinbarkeit des Verständnisses von Gewalt mit der Verwendung des Begriffs im Rahmen der herrschenden Axiomatik zeigte sich bereits im Stellenwert des Gewaltbegriffs für die Interpretation der Realität und im Nur-Mittel-Charakter, der ihm allein zugebilligt wurde.

Zwei Aspekte fallen bei einem historischen Rückblick besonders ins Auge, der nicht dem üblichen Nachweis dienen soll, daß die Übernahme klassischer politisch-ethischer Begriffe durch die moderne Soziologie zu Schwierigkeiten führt; vielmehr soll die Verflechtung des Gewaltverständnisses im Zweck/Mittel-Schema, die durch die Societas-civilis-Vorstellung bestimmt ist, welche sich kaum zur Analyse moderner Sozialstrukturen eignet, in wenigen Mustern nachgezeichnet werden. Die zwei Aspekte sind das Verhältnis von Gewalt und physischer Existenz des Einzelnen sowie das von Gewalt und zeitlicher Generalisierung.

War Herrschaft bis ins 16. Jahrhundert trennbar von politischer Macht, indem Herrschaft als ein »Natürliches« jeder Civitas angesehen und nur im Zusammenhang mit der Nachfolge des Herrschers – nun als Legitimität – zu problematisieren war, so wurde mit dem Niedergang des Lehnssystems und der Aufgabe der civitas ohne Territorium[8] Herrschaft bezogen auf die institutionalisierte Macht in einem bestimmten Bereich.[9] Als Folgen dieser Entwicklung seien hier erwähnt: die räumliche und organisatorische Trennung zwischen »Fürstenstaat« und ständischer Landschaft (Monopolisierung der Gewaltsamkeit beim Herrscher), die Durchdringung des »Substaatlichen«, d. h. dessen, was am Oikos hing, vornehmlich der Wirtschaft, mit Interessen des Herrschers sowie die Rückwirkung des Ökonomischen auf den politischen Sektor.

Mit der funktionalen Ausdifferenzierung des ökonomischen Bereichs bot sich dem Bürgertum die Chance, sich durch Betätigung in ihm zu emanzipieren – in nun erlaubter Verbindung von Arete und Pleonexie. Das Verhältnis Herrschende/Beherrschte wurde dabei auf den politisch-staatlichen Bereich begrenzt sowie durch Gesetzesbindung und öffentliche Kontrolle in steigende Abhängigkeit vom Bürgertum gebracht, ohne daß es an der politischen Herrschaft partizipierte. Bedurfte also die Herrschaft als institutionalisierte Macht der Legitimität, so stand ihr die Gewalt gegenüber als individualisierte, zur Natur gewordenen Macht. Ganz im Bannkreis der klassischen Societas-civilis-Vorstellung wurde (im Rahmen des Ganze/Teil-Axioms) Gewalt als Mittel zur Aufrechterhaltung der Gerechtigkeit angesehen (summum bonum), die das Vertragsverhältnis zwischen Herrschenden und Beherrschten festlegt. Die Gewalt war abhängig von der physischen Existenz des Einzelnen, war sein unveräußerbares Eigentum.

Der zweite Aspekt, der zur Begriffsentfaltung der Gewalt beitrug, spiegelt sich im Aufgeben der Privation, der Beraubung an Form, als inhaltliche Umschreibung der Negation, zugunsten der Annihilitation, der Vernichtung, wider. Der Gedanke der Bedrohung des sozialen Systems mit der Erwartung von dessen Vernichtung ist präzis erst von Hobbes in die politische Philosophie eingebracht worden. Das hängt in der Nachfolge Telesios und Campanellas mit dem Übergang der Zweckbestimmung der societas civilis von der Ermöglichung des »guten Lebens« zur Ermöglichung des »Lebens überhaupt« zusammen, vom ideengeschichtlichen Übergang vom »eu zen« zum »zen«. Zweck des sozialen Systems ist es dann, die Existenz zu erhalten, und unter dem klassischen Axiom Ganzes/Teil ist dies auch der Zweck der Teile des Systems, d. h. der Individuen. Um den Bestand der societas civilis zu gewährleisten und, damit verbunden, den Teilen der societas eine Überlebensmöglichkeit zu bieten, muß das System bei Infragestellung von außen und innen auf Gewalt zurückgreifen können.[10] »Pax et tranquillitas« werden im Gegensatz zum ausgehenden Mittelalter einem anderen Zweck zugeordnet. Der Übergang zu diesem, zum »zen«, beinhaltet, daß das System nun ständig in seinem Bestand bedroht ist; Gewaltmittel sollten daher nicht nur in Ausnahmesituationen mobilisierbar sein, sondern ständig bereit stehen. Daher ist eine Teilung der Gewalt nicht mehr zu akzeptieren. Hobbes geht jedoch über diesen Gedanken noch hinaus, wenn er schreibt: »die Staatsgewalt teilen, das heißt doch nichts anderes als sie auflösen; denn geteilte Gewalten zerstören sich gegenseitig« (1965 II, c. XXIX). Die Konzentration der Gewalt muß jedoch nicht nur unter dem Zweckgesichtspunkt gesehen werden, daß nämlich Gewaltanwendung zwischen den Bürgern verhindert werden soll – dies vor dem Hintergrund des Bürgerkriegs 1641-1649 – und daß der Staat die Möglichkeit hat, gegen andere Staaten vorzugehen – dies vor dem Hintergrund des Dreißigjährigen Krieges auf dem Kontinent –, sondern sie wird auch auf der ethischen Ebene gefordert: Hobbes erblickt in der bürgerlichen Gesellschaft kein natürliches System mehr, sondern ein künstliches Gebilde, das auf doppelten Verträgen beruht. Da Gewalt sowohl die bürgerliche Gesellschaft schützen wie auch stürzen kann, da die Gewalt unabhängig vom Zustand des Systems als Mittel einsetzbar und von ihm in ihrer Form auch unabhängig sei, Gewalt jedoch, sofern sie auf die physische Existenz des Menschen zurückgeht, nicht annihiliert werden könne, muß im Hobbeschen Vertrag dem Einzelnen die Gewalt insoweit genommen werden, als er keine Gewalt anwenden darf.

Wenn über Gewalt ein Vertrag geschlossen werden kann, so wird Gewalt als Besitz gefaßt, als etwas Veräußerbares. Dies ist jedoch nicht Gewalt, sondern das Recht auf Anwendung der Gewalt zur Verteidigung des eigenen Lebens und des Eigentums. Ganz in diesem Sinne wird dann im Anschluß an Hobbes[11] Gewalt als Eigentum umschrieben, d. h. das Phänomen Gewalt als Eigentum des Einzelnen mit dem Zweckverständnis von Gewalt, das Privateigentum zu schützen, gekoppelt. Von diesem Zweck der Teile vollzieht sich der Übergang zur Zwecksetzung des Ganzen: indem es diese Funktion übernimmt, nämlich das Eigentum des Einzelnen gegen andere Einzelne zu schützen, befreit es den Einzelnen davon, Gewalt ausüben zu müssen. Jedoch ist dabei zu beachten, daß der Zweck der physischen Gewalt betont wird und nicht das Ausmaß des Vermögens des Einzelnen, Gewalt einzusetzen. Unterscheidet Hobbes nicht zwischen Herrschenden und Beherrschten als natürlicher Gegebenheit, wie Aristoteles dieses Verhältnis umschrieb (1964, 1255b) – für Hobbes ist es bedingt durch das individuelle Streben nach Macht, verbunden mit einer »natürlichen« Unsoziabilität (1965 II, c. XXVI) –, so muß er, da er in seiner Theorie auf diesem Gegensatz beharrt, die Einheit der Beherrschten herstellen: Zu dieser kommt er nicht über das je individuelle Gewaltpotential, sondern nur über das Recht auf den Gebrauch von Gewalt.

Nur von hier aus sind die Thesen verständlich, die in jüngeren Schriften vertreten werden, so wenn W. Benjamin (1966) behauptet, daß in der kapitalistischen Gesellschaft die Gewalt dem Einzelnen immer mehr entzogen werde, oder wenn F. Wieser meint (1926), daß in der menschlichen Entwicklung eine Tendenz zur Abnahme von Gewaltanwendungen zu erkennen sei. Die Gewalt oder, genauer gesagt, die Möglichkeit, physische Gewalt anzuwenden, kann dem Einzelnen nicht genommen werden; abgesprochen wird dem Einzelnen vielmehr im wachsenden Maße das Recht, Gewalt anzuwenden.

Noch ein zweites Moment steckt in der Vorstellung, über Gewalt einen Vertrag schließen zu können: die Gewalt unterliegt damit einem Vertragsmodell. Dabei wird davon ausgegangen, daß eine Garantie zur Einhaltung des Vertrages vorliegt; dies scheint prekär, denn wenn von der Gewalt ausgegangen wird, kann nur erwartbare Gewalt die Garantie dafür sein, daß der Vertrag eingehalten wird; also müßte es entweder eine »dritte« Gewalt geben, oder die Gleichheit der Vertragspartner ist durchbrochen, da die eine Seite keine Gewalt mehr hat, um einen Vertragsbruch mit Sanktionen zu belegen. Im übrigen ist nach dem Vertragsmodell jeder der

Vertragspartner Beeinflussender und Beeinflußter zugleich, d. h. das Abhängigkeitsverhältnis zwischen den Vertragspartnern soll umkehrbar sein. Hier ist jedoch zwischen Herrschaft und Gewalt scharf zu trennen, da Herrschaft, wie sie sich zum Beispiel in der formalen Organisation darbietet, nicht als Interpretation der Einflußerwartungen genommen werden kann, die durch Gewalt als Vertragsinhalt formalisierbar werden; ist dort das Verhältnis Herrschende/Beherrschte irreversibel, so ist, im Gegensatz dazu, das Verhältnis zwischen den Vertragspartnern austauschbar.

Der Hobbessche Vertrag ist den beiden Aspekten des Vertrag-Modells kaum einzufügen (vgl. 1965 I, c. XIV). Hingewiesen sei nur darauf, daß bei Hobbes die Vertragspartner seit der »unio civilis«, der ursprünglichen Vereinigung der Menschen als Bürger, moralisch verpflichtet sind, den Vertrag zu halten; dies bezieht sich auf die Veräußerung des Rechts, Gewalt anzuwenden, auf seiten der Beherrschten und auf die Pflicht, Ruhe und Ordnung zu gewährleisten, auf seiten der Herrschenden. Nur hieraus ergibt sich für Hobbes ein stabiles Sozialsystem.

Mit der Reduktion des sozialen Systems auf Gewalt verläßt Hobbes in einem entscheidenden Punkt die Societas-civilis-Vorstellung, die bei ihm allerdings noch deutlich hinter dem Unio-civilis-Modell steht[12]; nicht der Bürger ist Teil der bürgerlichen Gesellschaft, sondern das Individuum. Erkennbar wird dies im Vergleich mit Aristoteles, der als Bestandteil der »koinonia politike« nur den Freien ansah (1964, 1255b); das Verhältnis Herrschende/Beherrschte in dieser »koinonia« unterscheidet sich grundsätzlich vom Verhältnis Herr/Knecht; der Freie hat Rechte, der Knecht ist unfrei; die »koinonia politike« ruht auf dem Recht – daher drehen sich die Vertragsmodelle in der Aristoteles-Nachfolge um »nomos« und »lex«[13] –, das Verhältnis Herr/Knecht dagegen ist ein reines Gewaltverhältnis. Jean-Jacques Rousseau wirft daher Hobbes vor, der Bürger im *Leviathan* gleiche dem Knecht in Aristoteles' *Politik* (1948, I, 2); Rousseau übersieht jedoch, daß bei Aristoteles Gewalt jede Form des von außen kommenden Zwanges heißt, bei Hobbes hingegen nur der physische Aspekt der Gewalt gemeint ist, die Gewalt, die der Mensch über den Menschen haben kann. Meint Aristoteles die

Einschränkung von Möglichkeiten für das Handeln, so Hobbes die Vernichtung von Möglichkeiten.

Wenn bis heute dem Hobbesschen Gesellschaftsmodell entgegengehalten wird, ein soziales Gebilde, das ausschließlich auf Gewalterwartungen beruhe, sei instabil oder, anders ausgedrückt, aus Gewaltverhältnissen könne sich keine diffizile Sozialstruktur entwickeln[14], so tangiert diese Kritik ein Problem, das Hobbes selbst gesehen hat; im übrigen wäre zu fragen, ob die Aussage der Kritik in sich schlüssig ist. Ohne auf das Problem einzugehen, ob ein Konsens-Modell der Gesellschaft nicht vorschnell die Gewaltproblematik ausblendet[15], müßte erst einmal nachgewiesen werden, daß sich aus Gewaltverhältnissen *kein* soziales System entwickeln kann.

Mit Hobbes läßt sich theoretisch davon ausgehen, daß der Einzelne vermeidet, Gewalt erleiden zu müssen, und zugleich, wenn er erwartet, stärker als ein anderer zu sein, diesem gegenüber um irgendeines Vorteils willen gewalttätig wird. Für die weiteren Überlegungen ist es unerheblich, ob die Gewalttätigkeit zur Natur des Menschen gehört.

Wenn A stärker ist als B, so kann er B Gewalt antun und ihn berauben. Das ist ein einmaliger Akt; dabei ist die Gewaltanwendung Mittel, die Beraubung der Zweck. Soziologisch bedeutsam wird Gewalt, wenn A die Beraubung zeitlich generalisieren will, wenn A von B auf Dauer etwas haben will, was B erstellt. Dann ist B insoweit von A abhängig, als er jederzeit gewärtig sein muß, daß A gewalttätig wird, und A umgekehrt insoweit von B abhängig, als er das, was er von B raubt, braucht und in Rechnung stellt, dies dauernd von B zu bekommen. A kann also nur so viel Gewalt einsetzen, daß das Vermögen von B nicht eingeschränkt wird, das zu erstellen, was A haben will. Wenn A erwarten kann, daß B erwartet, A werde ihm gegenüber jederzeit gewalttätig, wenn A erwarten sollte, das Objekt, das er von B haben will, nicht zu bekommen, so kann sich A damit begnügen, Gewalt nur noch demonstrativ einzusetzen, um diese Erwartungsstruktur aufrechtzuerhalten. Gewalt wird somit, indem sie nur erwartet bzw. angedroht wird, zu einer Form des Zwangs und, indem sie demonstrativ eingesetzt wird, zu einer Form des Terrors. Verfolgen wir diesen Aspekt in der Triade und gehen davon aus, daß die drei jeweils möglichen Koalitionen stärker sind als der jeweils übrig bleibende Einzelne, so muß auf vier Koalitionstypen in der Triade verzichtet werden[16], da A in ihnen entweder gleich stark oder stärker als (B + C) ist; dies sind:

$A > (B + C); B = C$

$A > B > C; A > (B + C)$

$A > B > C; A = (B + C)$

$A = (B + C); B = C.$

Es bleiben die Typen:

$A > B > C; A < (B + C)$

$A > B; A = C$

$A > B; B = C; A < (B + C)$

$A = B = C.$

Hier ergibt sich nicht spontan, von »Natur« aus, eine Strukturlösung, da jeder mit jedem koalieren kann, wenn die Anwendung von Gewalt erwartet wird; d. h.: um Gewalt in der Triade zu unterbinden, darf es kein zeitlich generalisiertes »two against one« geben, sondern nur eine permanente Koalitionsbereitschaft unter den drei Einheiten, so daß immer der, dem Gewalt angetan wird, sich mit dem zusammentut, der im Konflikt (vorläufig) neutral ist.[17]

Die zweite Prämisse jedoch – daß die Gewalt um eines Vorteils willen eingesetzt wird – führt zu widerläufigen Strukturen. Unter diesem Aspekt muß A den B am Vorteil teilhaben lassen, den er erringt, wenn er Gewalt gegen C anwendet, um einer Koalition von C mit B vorzubeugen. In diesem Modell wird der Einzelne zu jeder Art der Koalition mit einem der übrigen bereit sein, da er durch sie seine Situation nur verbessern kann. In der Koalition schwelt jedoch der Konflikt um die Aufteilung des Vorteils, denn jeder von beiden kann erwarten, daß das Eingehen einer Koalition mit dem Einzelnen einen Aufteilungsgewinn für ihn ergäbe. Vornehmlich derjenige in der Koalition, der schwächer als sein Partner ist oder durch die Koalition einen geringeren Vorteil erzielt, entscheidet über die Stabilität der spezifischen Struktur »Zwei gegen einen«: Einerseits ist der Schwächere der Koalition darauf bedacht, die Triade zu erhalten, da bei einer Reduzierung auf eine Duade er alleiniges »Opfer« des Stärkeren würde; andererseits wird er seinen Vorteil vergrößern können, wenn er eine Koalition mit dem Einzelnen eingeht, da dieser zu jeder Kondition dazu bereit ist. Der Stärkere ist an einer Triade nicht interessiert, weil er seinen Partner am Gewinn teilhaben lassen muß – wenn der Einzelne schwächer ist als der Starke in der Koalition. Sodann ist er gehindert, einen Konflikt über die Verteilung mit seinem Partner bis zur Gewalttätigkeit sich entwickeln zu lassen, weil dann eine Koalition der beiden übrigen sich ergibt.[18]

Gewaltvermeidung als Zweck und Gewalt als Mittel zur Erreichung eines Vorteils führen zu widersprüchlichen Koalitionsbildungen und zu einem Prozeß der Koalitionsrotation. Eine Struktur, die beide Zielvorstellungen koordiniert und zugleich zeitliche Generalisierung garantiert, ist die »evolutionäre Errungenschaft« der Hierarchie. Während bei »zwei gegen einen« letztlich der schwache Teil der Koalition für eine Kombinationsänderung entscheidend ist, hängt die Stabilität der hierarchischen Struktur von dem ab – oder, da es in dieser Struktur zu keinem Konflikt kommen darf, an dem alle beteiligt sind, entscheidet der –, von dem erwartet wird und der von sich selbst erwartet, die meiste Gewalt zu haben. Der erste Zweck – zu vermeiden, Gewalt erleiden zu müssen – wird in der Hierarchie also zum Zweck der Teile und des Ganzen; dies beinhaltet, daß in der hierarchisch strukturierten Triade der Einzelne gegen gezeigte Gewalt als Einzelner und als Teil des Ganzen[19] vorzugehen hat. Auch den zweiten Zweck, den Aufbau von Erwartungserwartungen aufgrund von Gewalt um eines Vorteils willen, findet der Einzelne der hierarchischen Struktur mühelos eingefügt: Bei $A > B > C$ bekommt zwar A weniger von einem bestimmten Gut, als wenn er mit B oder C allein wäre, jedoch bekommt er zumindest soviel wie in der Triade, hat nicht mehr den permanenten Konflikt um die Aufteilung und braucht nicht mehr zu erwarten, selbst einmal der Ausgebeutete zu sein. B bekommt zwar weniger, als wenn er in der Triade eine Koalition mit C gegen A einginge, jedoch sichert ihm die Hierarchie eine dauernde Beteiligung an der Ausbeutung von C. Für C bietet die hierarchische Struktur die Chance, nicht gänzlich ausgebeutet zu werden.[20]

Die hierarchische Struktur der Triade garantiert jedoch nicht nur eine gewisse Stabilität – dies ist vornehmlich vorteilhaft für die Stärkeren, da sie ihren Rang strukturell abgesichert sehen und ihn auch noch dann innehaben, wenn sie der Stärkeskala nach ihn verlieren müßten; so werden sie zum primären Befürworter dieser Struktur –, sie ermöglicht zugleich, jenseits des spezifischen Vorteils, eine Aufgabendifferenzierung, die verbunden ist mit einer Ausbeutungsdifferenzierung.[21]

Von den beiden Momenten (1) *Rangdifferenzierung*, die nicht willkürlich ist, sondern auf unterstellter Gewalt basiert, und (2) der *Aufgabendifferenzierung* lassen sich die übrigen Kriterien für das, was wir unter Hierarchie verstehen, ableiten[22]: Durch die Aufteilung der Aufgaben ist es nicht nötig, daß A mit C in Kommunikation steht; A kann vielmehr davon ausgehen, daß C bei Resistenz erwartet, Gewaltanwendung durch B oder A hervorzurufen. In der Hierarchie ist (3) eine *asymmetrische Kommunikationsstruktur* feststellbar, d. h. die Kommunikation fließt in der Hierarchie von unten nach oben, von C über B zu A, mit abstrakter werdendem Informationsgehalt – B wird nur das von C an A als Information weitergegeben, was sich auf ihr Verhältnis zueinander bezieht –, und sie fließt von oben nach unten, von A über B zu C, in Form von Anweisungen mit zunehmender Sachbezogenheit. Dieser Prozeß hängt im allgemeinen von einer doppelten Selektion ab: Der »Sender« beschränkt die Information auf das, wovon er annimmt, daß es den »Empfänger« interessiert, und der »Empfänger« nimmt nur das auf, was ihn interessiert. Aus der Aufgabendifferenzierung ergibt sich (4) eine *Institutionalisierung von Positionen;* diese sind für die Aktionsfähigkeit des Gefüges bedeutsam. Die einzelnen Glieder werden damit personell austauschbar; es tritt ein Vakanzgefühl auf, wenn eine Position nicht besetzt ist. Hieraus ist (5) die *straffe Organisationsform* der Hierachie ableitbar; Sezession (auch als Äquivalent für Revolution) und grundsätzliche Infragestellung der Hierarchie werden mit Gewalt verhindert. Gewalt wird in der Hierarchie also nur noch dann eingesetzt, wenn ihre Struktur gefährdet ist, die auf Nichtanwendung von Gewalt fußt. Jedes Glied, das ausbricht, das gewalttätig wird, sieht sich einer Koalition der übrigen Glieder der Hierarchie gegenüber, die im Namen der Hierarchie, des Ganzen, des Systems gegen es vorgeht. Damit deutet sich das letzte der aufzuzählenden Kriterien an: (6) die *Eigenideologie;* sie bindet den Einzelnen an die Hierarchie, wird internalisiert als Wissen der Abhängigkeit und vermittelt eine der Hierarchie entsprechende Sicht der Umwelt. Die Eigenideologie macht es möglich, divergierende Aufgaben zu lösen und damit die Struktur unabhängig von den Zwecken Gewaltvermeidung und Ausbeutung zu halten. So kann nicht nur der Gewaltaspekt der Hierarchie kaschiert werden – er zeigt sich bloß noch in der Reaktion auf in der Hierarchie gezeigte Gewalt –, sondern es kann sich auch die Rangdifferenzierung unabhängig von den Gewaltverhältnissen machen und die Kriterien betonen, die A auch weiterhin garantiert, die Spitze einzunehmen; dies ist um so leichter möglich, als die Rangdifferenzierung auf Stärke im Hinblick auf Gewalt beruht, die nicht zur Korrektur von Rangplätzen eingesetzt werden kann, indem dann nämlich nicht der Einzelne als Kontrahent auftritt, sondern das Ganze.

Zumindest im Modell scheint es möglich, wie hier nur skizziert werden konnte, daß sich von den Voraussetzungen Hobbes' aus eine Hierarchie entwickeln läßt oder, um den Zentralbegriff der Diskussion um Hobbes aufzunehmen, eine »soziale Ordnung«. Daß hierbei die Gewalt in den intersubjektiven Beziehungen zu Macht wird – mit Max Weber: »jede Chance, innerhalb einer sozialen Beziehung den eigenen Willen auch gegen Widerstreben durchzusetzen, gleichviel worauf diese Chance beruht« (1964, S. 38) – oder/und daß die Gewalt zu Herrschaft wird – mit Max Weber: »die Chance, für einen Befehl bestimmten Inhalts bei angebbaren Personen Gehorsam zu finden« (ebenda) –, widerspricht dem nicht. Macht und Herrschaft lassen sich auch von Gewalt ableiten oder, um bei Max Webers Definitionen zu bleiben: die Erwartung von Gewalt kann, ohne daß etwas anderes hinzutritt, die Voraussetzung der Erwartung der »Chance« sein; auf dem Erwarten der Erwartung von Gewaltanwendung kann die »Chance« beruhen.[23]

Die Erwartungserwartung entlastet von zusätzlicher Interaktion, die erforderlich wäre, um wechselseitige Erwartungen und Reaktionen auf etwaige Handlungen zu testen, und sie entlastet innerhalb des Handlungssystems das aktuelle Bewußtsein von einer Koordination des Handelns.

In unserem Hierarchiemodell, bei dem wir von der Triade ausgingen, und das wir auf mehr Personen ausgedehnt sehen wollen, kann zwar das Erwarten der Erwartung von Gewaltanwendung unterlaufen werden von jedes Teils Erwartung, die er den anderen entgegenbringt, daß keine Gewalt angewendet wird; jedoch ist es gerade diese Spannung zwischen gefürchteter Gewaltanwendung – da man durch die Kombinationsmöglichkeiten der Koalitionen den Ausgang eines Konflikts nicht kalkulieren kann – und dem Konsens über den Zweck Nicht-Gewaltanwendung, die die Strukturierung des sozialen Systems forciert.

In der Verortung von Gewalt bedient sich das soziale System zweier Verfahrensweisen, die miteinander korespondieren: Zum einen kann Gewalt interpretierend in Bereiche verlagert werden, die per Selbstverständnis des Systems nicht im System liegen; wenn in der »koinonia politike« der Herr gegenüber dem Knecht, in der bürgerlichen Gesellschaft der Ehemann gegenüber der Ehefrau oder in der heutigen Gesellschaft der Gefängnisaufseher gegenüber dem Gefangenen Gewalt anwenden darf oder vielmehr, um die Beispiele nicht zu sehr zu strapazieren, er Gewalt anwenden kann, weil er nicht mit rigiden negativen Sanktionen vom System belegt wird, so scheint das damit zusammenzuhängen, daß der, dem in solchen Situationen Gewalt zugefügt werden »darf«, nicht als Teil des sozialen Systems verstanden wird. In dieser Weise wird nicht nur die Gewaltanwendung als systeminterne Handlung wegargumentiert, sondern zugleich der Teil des Systems in der Gewaltanwendung unterstützt, der erwarten kann, daß, sollte er in dem Konflikt unterliegen, d. h. daß ihm Gewalt angetan wird, dies vom System als Bedrohung seiner selbst aufgefaßt werden muß, und daß es dann seine Macht gebrauchen wird, um ihr zu begegnen. Zum anderen kann ein hierarchisch strukturiertes System, das ja gerade auf dem Nicht-Einsatz von Gewalt fußt, nur Gewalt verbieten und die Möglichkeit der Transformation von Gewaltanwendung im Konflikt offenlassen. Da es im Gegensatz zum Konflikt keine sozial vermittelten Abwicklungen von Gewalttätigkeiten in solchen Gesellschaften geben kann, jedoch Konflikte, wenn der soziale Kontext unbeachtet bleibt, in Gewalt umzuschlagen vermögen, entwickeln sich neben den Regeln zur Konfliktlösung Normensysteme – im Hinblick auf Gewalt eine hierarchische Lagerung der Regeln mit besonderer Betonung der Schwelle, die den Übergang von Konflikt zu Gewalt bildet. Werden die Regeln für Konfliktabwicklungen auf einer Ebene nicht beachtet, so muß sich die Konfliktsituation auf einer neuen Ebene, nun mit anderen Regeln, wiederum konstituieren. Zwar wird die andere Ebene nur gewählt, wenn erwartet wird, in der bis dahin bestehenden Konfliktsituation zu unterliegen; jedoch steigt damit das Risiko für den Einzelnen, da der Aktionsradius mit jeder neuen Ebene abnimmt. Gewaltanwendung, von welcher Konfliktebene auch immer aus, verläßt diese Struktur und wird als Handlung stets an die erwartete Wirkung der Infragestellung des »Ganzen« gekoppelt.[24] Weil das zurückwirkt auf das Verständnis des Einzelnen, wenn er, vornehmlich im politischen Bereich[25], Gewalt anwendet, bedroht Gewalt Leib und Leben des Einzelnen und zugleich die Systemstruktur.

Diese Koppelung führt zu einer Änderung im Verständnis von Gewalt: Ist jedes Zeigen von Gewalt deutbar als Infragestellen der Systemstruktur, so wird jedes demonstrative Infragestellen der Systemstruktur als Gewalt interpretiert; in beiden Fällen wird in Verfolgung des Zwecks Gewaltverhinderung mit Gewalt gegen als solche verstandene Gewalt vorgegangen. Wenn Walter Benjamin schreibt (1966, S. 42): »Denn zur Gewalt im prägnanten Sinne des Wortes wird eine wie immer wirksame Ursache erst dann, wenn sie in sittliche Verhältnisse eingreift. Die Sphäre dieser Verhältnisse wird durch die Begriffe Recht und Gerechtigkeit bezeichnet«, dann ist Gewalt nur vom sozialen System aus zu erklären, da das, was Recht und Gerechtigkeit ist, nicht durch Konsens ermittelt wird, sondern dem Einzelnen vorgegeben ist. Noch schärfer zeigt sich dies, wenn im Begriff der Gerechtigkeit das klassische Summum bonum, der Zweck der Societas civilis gesehen wird, der später zur Bestandserhaltung uminterpretiert wurde. Unter Gewalt kann nun auch eine Handlung verstanden werden, die zerstörende Wirkungen für das Rechtssystem und den Bestand des sozialen Systems hat oder haben kann. Damit ist alles das als Gewalt faßbar, was vom System mit Gewalt beantwortet wird, nämlich, was die systeminternen Konfliktregelungen außer acht läßt. Diese Regelungen sind ausschließlich auf Zwei-Parteien-Strukturen anwendbar, die mit einer hierarchischen Struktur nicht vereinbar sind. Wenn sie auf Gewalt übertragen werden, tritt dem, der gewalttätig ist, immer auch das System entgegen; dabei hat das System über die Erwartung der Infragestellung bereits dieser Regeln die Chance, von sich aus Aktionen als Gewalttätigkeiten zu interpretieren, um sie sodann zu sanktionieren. Von hier aus kann zwischen gewaltsamen und gewaltlosen Handlungen aus sich selbst heraus nicht unterschieden werden, und zwar zwischen solchen, die etwas *im* System ändern wollen, wobei diese Art der Gewaltlosigkeit eine Form der Gewaltsamkeit bleibt, und solchen gewaltlosen Aktionen, die *nichts* im System ändern wollen, sondern als symbolische Handlungen der Lossprechung vom System verstanden werden sollen.[26]

Allerdings verletzt Gewaltanwendung nicht nur systeminterne Regeln; ihr wohnt im Hinblick auf die Generalisierung von Gewalt auch ein rechtsetzender und rechterhaltender Charakter inne, wie umgekehrt Recht auf Gewalt fußt. Das Verhältnis von Recht und Gewalt wurde als soziales Problem erst bewußt, als die Gerechtigkeit von Zwecken als »Rechtfertigung« der Mittel – also auch der Gewalt – aufgegeben wurde zugunsten der Berechtigung der Gewalt, d. h. der Mittel, zur »Garantie« der Gerechtigkeit der Zwecke; es wurde also problematisiert mit der Positivierung des Rechts[27]. Problematisch ist nicht das Verhältnis unter dem Zweck/Mittel-Aspekt mit der Voraussetzung, daß Gewalt nur Mittel sein kann[28]; problematisch ist vielmehr, bei der Zweck/Mittel-Umschreibung bleibend, daß das Recht zugleich Mittel sein kann im Verhältnis zur Gewalt.

Wenn Gewalt als solche ein einmaliger Akt ist, so kann Recht ein Mittel sein, den Zustand, der sich durch Gewaltanwendung ergeben hat, auf Dauer zu stellen, also Gewalt in Herrschaft zu transponieren. Recht ist also zugleich ein Äquivalent für Gewalt, denn das Recht ermöglicht es, daß zur Aufrechterhaltung des Status quo nur noch ein begrenztes Potential an Gewalt benötigt wird, und zwar um im Falle von abweichendem Verhalten die negativen Sanktionierungen zu garantieren, und weil der Zweck, für den Gewalt eingesetzt wurde, auch als Zweck des Rechts übernommen wird.[29]

Selbst wenn durch funktionale Differenzierung des sozialen

Systems das Recht aus der direkten Abhängigkeit vom politisch-staatlichen Bereich freikam, so bleibt doch die Bindung an die Gewalt bestehen, da sich einerseits das Recht als Normensystem gegenüber der Gewalt per se immer in Frage gestellt fühlt, und andererseits weil Recht in der Hierarchie der Regeln zur Konfliktabwicklung als Schwelle zur Gewalt stigmatisiert ist – Kommunikation und Interaktion werden durch Rechtsentscheidungen reduziert[30] –, Recht und Gewalt gekoppelt bleiben müssen, um die Stellung des Rechts in der Gesellschaft zu gewährleisten.[31] Im Zweck/Mittel-Schema ist Gewalttätigkeit immer als sozial sinnhaftes Handeln unterstellt. Jedoch bereits in diesem Rahmen, wie in einigen Aspekten gezeigt wurde, ist Gewalt nicht mehr einheitlich faßbar – weder was unter Gewalt isoliert verstanden werden soll noch wie die soziale Sinnhaftigkeit der Gewalt vom System verstanden werden muß. So wird zum einen über den als vorgegeben angesehenen Zweck das Mittel Gewalt als diesem Zweck unangemessen sanktioniert und zum anderen im Bewußtsein der sozialen Bedingtheit des Zwecks Gewalt als Mittel für einen Zweck verstanden, der als Zweck negiert werden muß; der gezeigten Gewalt wird mit Gewalt begegnet, und sei es mit der formalen Zweckbestimmung, jede Art von Gewalt zu verhindern, was so tut, als ob gezeigte Gewalt dazu tendiere, Gewalt an sich gutzuheißen; die Sympathisanten gewalttätiger Gruppen werden verfolgt, weil ihnen unterstellt wird, sie befürworteten den gleichen Zweck und seien notwendig gezwungen, in Verfolgung dieses Zwecks das Mittel Gewalt einzusetzen. In diesem Kontext ist es ein altes Dilemma, daß gesellschaftliche Zwecke scheinbar nicht mit den Zielvorstellungen des Einzelnen sich decken müssen, jedoch bei Gewalttätigkeiten auf ein »Wertbewußtsein« (R. Barzel) der Glieder der Gesellschaft zurückgegriffen werden soll, um durch Unterstellung von Konsens kurzfristige, problematische Entscheidungen über den Einsatz von Gewalt gegen Gewalt in der Öffentlichkeit abzusichern. Der Zweck der Gewaltanwendung ist im Akt der Gewalt in der heutigen Gesellschaftsordnung nicht erörterbar, weil der eine Konfliktpartner eine Institution ist, deren spezifische Aufgabe, jede Art von Gewalt zu unterdrücken bzw. zu verhindern, es ihr unmöglich macht, diese ihre Aufgabe zu problematisieren

(Polizei, Bundesgrenzschutz, Werkschutz, Bundeswehr etc.).[32]

Wird die Zweckbestimmung der Gewaltverhinderung verankert in der Zielvorstellung des Einzelnen und somit als gesellschaftliche verstanden, so wird sie gewahrt durch politisch-staatliche Institutionen. Die Monopolisierung der Gewalt im Staatlichen korrespondiert mit einer Entpolitisierung der Gesellschaft, deren potentielle Staatsfeindlichkeit seit der Französischen Revolution (ideengeschichtlich: seit der Trennung von Staat und Gesellschaft) eine permanente Gefährdung des Staates darstellt; die politisch-staatlichen Institutionen, die legal Gewalt anwenden dürfen, wachsen parallel dazu quantitativ – mit dem Primat der Aufgabe, die politische Ordnung zu schützen. So überrascht es nicht, daß es nur eine akzeptierte politische Gewalt, jedoch keine gesellschaftliche Gewalt geben soll, und es überrascht auch nicht, daß Gewalt nur im Zweck/Mittel-Schema gefaßt wird; die Ursache von Gewalt und die Wirkung von Gewalt verweisen jeweils auf den Bezugsrahmen Gesellschaft (Welche sozialen Bedingungen führen dazu, daß der Einzelne gewalttätig wird? Welche Wirkungen hat Gewalt für den Bezugsrahmen Gesellschaft?); dabei ist der staatliche Bereich nur ein Aspekt. Die Gewalt, weil abhängig von der physischen Existenz des Einzelnen, ist eine Reaktion auf dessen Umweltbedingungen. Der politische und soziale Totalitätsanspruch läßt Staat und Gesellschaft ihm zu Zwangsanstalten werden, die keine Alternativen erlauben. Gewalt wird dann eine spontane Reaktion, blinde Empörung des Einzelnen gegen einen ihm nicht länger erträglich erscheinenden Zwang in einer »situation désespérée«, oder aber sie zielt auf einen Exodus in der Zeit, da einer im Raum nicht möglich ist, d. h. Gewalt wird eingesetzt, um bestimmte Möglichkeiten der gesellschaftlichen Entwicklung zu negieren und andere zu aktualisieren, weil aktuelle andere Möglichkeiten nicht gegeben sind. Die Gewalttat an sich hat jedoch keine Chance als »Propaganda durch die Tat«; durch Gewalt bewirkte Gewalt führt nicht zur Solidarisierung, weil jede Gesellschaftsform den Verzicht auf Gewalt einschließen muß; eine Gesellschaftsform, die gewaltlos sein soll, weil keine Möglichkeit der Gewalt mehr besteht, ist entweder extrem totalitär oder eine unkonkrete Utopie.

1 Willkürlich seien genannt die Veröffentlichungen von Nieburg (1963), Galtung (1965 und 1969), Coser (1966a und 1966b), Lasswell und Kaplan (1968), Hare und Blumenberg (1968), Negt (1968), Orimus (1968), Walter (1969), Toch (1969), Flechtheim (1969), von Ferber (1970), Fanon (1971) und Arendt (1970).

2 Von hier aus gesehen überrascht es nicht, daß die Arbeiten über Macht stillschweigend über eine Definition von Gewalt hinweggehen bzw. Macht und Gewalt synonym verwenden; vgl. u. a. Bergsträsser (1965), Claessens (1968), Luhmann (1968a, 1969, davon abweichend jedoch 1971a), Schäfer (1968), Holm (1969), Popitz (1969), Wurster (1970), Hondrich (1973).

3 Zu Zwang gehört dann auch, wenn eine Minorität sich einer Majorität beugen muß, z. B. bei einer Abstimmung; dies ist Zwang, selbst wenn die Regeln des Abstimmungsmechanismus einstimmig beschlossen wurden.

4 Auf dieser Abstraktionsebene hängt die Kluft zwischen Mittel/Zweck und Ursache/Wirkung mit dem Aufgeben des linearen Zeitbewußtseins mit geschlossener Zukunft zugunsten eines linearen Zeitbewußtseins mit offener Zukunft zusammen; bei letzterem ist das Zweck/Mittel-Schema reduziert auf die Gegenwart als Zukunft der Vergangenheit; d. h. ein eingetretenes Ereignis wird als beabsichtigte Folge einer bestimmten Handlung betrachtet. – Um Nebenwirkungen oder Nebenursachen aus dem Schema fernzuhalten, wurde parallel zum Akzeptieren des linearen Zeitbewußtseins mit offener Zukunft das Zweck/Mittel-Schema nur mit immer abstrakter werdenden Inhalt angewendet. Diese Formalisierung ging einher mit zunehmendem Praxisverlust.

5 Vgl. Spaemann (1972), S. 741 ff. In bezug auf Anm. 4 läßt sich vermuten, daß politische und gesellschaftliche Normen in der Neuzeit überwiegend Negationen von Negationen sind; die Negation eines Bestehenden als Zweck reduziert zukünftiges Handeln auf ein duales Schema; mit der Vergrößerung der zeitlichen Spanne zu diesem »Bestehenden« wird mit dessen interpretativen Veränderungen die Negation zunehmend objektlos, die Negation der Negation unverbindlicher. Geht man von der Hypothese aus, daß, je umfangreicher eine Gesellschaft wird, um so allgemeiner und für diese Gesellschaft unverbindlicher die konsensgetragenen Normen werden, so läßt sich neben der erwähnten Formalisierung feststellen, daß vornehmlich räumlich oder zeitlich weit entfernt Liegendes per Konsens bejaht oder verneint wird. Dies hängt wohl davon ab, daß der jeweilige Kontext nicht direkt erfahren wird.

6 Synchron hierzu setzt sich »violentia« von »potestas« und »potentia« ab.

7 Vgl. hierzu kritisch: Luhmann (1968b) und Rammstedt (1970).

8 Für die Antike vgl. hierzu Hampl (1939), für das 15. Jahrhundert Meisner (1967), S. 323 ff.

9 Folglich konnte erst ab hier die Frage nach der Souveränität entwickelt werden, wie sie dann J. Bodin Ende des 16. Jahrhunderts stellte.

10 So heißt es noch bei Gottsched (1736 II, § 410): »Will also eine Republik keinen unumschränkten Befehlshaber zum Regenten haben: So muß sie demselben auch, so zu reden, die beyden Arme der Gewalt binden; das ist, ihm nicht viel Geld und nicht viel Volk anvertrauen.« – Fast gleichlautend ist es bei Wolff (1736, §§ 435 ff.) nachzulesen, auch wenn Gottsched gegenüber Wolff die Begriffsinhalte von Macht und Gewalt vertauscht hatte.

11 So z. B. auch Locke (1966), Wolff (1736), Gottsched (1736), Diderot

(1967), Kant (1968), Hegel (1968) sowie Marx (1927, 1932, 1968) und Engels (1947, 1962, 1969).

12 An dieser Stelle kann nur darauf hingewiesen werden, daß der Naturbegriff seit dem ausgehenden 16. Jahrhundert konfessionsspezifisch interpretiert wurde. Hobbes läßt so nur eine streng deduktive Erkenntnis der empirischen Wirklichkeit zu, die eine Erkenntnis etwaiger Gesetze der Natur, d. h. aller zeitlosen, unerzeugten Dinge, ausschließt; vgl. Hobbes (1949 I, c. 1 § 8).

13 Vgl. Gagnér (1960).

14 Seit Rousseau ist von allen Vertretern der Konsens-Theorie dieser Vorwurf gegen Hobbes erhoben worden; vgl. z. B. Zahorsky (1930). Selbst Parsons wiederholte diese Kritik, (1953, S. 36, 42 f.).

15 Zwei Gedanken wären hier weiterzuverfolgen: Zum einen scheint das Konsens-Modell kaum so widersprüchlich zum Hobbeschen Modell zu sein, wie es sich gibt, denn es bleibt theoretisch im Rahmen der klassischen Axiomatik; das Ganze und die (lebenden) Teile haben denselben Zweck, der in einer (säkularisierten) absoluten Wahrheit liegt, die von den Teilen erkannt werden und der das Ganze sich beugen muß; der Unterschied liegt darin, daß der Primat bei den handelnden Teilen liegt, daß dem realen ein fiktives Ganzes entgegengesetzt wird, daß der Gegensatz Herrschende/Beherrschte durch den Verweis auf das Ziel, diesen Gegensatz aufzuheben, nicht weiter problematisiert zu werden braucht und daß Konflikte in der Gesellschaft durch »Aufklärung« behoben werden können; zum anderen beruhen letztlich die Ansätze der Konflikttheorie, die so brüsk ein Konsens-Modell als praxisferne »Schreibtischerfindung« abtut, auch auf einem Konsens-Modell, in dem die Betonung nur auf einen anderen Abschnitt des sozialen Prozesses gelegt wird.

16 Vgl. Caplow (1968), S. 6 ff. Die ersten vier Typen lassen sich in diesem Kontext in das Zwei-Personen-Modell einfügen.

17 Abgesehen wird hier von dem Fall, daß der stärkste in der Triade einem Konflikt zwischen den beiden anderen gegenüber neutral bleibt, in der Erwartung, daß einer von ihnen vernichtet oder so geschwächt wird, daß er stärker ist als eine mögliche Koalition zwischen den beiden Kontrahenten.

18 Beim Typ $A > B > C$; $A < (B + C)$ ergibt sich eine Präferenz für die Koalition zwischen B und C gegen A, da mit ihr die Triade nicht gefährdet ist; die gleiche Koalition ergibt sich bei $A > B$; $B = C$; $A < (B + C)$. Bei $A > B$; $A = C$ sind die Koalitionen $(A + B)$ und $(C + B)$ relativ stabiler als $(A + C)$ und bei $A = B = C$ sind alle Koalitionen gleichgewichtig.

19 Das Handeln als Teil im Namen eines Ganzen gilt, bei Gleichheit der Zwecke des Ganzen und der Teile, als legitimes Handeln.

20 Unter der Voraussetzung, daß A, B und C je 100 Einheiten von etwas erstellen, das alle drei in größerem Maße haben möchten, auch wenn sie nur je 50 Einheiten zur Reproduktion des Lebens brauchen, würden in der Koalitionsstruktur dem jeweils Einen, sei es A, B oder C, 50 Einheiten geraubt, die die beiden Koalitionspartner unter sich teilten. Bei der Struktur $(A + B) > C$ ergäbe das vereinfacht: (125 E) A, (125 E) B, (50 E) C; analog ist die Verteilung bei $(A + C) > B$ und $(B + C) > A$. Im ersten Modell ist C jederzeit bereit, eine Koalition einzugehen, da er seine Lage nur verbessern kann. Diese zu erwartende Bereitschaft von C bedeutet eine permanente Gefahr für die Koalition, da keiner etwas verliert, wenn er mit C eine Koalition eingeht. Im Hinblick auf Gewinnmaximierung ist zu unterstellen, daß B versuchen wird, A zu vernichten, weil er, wenn er mit C allein wäre, 150 E zur Verfügung hätte, und

A versuchen wird, entweder B oder C zu vernichten. Die Schwierigkeit des Koalitionsmodells mit der zeitlichen Generalisierung der Struktur wird mit der Hierarchie überwunden, wenn es z. B. zu einer Verteilung (130 E) A, (115 E) B und (55 E) C kommt; A raubt B weniger als B von C erbeutet; jedoch hat A mehr als (125 E), so daß B sicher sein kann, daß A keine Koalition mit C eingeht. A kann umgekehrt erwarten, daß C sich nicht mit B verbündet, um A zu vernichten, da dann C keine Gewähr mehr hätte, daß B nicht dauernd ihn bis zum Existenzminimum ausbeutet.

21 Um bei unserem Beispiel zu bleiben, ließe sich konstruieren: C erstellt etwas, B holt es von C und liefert es bei A ab, während A das Gut verteilt und die Hierarchie nach außen schützt. Das entspricht fast genau dem dritten Beispiel bei Popitz (1969): In einer Gruppe von Jugendlichen in einer Erziehungsanstalt hat sich eine »Machtstruktur« gebildet, die sich über das Geben und Nehmen von Brot strukturiert; zwischen einer Führungsgruppe (vier Jungen) und einer ausgebeuteten Gruppe (sechs Jungen) steht eine Hilfstruppe (drei Jungen), die Popitz bezeichnenderweise auch als »Einsatzkommando« umschreibt.

22 Vgl. Rammstedt (1969), S. 15 ff.

23 Weber betrachtet physische Gewaltsamkeit als ein spezifisches Mittel, aus dem der moderne Staat nur soziologisch definiert werden kann, da dessen Zwecke unterschiedlich sein können (1921, S. 396 f.). Eine Definition der Gewalt in Analogie zu der von Macht und Herrschaft fehlt.

24 Leider fehlen bisher Studien zum Gewaltprozeß – die immer wieder vorgetragene These, daß Gewalt Gewalt bedingt, ist in diesem Kontext zu kurz gegriffen –, die diese Ebenen berücksichtigen und die Ursachen für den Ebenenwechsel aufzeigen.

25 Daß Gewalt stets als »Politicum« aufgefaßt wird, hängt, historisch gesehen, mit der Ausdifferenzierung der Wirtschaft unter Beibehaltung der politischen Gesellschaft zusammen (s. o.). Die erst seit der Französischen Revolution allgemein akzeptierte Möglichkeit der Gegenüberstellung von Staat und Gesellschaft hat bisher nicht so weit geführt, daß die Gesellschaft als Handlungssystem zu fassen wäre; dem politischen Handeln steht kein Verständnis von einem adäquaten gesellschaftlichen Handeln entgegen. Daß diese Begrenztheit mitbedingt ist durch die Beibehaltung der philosophischen Axiomatik der klassischen Staatslehre, kann hier nur erwähnt werden; vgl. Ansätze bei Luhmann (1969 und 1971b) und Rammstedt (1970).

26 Dieser Aspekt ist bereits im Anarchismus des 19. Jahrhunderts artikuliert worden. Aber auch hier, da Gewalt und Gewaltlosigkeit nur als Mittel akzeptiert werden, bleibt die Diskussion unfruchtbar. So wird unterschieden zwischen den Mitteln Gewalt und Gewaltlosigkeit bei gleichem Zweck sowie Gewalt oder Gewaltlosigkeit bei unterschiedlichen Zwecken. Vgl. dazu bereits die Kritik Benjamins (1966) in bezug auf Streik sowie die Wiederholung dieser Diskussion z. B. bei Ebert (1970).

27 Vgl. Benjamin (1966), S. 43 ff.

28 Ansätze zu diesem Problem finden sich bereits bei Pascal (1963), so wenn es heißt: »Es ist gerecht, daß befolgt wird, was gerecht ist; notwendig ist, daß man dem, was mächtiger ist, folgt. Das Recht ohne Macht ist machtlos; die Macht ohne Recht ist tyrannisch. [...] Also muß man das Recht und die Macht verbinden und dafür sorgen, daß das, was Recht ist, mächtig und das, was mächtig ist, gerecht ist« (Fr. 298), oder noch pointierter: »Da man es nicht

schaffen konnte, daß dem Gesetz zu gehorchen Macht sei, erreichte man es, daß der Macht zu gehorchen Recht sei.« (Fr. 299).

29 Vgl. Luhmann (1972), S. 106 ff. – Es ist jedoch zu fragen, ob aus der Problematisierung der Garantierung des Rechts, d. h. z. B. das Bewältigen enttäuschter Erwartungen, auf die universelle Funktion von physischer Gewalt in diesem Kontext geschlossen werden kann; wenn die Gewalt als sozial erwartete demonstrative Darstellung sinnhaft symbolisch am Recht sich dokumentiert, so könnte diese Bestätigung ja auch durch Liebe erfolgen. Siehe dazu Gaisser (1955), der für das deutsche Mittelalter nachweist, daß der »gewaltsame« Rechtsstreit und der »mit Minne« funktionale Äquivalente sind.

30 Gerade weil den Rechtsentscheidungen die Konfliktstruktur zugrunde gelegt ist, kann wegen der Möglichkeit des Umschlags von Konflikt in Gewalt die Rechtsprechung nicht neutral genannt werden. Zwar läßt sich davon ausgehen, daß Entscheidungen als Negation von Möglichkeiten und im Recht als strukturelle Negationen erst das Mögliche überhaupt ermöglichen; aber es fragt sich, ob dieses Mögliche dann nicht immer nur systemstabilisierend ist. Gute Beispiele finden sich hierfür bei Lautmann (1972).

31 Vornehmlich die Vertreter der Gewaltenteilung, wie sie mit Pathos im 18. Jahrhundert auch in der Kritik an Hobbes gefordert wurde, blendeten diese Problematik bewußt aus.

32 Das Verhältnis von Zwangsausübungsmitteln, so Waffen, zu den Institutionen, die Gewalt ausüben dürfen (aus welchem Grunde auch immer), so Polizei, Militär, zu der Möglichkeit des Einzelnen, faktisch Gewalt erfolgreich einzusetzen, ist in der älteren Diskussion um die Gewalt in der Weise beurteilt worden, daß, je höher der Entwicklungsstand der »Gewaltmittel« ist, dieser um so mehr dazu beiträgt, Gewalt zu verhindern. In diesem Sinne beurteilte Nobel seine Erfindung und befürworteten Marx und Engels in den späten Jahren eine gewaltlose Revolution. Die Hypothese über das Verhältnis von »Gewaltmitteln« und Gewalt ruht auf der Gleichsetzung von Gewalt und instrumentellen »Gewaltmitteln«. Dieser Fehler wurde gefördert durch die klassische und noch heute verbreitete Machttheorie (vgl. Luhmann 1969), der die Gewalt ein Zentralbegriff ist. Physische Stärke und instrumentelle Mittel sind in der von ihr geforderten Kategorie des Habens faßbar. Während jedoch die physische Stärke nicht übertragbar ist, sind es jedenfalls die Mittel. Diese Übertragbarkeit steckt in den Voraussetzungen der klassischen Machttheorie. Trotz des damit verbundenen Widerspruchs zu Hobbes ist die Äquivalentsetzung verständlich, vornehmlich wenn die Gewalt ausschließlich als Mittel betrachtet wird. Dieser Fehler ist zu umgehen, wenn zwischen Zwang, Terror und Gewalt unterschieden wird. Der Terror ist ein physischer Akt mit einer bestimmbaren Funktion, jedoch der, der terrorisiert wird und der, auf den der Terrorakt wirken soll, sind verschiedene Personen, d. h. der, der den Terrorakt erleiden muß, ist zufällig der Leidende; Zwang dagegen haben wir als die Erwartung oder Androhung von Aktionen in der Interaktion von Stärkeren zu Schwächeren verstanden. Waffen sind somit Zwangsmittel, Militär und Polizei Zwangsinstanzen (vgl. auch Lautmann 1971) und dienen der zeitlichen Generalisierung. Auch scheint die Hypothese angesichts der Entwicklung von Massenvernichtungsmitteln nicht mehr haltbar; diese Mittel sind inadäquat im Hinblick auf von außen und von innen kommende Gefährdung. Durch die nicht genaue Übertragbarkeit der Methoden der Kriegführung und der dafür bereitstehenden Mittel auf die »Befriedung« von Unruhen im System bekommen Einzelne

wieder die Chance, Gewalt in der Erwartung auf Erfolg anzuwenden – dies um so eher, als Systeme, die auf Gewalt in Form der Gewaltvermeidung basieren, mit einem Normensystem, das die Erwartung der Gewaltvermeidung erwartet, Gewalt als einen einmaligen physischen Akt mittels physischer Stärke als soziales Handeln verorten müssen.

Literatur

Arendt, Hannah, 1970: *Macht und Gewalt.* München.
Aristoteles, 1964: *Politica.* Hg. v. W. D. Ross. 3. Aufl. Oxford.

Benjamin, Walter, 1966: *Zur Kritik der Gewalt.* In: Ders.: *Angelus Novus. Ausgewählte Schriften.* 2. Frankfurt; S. 42-67. (Zuerst erschienen in: *Archiv für Sozialwissenschaft und Sozialpolitik* 47 (1920)).

Bergsträsser, Arnold, 1965: *Die Macht als Mythos und als Wirklichkeit.* Hg. v. C. Rothe. Freiburg.

Caplow, Theodore, 1968: *Two against One: Coalitions in Triads.* Englewood Cliffs/N. J.
Claessens, Dieter, 1968: *Rolle und Macht.* München.
Coser, Lewis A., 1966a: *Some Social Functions of Violence.* In: *The Annals* 364; S. 8-18.
Coser, Lewis A., 1966b: *Gewalt und gesellschaftlicher Wandel.* In: *Atomzeitalter* 1; S. 321-325.

Diderot, Denis, 1967: *Autorität.* In: Ders.: *Philosophische Schriften,* 2. Frankfurt; S. 255-264.

Ebert, Theodor (Hg.), 1970: *Ziviler Widerstand. Fallstudien zur gewaltfreien, direkten Aktion aus der innenpolitischen Friedens- und Konfliktforschung.* Düsseldorf.
Engels, Friedrich, 1962: *Herrn Eugen Dührings Umwälzung der Wissenschaft* (Anti-Dühring). *MEW,* 20. Berlin.
Engels, Friedrich, 1947: *Über die Gewalttheorie.* 2. Aufl. Berlin.
Engels, Friedrich, 1969: *Die Rolle der Gewalt in der Geschichte. MEW.* 21. 2. Aufl. Berlin.

Fanon, Frantz, 1971: *Die Verdammten dieser Erde.* 3. Aufl. Reinbek.
Ferber, Christian von, 1970: *Die Gewalt in der Politik. Auseinandersetzung mit Max Weber.* Stuttgart.
Flechtheim, O.K., 1969: *Gewalt und »Gewaltlosigkeit«.* In: W. Bernsdorf (Hg.): *Wörterbuch der Soziologie.* 2. Aufl. Stuttgart; S. 369-375.

Gagnér, Sten, 1960: *Studien zur Ideengeschichte der Gesetzgebung.* Stockholm.
Gaisser, Erich, 1955: *Minne und Recht in den Schöffensprüchen des Mittelalters.* Tübingen (jur. Diss. masch.)
Galtung, Johan, 1965: *On the Meaning of Nonviolence.* In: *Journal of Peace Research 2;* S. 228-257.

Galtung, Johan, 1969: *Violence, Peace, and Peace Research.* In: *Journal of Peace Research 6;* S. 167-191.
Gottsched, Johann Christoph, 1736: *Erste Gründe der gesammten Weltweisheit. I.: Theoretischer Theil. II.: Practischer Theil.* 2. Aufl. Leipzig.

Hacker, Friedrich, 1971: *Aggression. Die Brutalisierung der modernen Welt.* München.
Hampl, Franz, 1939: *Poleis ohne Territorium.* In: *Klio* 32 (N.F. 14); S. 1-60.
Hare, A. Paul, und Blumberg, Herbert H. (Hg.) 1968: *Nonviolent Direct Action: American Cases: Social-Psychological Analyses.* Washington D.C.
Hegel, Georg Wilhelm Friedrich, 1968: *Grundlinien der Philosophie des Rechts oder Naturrecht und Staatswissenschaft im Grundrisse.* Hg. v. K. Löwith und M. Riedel. Frankfurt–Hamburg.
Hobbes, Thomas, 1949: *Grundzüge der Philosophie.* Teil 1: *Lehre vom Körper.* 2. Aufl. Leipzig.
Hobbes, Thomas, 1965: *Leviathan oder Wesen, Form und Gewalt des kirchlichen und bürgerlichen Staates.* Reinbek.
Holm, Kurt, 1969: *Zum Begriff der Macht.* In: *KZfSS* 21; S. 269-288.
Hondrich, Karl Otto, 1973: *Theorie der Herrschaft.* Frankfurt.

Kant, Immanuel, 1968: *Die Metaphysik der Sitten. Werke.* 7. Hg. v. W. Weischedel. 3. Aufl. Darmstadt.

Lasswell, Harold D., und Kaplan, Abraham, 1968: *Power and Society: A Framework for Political Inquiry.* 7. Aufl. New Haven–London.
Lautmann, Rüdiger, 1971: *Politische Herrschaft und polizeilicher Zwang.* In: Feest und ders. (Hg.): *Die Polizei. Soziologische Studien und Forschungsberichte.* Köln–Opladen, S. 11-30.
Lautmann, Rüdiger, 1972: *Justiz – die stille Gewalt. Teilnehmende Beobachtung und entscheidungssoziologische Analyse.* Frankfurt.
Locke, John, 1966: *Über die Regierung. (The second treatise of government).* Reinbek.
Luhmann, Niklas, 1968a: *Macht im System.* Vervielf. Manuskript, Dortmund.
Luhmann, Niklas, 1968b: *Zweckbegriff und Systemrationalität. Über die Funktion von Zwecken in sozialen Systemen.* Tübingen.
Luhmann, Niklas, 1969: *Klassische Theorie der Macht. Kritik ihrer Prämissen.* In: *ZfP* 16; S. 149-170.
Luhmann, Niklas, 1971a: *Rechtstheorie.* Vervielf. Manuskript, Bielefeld.
Luhmann, Niklas, 1971b: *Die Weltgesellschaft.* In: *ARSP* 57; S. 1-35.
Luhmann, Niklas, 1972: *Rechtssoziologie.* 2 Bde. Reinbek.

Marx, Karl, 1927: *Aus der Kritik der Hegelschen Rechtsphilosophie. Kritik des Hegelschen Staatsrechts* (§§ 261-313). *MEGA* I, 1. Frankfurt; S. 403-557.
Marx, Karl, 1932: *Ökonomisch-philosophische Manuskripte. MEGA* I, 3. Berlin; S. 39-149.
Marx, Karl, 1968: *Zur Kritik der politischen Philosophie.* 5. Aufl. Berlin.
Meisner, Heinrich Otto, 1967: *Staats- und Regierungsformen seit dem 16. Jahrhundert.* In: H. H. Hofmann (Hg.): *Die Entstehung des modernen souveränen Staates.* Köln–Berlin; S. 321-353.

Negt, Oskar, 1968: *Politik und Gewalt.* Neue Kritik. 47.

Orimus, J. (Hg.), 1968: *La violence dans le monde actuel. Travaux du Centre d'Etude de la Civilisation Contemporaine.* Paris.

Parsons, Talcott, 1953: *The Social System.* 2. Aufl. Glencoe/Ill.
Pascal, Blaise, 1963: *Über die Religion und über einige andere Gegenstände. (Pensées).* 6. Aufl. Heidelberg.
Popitz, Heinrich, 1969: *Prozesse der Machtbildung.* 2. Aufl. Tübingen.

Rammstedt, Otthein, (Hg.), 1969: *Anarchismus. Grundtexte zur Theorie und Praxis der Gewalt.* Köln–Opladen.
Rammstedt, Otthein, 1970: *Partizipation und Demokratie.* In: *ZfP* 17; S. 343-358.
Rousseau, Jean-Jacques, 1948: *Der Gesellschaftsvertrag. (Le Contrat social).* München.

Schaefer, Alfred, 1968: *Macht und Protest.* Meisenheim.
Sorel, Georges, 1969: *Über die Gewalt.* Frankfurt.
Spaemann, Robert, 1972: *Die Utopie der Herrschaftsfreiheit.* In: *Merkur* 26; S. 735-752.

Toch, Hans H., 1969: *Violent Men: An Inquiry into the Psychology of Violence.* Chicago.

Walter, Eugene Victor, 1969: *Terror and Resistance: A Study of Political Violence.* New York.
Weber, Max, 1921: *Politik als Beruf.* In: Ders.: *Gesammelte politische Schriften.* München; S. 396-451.
Weber, Max, 1964: *Wirtschaft und Gesellschaft. Grundriß der verstehenden Soziologie.* Bd. 1. Köln–Berlin.
Werbik, Hans, 1972: *Theorie der Gewalt.* München.
Wieser, Friedrich, 1926: *Das Gesetz der Macht.* Wien.
Wolff, Christian, 1736: *Vernünfftige Gedancken vom Gesellschafftlichen Leben der Menschen.* 4. Aufl. Frankfurt–Leipzig.
Wurster, Jürgen, 1970: *Herrschaft und Widerstand. Theorien zur Zirkulation regierender Eliten.* 2. Aufl. Tübingen.

Zahorsky, Anton, 1930: *Der Solidarismus. Eine Kritik der Lehre vom Consensus in der Gesellschaft.* München. (Diss. Ffm.)

Kurt Röttgers

Andeutungen zu einer Geschichte des Redens über die Gewalt

I.

Es gibt die Behauptung der Zunahme der Gewalt, es gibt sogar die Behauptung, eine »Welle der Gewalt« rolle auf uns zu. Doch wie mißt man »Zunahme der Gewalt«? Was ist jeweils als Gewalt zu verbuchen? Sind das Beschädigen von Parkbänken, die Rassentrennung, das Verhungern trotz Verkommens von Lebensmitteln Gewalt? Ist Selbstmord Indiz einer dem Selbstmörder angetanen Gewalt, oder ist die Verhinderung eines Selbstmordes Gewalt? Oder ist nicht vielleicht Zunahme der Gewalt nur ein zunehmendes Sichtbarwerden der Gewalt, d. h. ist nicht dann, was als Zunahme der Gewalt erscheint, für diejenigen, die sie beklagen, viel eher eine für sie im Grunde geradezu wünschenswerte Zunahme der Sensibilität für Gewalt?

Die Unsicherheit über das Reden über die Gewalt, mithin über »Zunahme der Gewalt«, ließe sich durch weitere Redekontexte beliebig steigern; es lassen sich aber auch Verfahren angeben, die Unsicherheit, die durch die Konjunktur der Diskussion miterzeugt wird – wovon jede neue Publikation Zeugnis ablegt –, zu reduzieren: Sprachanalyse und Begriffsgeschichte. Erst wenn man weiß, wie man denn – begründet oder legitimiert – über Gewalt reden will, kann man in die Analyse derjenigen Sozialprozesse eintreten, in denen Gewalt Funktionselement sein kann.

Das Wort »Gewalt« begegnet in zwei prägnanten Wortzusammenhängen: Staatsgewalt und Gewalttätigkeit. Die Frage ist: Was hat das miteinander zu tun? Auf diese Frage gibt es zwei präformierte und argumentativ verfügbare Hauptantworten:

1. Es hat nichts miteinander zu tun; daß in beiden Komposita »Gewalt« als Bestandteil enthalten ist, stellt eine bloße Äquivokation dar und hat keine sachlichen Gründe. Diese Antwort ist weithin Bestandteil demokratischer Ideologie. Ihr muß daran gelegen sein, aufzuklären, wie es dazu kam, daß beides

Gewalt heißt, um die für sie gefährliche gegenteilige Behauptung historisch entschärfen zu können.

2. Es heißt nicht umsonst beides Gewalt; es gibt sachliche Gründe dafür. Die Antwort muß sich vor dem Standard-Bewußtsein, das die Antwort (1) verficht, legitimieren. Solche Legitimationen sind, zumal wenn sie sich nicht auf Standard-Bewußtsein berufen können, gut beraten, historisch zu verfahren. Das gilt für beide Varianten dieser Antwort, die revolutionäre (»Man muß die Staatsgewalt bloß ein bißchen provozieren, damit sie ihr wahres Gesicht, das Gewalt ist, zeigt«) sowohl wie für die legitimistische (»Die Staatsgewalt hat das Monopol von für legitim angesehener Gewaltsamkeit«).

Beide Antworten geben also Anlaß zu historischen Fragestellungen. Begriffsgeschichte dient hier dazu, Begründungen für aktuelle Behauptungen bereitzustellen. Nur derjenige brauchte sich nicht dem Problem der Diskussion, ob Gewalt eine sei oder von zweierlei Art, zu stellen, der bedingungslos sich vor dem eigenen Gewissen oder der eigenen Gruppe legitimiert glaubt, Gewalt zu üben. Wer dagegen auf Kommunikation angewiesen ist, sei es als externe Rechtfertigung oder, bei erfolgreicher Durchsetzung von Gewalt, zum nachherigen Verständlichmachen, der ist auf Legitimations(sprach)spiele angewiesen.[1]

Jede Historie ist Aufbereitung eines Materials unter einem gewissen, gewählten oder undurchschauten, Gesichtspunkt. Diesen kann man explizieren, und infolge dessen möchte ich nicht verschweigen, daß die hier erzählte Geschichte des Begriffs der Gewalt im Dienste der Behauptung steht, daß Staatsgewalt eine (sublime, latente usf.) Form dessen ist, was man gemeinhin Gewalt nennt. Weitgehend ist diese Behauptung ein Eingriff in einen Streit um Worte mehr als um die Sache oder, genauer, darum, welche Worte wir bei der Beschreibung der Sache verwenden wollen. Mein Vorschlag, Gewalt als einen Begriff zu fassen, in dem die Komponenten *potestas* und *violentia* aufeinander bezogen bleiben, läßt sich historisch legitimieren; diese historische Legitimation einer Sprachgebrauchsregel wird vor allem dann erforderlich, wenn sie evidentermaßen den Empfehlungen der Sprachgebrauchsregeln durch die öffentliche Meinung(spflege) widerspricht. Die Absicht ist also auch Konservierung einer politisch-philosophischen Einsicht, die von einer freiheitlich-demokratischen Grundordnungsgesinnung und ihrer Gemeinschaftskunde verschüttet zu werden droht.

Das deutsche Wort »Gewalt« korrespondiert der indogermanischen Wurzel val- (lat. valēre) und bedeutet ursprünglich: Verfügungsfähigkeit haben.[2] Soweit die Verhältnisse im Germanischen rekonstruierbar sind, scheint »Gewalt« kein Rechtsterminus gewesen zu sein, sondern eine Qualität, die zu der Freiheit eines »Freien« gehörte. Nur in Konfliktfällen konnte Gewalt die Grenze des rechtlich Zulässigen überschreiten, das hing aber nicht von der Gewalt ab, also etwa den zur Anwendung kommenden Gewaltmitteln oder den Gewaltzwecken, sondern von hinzutretenden Umständen, die als solche Unrechtscharakter hatten, etwa Hinterhältigkeit. So sind Gewalt und Recht so wenig Gegensatzbegriffe, daß lat. »ius« zuweilen durch »Gewalt« wiedergegeben werden konnte, dann nämlich, wenn »ius« ein Verfügungsrecht beinhaltete.[3] Mit der germanischen Terminologie harmonierte jedoch die römisch-rechtliche so wenig, daß das deutsche Wort »Gewalt« zur Übersetzung der verschiedensten lateinischen Wörter diente: imperium, sceptrum, maiestas, tyrannis, auctoritas, ius, bracchium, potestas, potentia, licentia, vis, virtus, fortitudo, violentia. Für potestas ist zunächst »Gewalt« die bevorzugte Wiedergabe; daneben aber gab es im Deutschen die Wörter »Macht« und »Kraft« – vor allem »Macht« entwickelte sich im Mittelalter zu einer semantischen Konkurrenz für »Gewalt«; das hatte zur Folge, daß »Gewalt« im Begriff der violentia einen zweiten semantischen Schwerpunkt bildete. Diese Ambivalenz des Gewaltbegriffs (potestas – violentia) bestimmt dessen Geschichte bis heute.

Hinzu kam, daß mit der allmählichen Beseitigung des Wahlkönigtums und der Durchsetzung der Landfriedensordnungen der Freie, der Gewalt hat, zum Rechts-Subjekt wurde, dessen Sphäre juristisch definierbar war, daß sich also der Rechtsbegriff (resp., damit zusammenhängend, der Ordo-Gedanke) gegenüber dem regelungsunbedürftigen Ethos der freien Gewalt durchsetzte. W. Benjamin beschreibt diesen Prozeß als zunehmende Tendenz, für Gewaltzwecke Rechtszwecke einzusetzen[4]; mit M. Weber kann dieser Prozeß beschrieben werden als Prozeß der Monopolisierung der legitimen Gewaltausübung im Staatsverband.[5] Dieser Prozeß ist bis heute nicht abgeschlossen; denn während die Gewaltausübung (bis hin zur Gewalttätigkeit) in der Familie, z. B. gegenüber Ehefrauen und Kindern, bis vor nicht allzu langer Zeit noch – schichtenspezifisch abgestuft – als unbedenklich galt, nimmt im Zuge der Emanzipations- und Pädagogisierungsbewegung auch diese Sphäre der Gewalt in Privatheit ständig an Umfang ab. Das Ende dieses Prozesses ist erreicht, wenn jede Gewalt ein öffentlicher Akt sein wird. Dabei hatte die Privatheit der Gewaltausübung immerhin noch die kompensatorische Funktion, die öffentlich erfahrene Gewalt in Privatheit zu kanalisieren. Mit dem Fortfall dieses »Sickerschachtes der Gewalt« einerseits sowie aus dem allgemeinen öffentlichen Interesse für jede Form der Gewalt andererseits entsteht das Bild einer zunehmend gewalttätigeren Gesellschaft und mit ihm das Bedürfnis nach einer »Wissenschaft«, die sich dieses Bild zum Problem macht: die Friedensforschung.

Luther, der ja maßgeblichen Einfluß auf die deutsche Sprache ausübte, weicht in seinen Übersetzungen dem Problem der Konfrontation des lateinischen potestas-Begriffs und des deutschen Gewalt-Begriffs aus. Überall da, wo potestas eine fest umrissene institutionelle Bedeutung hat, verwendet Luther »Obrigkeit« oder auch »Regiment«. Nur wo potestas in einem freieren Gebrauch vorkommt, übersetzt Luther manchmal mit den deutschen Wörtern »Gewalt« und »Macht«.

Alle Gewalt hat nach Luther ihren Ursprung in Gott. Diese teilt sich in der Welt gemäß der Lutherschen Zwei-Reiche-Lehre in *weltliche Gewalt (das Schwert)* und *geistliche Gewalt (das Wort)*. In der göttlichen Ordnung ist beiden Formen der Gewalt eine bestimmte und eigentümliche Funktion zugewiesen. Die geistliche Gewalt zeichnet sich dadurch aus, daß ihr das Moment der Herrschaft fehlt und die Seele des Christen sich Gott gegenüber in herrschaftsfreier, glaubender Unmittelbarkeit befindet; denn der Glaube läßt sich weder inhaltlich bestimmen noch gar gebieten. »Geistliche Gewalt« bedeutet demnach bloß das Predigtamt, ihr Medium ist »das Wort« und die Erkenntnis. Die weltliche Gewalt dagegen ist von Gott der Obrigkeit übertragen, ihr Auftrag ist Ordnungssicherung im politisch-rechtlichen Bereich, d. h. vor allem Verfolgung des Verbrechens und der Schutz des rechtschaffenen Bürgers, d. h. auch der weltlichen Außensicherung des geistlichen Reiches. Im Einsatz der zu diesem Zweck verfolgten Mittel ist die Obrigkeit frei und jeder weltlichen und geistlichen Beurteilung entzogen, allein Gott verantwortlich. In diesen Kontext gehört die Luthersche Deutung von *Römer 13*. Danach steht es dem Christen nicht an, der von Gott angeordneten Gewalt, die die Obrigkeit übt, mit (weltlicher) Gewalt zu widerstehen. Der einzig mögliche Fall von Widerstand tritt ein, wenn die Obrigkeit sich vermißt, im Reich geistlicher Gewalt gebietend einzugreifen. Damit greift sie unmittelbar in das Regiment Gottes über die Seele der Christen ein; doch auch hier gilt, daß der Herrscher diesen Angriff auf Gottes Willen zunächst selbst mit Gott abzumachen hat und nicht mit einer durch die Abwehr legitimierten weltlichen Gegengewalt. Der Christ hat nur *eine* Möglichkeit, diesem Angriff zu begegnen: »Der Obrigkeit soll man nicht widerstehen mit Gewalt, sondern nur mit Bekenntnis der Wahrheit.«[6]

Aber der Herrschafts- und Zwangscharakter der weltlichen, politischen Gewalt fehlt den Formen geistlicher Gewalt ganz. Die politische Gewalt ist motiviert durch die Tatsache, daß die Welt böse ist und Formen aktiven und gewalttätigen Widerstandes gegen die gottgewollte Ordnung in ihr normal sind; dagegen kommt als Extrem im geistlichen Reich nur die Gottesferne, Sünde vor, weil geistliche Gewalt, d. h. Erkenntnis der Wahrheit, gegen Gott unmöglich ist.

Die zwei Formen der Gewalt bei Luther – Wort und Schwert – entsprechen den zwei Streitformen, die Cicero in *De Officiis*[7] erwähnt und die von da aus zum Bestandteil der Tradition wurden: der Streit mit Argumenten und der Streit mit Waffen. In der Diskussion um den Gewaltbegriff jedoch spielten der argumentative Streit und die mögliche politische Dimension der geistlichen Gewalt keine Rolle mehr. Bei H. Grotius z. B. wird die Gewaltproblematik unter dem Generalthema des Krieges als eines gewaltsamen Streites in den Formen des Privatkriegs und des öffentlichen Krieges abgehandelt. So wie es Gründe für argumentativen Streit gibt, so auch für gewaltsamen; Hauptzweck eines jeden Krieges ist die Selbsterhaltung, die als Naturtrieb gerechtfertigt ist, solange sie den Forderungen der Vernunft nicht widerspricht, und d. h. vor allem, solange nicht durch die entfaltete Gewalt die Rechte eines anderen verletzt werden. Zu den persönlichen Rechten zählt Grotius vor allem Freiheit, Gewalt (über Kinder und Sklaven), Eigentum und Gläubigerrecht. Man sieht: das, was Grotius als die persönlichen Rechte begreift, ist die Sphäre der Gewalt des freien Menschen. Gewalt ist also rechtlich, »solange nicht das Recht eines anderen verletzt wird.«[8] Was Grotius nicht reflektiert, ist die Möglichkeit des Entstehens von Kollisionen aus der Entfaltung der persönlichen Gewalt jedes Einzelnen; einer und nur einer von beiden hat bei ihm immer recht. Deshalb ist im Konfliktfall immer die Unterscheidung möglich von Gewalt, die Unrecht zufügt, und Gewalt, die Unrecht abwehrt. Auch die zweite ist naturrechtlich legitimiert. Hier zitiert er wiederum Cicero: »Quid enim est, quod contra vim sine vi fieri potest?«[9] Demnach gibt es bei Grotius drei Formen von Gewalt: erstens die Gewalt des persönlichen Rechts, die naturrechtlich begründete Sphäre der *Gewalt des freien Menschen*, zweitens die unrechtmäßige, die einen Angriff auf die Gewalt und Rechtssphäre eines anderen darstellt, drittens die rechtlich legitimierte, die aus Selbsterhaltung den Angriff der Gewalt eines anderen abwehrt. Diese dritte Form ist mit der Einrichtung der Gerichtsbarkeit in den Staaten eingeschränkt. Grotius sieht deutlich, daß damit ein staatliches Recht über ein Naturrecht (auf Widerstand) gestellt wird und es beschränkt. Im Staatsverband ist damit die volle Gewalt des freien Menschen eingeschränkt: »Die Gesetze nennen es Gewalt, wenn jemand das, was ihm gebührt, nicht durch den Richter zurückfordert«[10], sondern selbsttätig. Das hier in Ansätzen formulierte und bereits in seiner Problematik durchschaute Gewaltmonopol des Staates hat jedoch dort Grenzen, wo die Gefahr unabwendbar ist oder die Reichweite, Macht und faktische Wirkung der staatlichen Gerichtsbarkeit begrenzt sind. In der *Trias von naturrechtlicher Gewalt des freien Menschen, dieses Recht verletzender Gewalt des anderen und der abwehrenden Gewalt im Widerstand oder in der Staatsgewalt* ist die Dialektik der Gewalt bei Hegel, wenn auch einseitig politiktheoretisch gesehen, präformiert; im Ansatz gesehen ist ferner bei Grotius, daß die Idee einer Staatsgewalt die naturrechtliche Begründung der Gewalt des Freien einschränkt, so daß Gewalt von einem Begriff der Beschreibung elementarer Sozialverhältnisse zu einem durch komplexe Sozialverbandsstrukturen vermittelten wird. Wenn mir zugefügtes Unrecht nicht mehr von meiner Widerstandsgewalt geahndet werden darf, sondern von staatlicher Gewalt, und wenn diese nicht als meine, sondern als eine mir im wesentlichen fremde aufgefaßt wird, dann gibt es eine vormundschaftliche Gewalt. Beide Alternativen (Vertragstheorie und vormundschaftliche Herrschaftstheorie) sind in Absolutismus und Aufklärungszeitalter durchgespielt worden.

II.

Die Hobbessche Theorie des Verhältnisses von force (vis) und power (potestas) widerlegt die Vermutung, daß der deutsche Begriff der Gewalt eine bloße Äquivokation enthält. In Bewunderung der Erfolge der Naturwissenschaft, insbesondere Galileis, versuchte Hobbes, eine politische Theorie zu konzipieren, die als Wissenschaft wie Arithmetik oder Geometrie und nicht als bloße Kunstfertigkeit betrieben werden könne[11] und die, unabhängig von einer Fundierung in Moral, die Tatsachen der menschlichen Sozialexistenz in gewissen materialen Bedingungen wie den Leidenschaften, deren Gesamtheit resultiert in einem natürlichen Egoismus, lokalisiert. Überspitzt ausgedrückt, erscheint der Mensch bei Hobbes als von Natur aus asozial; das Agglomerat der mit natürlichen Egoismen ausgestatteten, atomistischen Individuen ergibt zwangsläufig die Gesellschaftsstruktur des Bürgerkriegs; dem entspricht auf ökonomischem Sektor der Kapitalismus privaten Unternehmertums. Die Bürgerkriegskonsequenz muß Hobbes aus zwei Gründen ziehen: 1. Er verbindet in seiner Theorie die beiden ersten Komponenten des Gewaltbegriffs von Grotius (Freiheit und Unrecht) – wie wir sagen würden: zu Recht. Auf der Basis einer individualistischen Grundannahme in der Theorie und deren mindestens ökonomischer Praxis ist freie Gewaltausübung langfristig nicht möglich, ohne daß diese auf Kosten eines anderen geht. Von diesem aber, Atom von der gleichen Sorte, wird angenommen, daß er das nach Kräften zu verhindern suchen wird. 2. Selbst wenn man aber – apologetisch zu Grotius – unterstellte, daß die erstrebenswerten Güter der Welt technisch beliebig und vor allem genau rechtzeitig vermehrbar wären, bleibt ein aus logischen Gründen nicht befriedigbarer Restbestand natürlicher Leidenschaften, nämlich das über die pure animalische Selbsterhaltung hinausgehende und gleichwohl ebenso natürliche Streben nach Freiheit und nach Herrschaft über andere.[12] Damit weist Hobbes dem Konzept der Gewalt des Freien eine aporetische Struktur nach, die allerdings nur dann gilt, wenn man den atomistischen Individualismus der Theorie als zutreffend annimmt. Wenn man jedoch die freie Gewalt nicht nur an eine abundierende Bedürfnisstruktur anbindet, sondern zugleich an ein überindividuelles Ethos (Gesamtheit nicht-disponibler Verhaltensformen einer Gesellschaft), wie es ja z. B. de facto für archaische Rechtssysteme unterstellt werden muß, dann ist die Hobbessche Theorie einseitig, und ihre Folgerungen sind nicht stringent. Eine natürliche Gesellschaft wäre also eine, in der Gewalt aller gegen alle dem Verhalten des Einzelnen sein Gepräge gibt. Dagegen ist eine friedliche Gesellschaft eine, die mit Wissen und Geschicklichkeit herbeigeführt werden muß. Da aber nicht nur die Voraussetzungen der Theorie zu jenen theoretisch-aporetischen Problemen führten, sondern die Realität die Problematik in der Gestalt des Bürgerkriegs ad oculos demonstriert, ist die Dringlichkeit philosophischer Reflexion unabweisbar. Ziel der Hobbesschen Theorie ist es damit, Überlegungen darzubieten, wie das sehr künstliche Gebilde einer friedlichen Gesellschaft möglichst stabil, d. h. unanfällig für Rückfälle in Bürgerkriegszustände, gestaltet werden könne. Daß überhaupt Frieden gewollt werden solle, leitet sich aus der Insuffizienz der Leidenschaftsstruktur ab, optimal Selbsterhaltung des Individuums zu garantieren. *Die ausgeübte Gewalt folgt zwangsläufig aus der Ausfaltung des natürlichen Egoismus, doch die erlittene Gewalt stellt eine damit nicht kommensurable Bedrohung der Existenz dar,* die eine philosophische Reflexion der antinomischen Struktur nötig macht.

Den Ausweg erblickt Hobbes in der Autorisierung eines Willens durch den in diesem Akt der Autorisierung verfaßten Willen einer Menge, der den autorisierten Willen zum Handeln im Sinne der ihn autorisiert Habenden ermächtigt.

Damit entsagen die Vielen der gewaltsamen Verfolgung ihrer Eigeninteressen gegeneinander und geben sich in diesem *Akt der Gewalt-Entsagung* einen gemeinsamen Willen, der nun Gewalt hat oder, wie man im Deutschen auch sagen kann, Gewalt ist. Für diese Staatsgewalt, die Souverän ihrer Handlungen ist, gilt nun aber nicht mehr notwendigerweise, daß ihr Handeln gewalttätig ist, da die Entsagung von Gewalt im Grundvertrag gewaltsames Souveränitäts-Handeln nicht mehr provoziert. Eine Variante stellt der sogenannte Staat durch Aneignung dar, weil in ihm die Bürger sich in der Furcht vor der Gewalt eines Einzelnen diesem unterwerfen und ihn mit der Vertretung ihres Willens beauftragen; aber »in beiden Fällen handeln sie aus Furcht«. In der Tat hängt die Größe und auch die *Legitimität der souveränen Gewalt* direkt davon ab, ob und wieweit es Reste von Bürgerkriegsgewalt gibt. Eine von der souveränen Gewalt zugelassene Gewalthandlung von Untertanen untereinander ist eine direkte Bedrohung der souveränen Gewalt, weil ihre Legitimation mit ihrer effektiven Verhinderung solcher Angriffe auf den Friedenszustand zusammenhängt, und damit eine Infragestellung des Grundvertrages und Bedrohung jedes Einzelnen, dessen Wille in dem des Souveräns als gewalthandelnder Wille aufgegangen ist.

Möglich ist der Fall, daß sich Einzelne aus der Vereinigung des Willens in der Autorisierung eines Souveräns ausschließen. Für diese gilt, daß sie sich nach wie vor im Kriegszustand befinden, wobei ihr Feind nunmehr nicht mehr ein Privatwille, sondern der autorisierte Wille eines Sozialverbandes ist. Klug wäre es, diesem nicht den Krieg zu erklären, sich der allgemeinen Gewaltentsagung anzuschließen. Aber über diesen Klugheitsaspekt hinaus läßt sich nach Hobbes nicht ableiten, wer im Recht, wer im Unrecht ist. Ein Rechtszustand ist zwischen diesen Parteien gar nicht gestiftet, und Rechtsfragen können folglich hier nicht erscheinen. »Wo keine allgemeine Gewalt ist, ist kein Gesetz, und wo kein Gesetz, keine Ungerechtigkeit. Gewalt und Betrug sind im Krieg die beiden Kardinaltugenden.«[14] Nicht nur intern (also bei Inanspruchnahme privater Gewalt, als Verbrechen), sondern auch externen Feinden gegenüber, selbst wenn sie sich ihrerseits organisieren, als Rebellion oder Krieg erscheinen, muß sich der Staat als überlegen erweisen, soll er sich die Achtung als autorisierte Gestalt des Willens aller erhalten; denn ein Sozialverband, der offensichtlich nicht für die Sicherheit seiner Glieder sorgen kann, indem er zwar Gewalt für sich beansprucht, aber die Gewalt-Abwehr von den Untertanen nicht länger gewährleisten kann, darf zur Selbsterhaltung nun von jedem Glied verlassen werden, etwa auch, um sich der Obhut desjenigen anzuvertrauen, der als Bedrohung des Souveräns sich selbst als die überlegene Gewalt beweist. Somit ist bei Hobbes Staatsgewalt das institutionelle Resultat der Entsagung von individueller Gewaltausübung zugunsten eines Einzelnen, des Souveräns, der damit eine Friedensgarantie für alle übernimmt. Die Hobbessche Konstruktion institutioneller Gewalt erlaubt es dem Bürger, die Staatsgewalt als seine Gewalt zu begreifen; somit findet sein Individualismus eine Grenze am Etatismus. Ein zweiter Vorzug dieser Theorie ist, daß Legitimitätsprobleme ohne Rückgriff auf Moral und Naturrecht quasi pragmatisch gelöst sind. Eine Gewalt kann so lange als legitim angesehen werden, wie sie die Behauptung, überlegene Gewalt zu sein, erfolgreich gegen ihre und ihrer Bürger Feinde verteidigen kann. Während bei Grotius noch von der relativen Unbedenklichkeit natürlicher Gewalt und der Bedenklichkeit institutioneller Gewalt die Rede war, liegen die Dinge bei Hobbes umgekehrt. In sich widersprüchlich, weil ihren Zweck selbst zerstörend, muß natürliche Gewalt überwunden werden in Richtung einer institutionellen *Gewaltakkumulation.* O. Rammstedt hat darauf hingewiesen, daß damit bereits bei Hobbes Gewalt im Schema des (übertragbaren) Besitzes gedacht wird. Das kann zur Folge haben, daß die Frage nach dem Recht auf Gewalt virulent wird, sozusagen die Frage nach der Gewalt über die Bedingungen der Anwendung von Gewalt.

III.

Im Zusammenhang der deutschen politischen Philosophie (Staatsphilosophie) werden die Diskussionen vorläufig nicht auf diesem Niveau geführt. Hier beherrscht ein patriarchalisch-obrigkeitsstaatliches Denken auch das Reden über die Gewalt. Die allgemeine Definition von Gewalt bei Wolff etwa lautet: »Freiheit zu befehlen, oder überhaupt etwas zu thun.«[15] Daraus wird nun über die Freiheit der Obrigkeit zu befehlen, »was die Unterthanen thun und lassen sollen«, zuerst der Begriff der obrigkeitlichen Gewalt abgeleitet. Dieser einmal abgeleitete Begriff der Gewalt der Obrigkeit führt dann folgerichtig zu einem eingeschränkten Gewaltbegriff auf seiten der Untertanen. Schließlich folgt aus diesem Gewalt-Ungleichgewicht der Grund des der Gewalt der Obrigkeit geschuldeten Gehorsams der Untertanen. »Man soll demnach der Obrigkeit unterthan seyn die Gewalt über uns hat und eben deswegen, weil sie Gewalt über uns hat.«[16] Modell dieses Gewaltverhältnisses, das auch stets zur Rechtfertigung herangezogen wird, ist die väterliche Gewalt. Das heißt freilich auch, daß der Gewaltinhaber die allerdings nur moralische, d. h. vor Gott und dem Gewissen zu rechtfertigende, Pflicht der Sorge für »Wohlfahrt und Sicherheit« der Untergebenen hat. Diese moralische Obligation ist allerdings für die Untertanen nicht einklagbar. So besteht kein struktureller und kein juristischer Unterschied zwischen obrigkeitlichen Gewaltausübungen, die die Wohlfahrt ihrer Untertanen besorgen, und solchen, die sie versäumen oder böswillig mißachten. Tyrannei wird dieser Fall bei Wolff genannt; er ist zwar begrifflich faßbar, auch lassen sich aufbereitete historische Beispiele beibringen, doch zur Unterscheidung im konkreten Fall, eben wegen der Privatheit der herrscherlichen Verpflichtung, taugt er nicht.

Vom Begriff der Gewalt ist bei Wolff klar unterschieden der der Macht, worunter er insgesamt die Mittel der Vollstrekkung der Gewalt versteht. Konkret sind das in damaligen Zeiten vor allem Geld und Soldaten. Die allgemeine Definition der Macht, der allgemeinen Definition von Gewalt komplementär, lautet: »Die Macht ist nichts anders als die Möglichkeit, auszurichten oder zu vollführen, was man beschlossen.«[17] Als Inbegriff von Gewalt und Macht wird der Begriff der Majestät eingeführt.

So wird bei Wolff die Trennung von potestas und vis im Gewaltbegriff mit der Konsequenz fortgesetzt, daß Gewalt zum Oberbegriff alles obrigkeitlichen Handelns wird. Zwar eignet sie ursprünglich dem Handeln aller freien Menschen, doch ist die gewalthabende Freiheit der Untertanen begrenzt auf das Eltern-Kind-Verhältnis. Andere Formen individuellen

Gewalthabens konfligieren nun nicht mehr mit dem Recht und mit der Freiheit und Gewalt eines anderen Individuums, sondern einzig mit der Gewalt des privilegierten Gegenüber, des Fürsten, dessen Gewaltzugriff nun nichts mehr, außer privater Patrimonial-Gewalt, entzogen ist. Fürstliche Gewalt, in der Form der Tyrannei, verstößt so nicht mehr gegen die freie Gewalt und das Recht der Bürger, sondern nur noch gegen die moralisch begründete Sorgepflicht des Landesvaters gegen seine Landeskinder, weswegen nicht diese ihn zur Rechenschaft ziehen können; der, vor dem er sich zu verantworten hat, ist ein Höherer. Die Monopolisierung legitimer Gewaltausübung im absolutistischen Staat ist gedanklich so weit aufgearbeitet, daß Wolff als der Abschluß der Begriffsentwicklung gelten kann, die vom germanischen Rechtsdenken über Luthers Obrigkeit und Pufendorf[18] führt. Gewalt ist zu einem Strukturbegriff geworden, der hierarchische Ordnungen zu kennzeichnen erlaubt; Macht verhält sich instrumental dazu.

Wie wenig gefestigt allerdings solch ein Sprachgebrauch war, zeigt das Beispiel des Wolff-Schülers Gottsched. Er nennt summa potesta die *Macht* des Regenten, nämlich das »Recht und Vermögen, Gesetze zu geben und dadurch die gemeine Wohlfahrt zu befördern.«[19] Gewalt aber – in genauer Umkehrung des Wolffschen Sprachgebrauchs – verhält sich instrumental dazu. Macht ist die Institution, die hier auf Vertrag beruhend gedacht wird, und Gewalt der Prozeß bzw. das Vermögen ihrer Exekution. So setzt z. B. die Macht die Institution des Rechts; Gewalt aber führt sie durch bzw. wacht aktiv darüber (Polizei), daß die Untertanen ihr gehorchen. Als Mittel der Gewalt gelten hier Geld und Landesvolk. In dem Recht des Volkes (der Stände), die Finanzen zu bewilligen, wird schon ein effektives Mittel der Begrenzung der fürstlichen Gewalt und damit auch der Macht, die ohne Gewalt nichts ist, gesehen. Ebenso wird der Modellfall, dessen Geltung auch bei Gottsched außer Frage steht, das Vater-Kind-Verhältnis, hier dynamischer gesehen als bei Wolff, und die Begriffskomponente der vis, die bei Wolff nicht begegnen konnte, wird reaktualisiert. Da aber gleichzeitig die hierarchische Richtung der Struktur beibehalten wird, gewinnt die Gottschedsche Konzeption noch stärker die Züge der »Gewaltherrschaft« (im modernen Sinne). Es ist nicht beiläufig, daß er drohend von härtesten Mitteln der Gewalt gegen Widerspenstige dort spricht, wo es das »gemeine Beste« erforderlich erscheinen läßt.

Daß die römisch-rechtlich inspirierte Unterscheidung von potestas und vis im Gewaltbegriff nach Maßgabe des Rechtsbegriffs nicht untergegangen war, lehrt ein Blick auf die Lexika des 18. Jahrhunderts[20]. Sowohl Walch als auch Zedler treffen als Hauptunterscheidung im Gewaltbegriff die in rechtmäßige und in unrechtmäßige. Die legitime Gewalt (potestas) wird ferner differenziert nach der von Obrigkeitspersonen und der von Privatpersonen. Im Fall der Obrigkeit ist Gewalt imperium, d. h. die Befugnis zu befehlen und zu zwingen; der Fall privater Gewalt (potestas dominica) – so Zedler – sei nunmehr abgeschafft, insofern darunter zu verstehen ist die Gewalt des Hausherrn über den Knecht. Die Gewalt des Einzelnen, sofern er nicht obrigkeitliche Funktionen ausübt, beschränkt sich nunmehr auf die Gewalt gegenüber seinen Kindern. Es steht nach Zedler dem Einzelnen ferner das Recht zu, verbrecherischen Gewalttätigkeiten anderer mit Gewalt zu begegnen. Notwehr ist aber nicht legitime Gewaltausübung, sondern, da sie an das Eintreten bestimmter unrechtmäßiger Voraussetzungen gebunden ist, eine bloß gerechtfertigte und fällt somit unter die Begriffskomponente vis. Gewalt als vis wird nicht mehr gesehen als ein Übergriff auf die Sphäre rechtmäßiger Gewaltausübung eines anderen; denn da dieser legitime Gewalt nur gegenüber seinen Kindern hat, dürfte dieser Fall wohl selten vorkommen; vielmehr wird sie gewertet als ein Angriff auf die Ruhe und den Frieden des Gemeinwesens. Die Bedrohung des Friedens war vom mittelalterlichen Landfrieden bis zu Hobbes argumentativer Grund für die Monopolisierung von Gewalt im Staat. So faßt die Zedlersche Konzeption von Gewalt alle wichtigen Stellungnahmen der Tradition systematisch zusammen.

Die Stabilität dieses lexikographisch kristallisierten Redens über die Gewalt konnte nur so lange sich erhalten, wie ihre zwei wesentlichen Voraussetzungen nicht disponibel zur Diskussion waren: das Vater-Kind-Modell von Herrschaft und die unhistorische Geltung des Rechts. Beides aber steht in der Folgezeit nicht mehr fest. Theorien der Volkssouveränität, die als solche zwar nicht neu waren, sondern ihre Ursprünge im Mittelalter hatten, die aber einer verschütteten Tradition angehörten, gewannen an Attraktivität, und zwar genau aufgrund einer Ausdehnung des Rechtsbegriffs, indem vorher hingenommene theologische Antworten auf Rechtsbegründungsfragen nunmehr selbst noch einmal fragwürdig wurden. Damit folgt Herrschaft nicht logisch aus der gottgewollten = natürlichen Ordnung, wie sie in der Familie präformiert ist, sondern bedarf einer Rechtfertigung. Das führt zu einer Aufweichung der Maßgeblichkeit des Vater-Kind-Modells. Zweitens führt die Rechtsbegründungsfrage dazu, daß zu einer möglichen Beantwortung der Frage auch die These »Alles Recht fußt auf Gewalt« herangezogen werden kann. Damit ist die unbefangene Einteilung der Gewaltsorten in rechtmäßige und unrechtmäßige in Frage gestellt.

Der Staatsphilosoph und »Polizei«-Theoretiker Justi führt die Entstehung der Staaten zurück auf die Entwicklung von väterlicher Gewalt zu Herrschaft über eine Familie und die Vereinigung solcher Familienhäupter in Gesellschaft. Die vereinigten Kräfte der Familien haben eine einzige resultierende Kraft, »was man die oberste Gewalt nennt«.[21] Die Kraftresultante »oberste Gewalt« ist konstitutives Merkmal des Staates im Gegensatz zu »Gesellschaften im Stande der natürlichen Freyheit«.[22] Der Begriff der »obersten Gewalt« oder, wie Justi ersatzweise sagt, der Majestät setzt nun noch keineswegs eine bestimmte Form ihrer Ausübung fest; in ihr sind vielmehr der Begriff der »Grundgewalt des gesamten Volkes« und der Begriff der »thätigen obersten Gewalt« noch ungeschieden.[23] Die Grundgewalt ist bei Verfassungsgebung und Verfassungsänderung aktuell; sonst bestimmt sie durch die Verfassung, wie die Ausübung der Gewalt geschehen soll. D. h. aber auch: die Grundgewalt konstituiert überhaupt erst die »thätige oberste Gewalt« – Staatsgewalt ist abgeleitete, aus Volksgewalt abgeleitete Gewalt. Solange die Staatsgewalt so funktioniert, wie sie es nach dem Willen des Volkes soll, so lange bleibt die Grundgewalt latent. Daraus folgt zwar nicht eine ständige Beurteilungsfunktion des Volkes über die Regierungsakte, aber es folgte mit Sicherheit daraus dann der Widerstandsfall, wenn sich die Staatsgewalt herausnähme, »die Grundgewalt des Volkes zu vernichten, den ganzen Staat vorzustellen und sich aller dessen Rechte zu bemächtigen.«[24] Als besonders gravierend werden angesehen Verfassungsänderungen und Enteignungen von Privatpersonen gegen die Grundgewalt.

Justi steht beispielhaft für die Ablösung eines patriarchalisch-obrigkeitlichen Herrschaftsmodells zugunsten eines Primats der Grundgewalt des Volkes und, damit zusammenhängend, für die Zurückweisung einer transzendenten zugunsten einer gesellschaftsimmanenten Rechtsbegründung. Dadurch werden die traditionellen Begriffspaare Gewalt und Recht, Gewalt und Macht, Gewalt und Freiheit nun in den Hintergrund eines neudiskutierten Zusammenhangs von Gewalt und Souveränität (des Volkes) gedrängt.

IV.

In seiner *Kritik der Urteilskraft* gibt Kant zum Zwecke der Bestimmung des Erhabenen ganz allgemeine Definitionen von Macht und Gewalt: »*Macht* ist ein Vermögen, welches großen Hindernissen überlegen ist. Eben dieselbe heißt eine *Gewalt*, wenn sie auch dem Widerstande dessen, was selbst Macht besitzt, überlegen ist.«[25] Diese Begriffsbestimmungen sind insofern neuartig, als Gewalt als Komparativ zu Macht aufgefaßt wird, nämlich als eine Macht, die Widerstand leistende Macht, im Unterschied zu natürlichen Hindernissen, überwindet. So wird eine instrumentale Deutung des Verhältnisses beider Begriffe, wie sie etwa bei Wolff begegnete, hinfällig. Ferner sind Ansätze gemacht, die ontologisierende Redeweise aufzugeben, da nicht Gewalt der Macht bedarf, um sich durchzusetzen, oder umgekehrt, sondern beide sind nur, sofern sie sich durchsetzen. Gewalt als niemals aktualisierte Potenz ist hier kein vernünftiger Begriff von ihr, während bei Wolff noch die Redeweise möglich war, daß eine Gewalt deshalb nicht wirken konnte, weil es an Macht fehlte. Mit der instrumentalen Beziehung beider Begriffe ist auch die hierarchische Struktur von Gewalt hinfällig, und Gewalt wird wieder zu dem, was sie bis Grotius und Hobbes war: ein Begriff zur Beschreibung von Phänomenen zwischen sozialen Einheiten, die zwar Subordination sekundär begründen können, die aber nicht in seiner Struktur durch eine vorgegebene Hierarchie mitgesetzt ist.

Es gibt nach Kant eine Theorie politischen Handelns, die dieses als eine Exekution theoretischer Einsichten konzipiert. Kant nennt sie »Praktik«; heute würden jedenfalls ihre Gegner von »Technokratie« sprechen. Die theoretische Einsicht als Maxime politischen Handelns scheitert, muß scheitern an der Kontingenz historischer Abläufe. Selbst wenn es über zu verwirklichende Werte keine Differenzen gäbe, kann, da sämtliche Folgen, oft selbst bei geringen Zeitunterschieden, niemals vorhergesehen werden können, daraus keine Hilfe für eine konkrete Entscheidung genommen werden. Kürzer formuliert: Niemand beherrscht die Geschichte seiner eigenen Entscheidungen. Zwar kann also nach Kant niemals aus der theoretischen Beschäftigung mit der Geschichte eine Maxime folgen, die eine Alternative in einer Entscheidungssituation stringent als die richtige ausweist, doch es gibt ebenso unübersehbar wie diese Erkenntnis mögliche Interpretationen von Strukturen historischer Verläufe. Daraus ist nun freilich nicht die Legitimation für eine bestimmte Entscheidung oder auch nur für eine klar ausgrenzbare Klasse von Entscheidungen zu ziehen, sondern es folgt daraus nichts weiter als eine gleichwohl zum Handeln ermutigende »tröstende Aussicht in die Zukunft«.[26] Während Kant die Moral, als von der Zeitstruktur der Geschichte unabhängig in naturgesetzlicher Geltung, wie er glaubt, grundlegend für Entscheidungsverhalten ansehen will, glaubt der Praktiker, aus Einsicht in »Sachzwänge« dies nicht tun zu brauchen oder gar zu dürfen. Zu diesen Sachzwängen gehört die nicht-eliminierbare Rolle der Gewalt in der Politik, woraus man die These der Unmöglichkeit eines friedlichen Zustandes der Menschheit ableitet. Zwar könnten alle die erhabene Idee eines friedlichen Zusammenlebens einsehen, wohl auch wünschen, aber ihr selbstsüchtiges Interesse und das berechtigte Mißtrauen vor dem selbstsüchtigen Interesse aller anderen verhindern effektiv, daß dies Wirklichkeit wird. In dieser Ur-Situation, die jeglicher bürgerlichen Gesellschaft vorausliegt, hilft, soweit folgt Kant auch diesen Argumentationen, in der Tat nichts anderes, als daß der Rechtszustand, den alle wollen, ohne ihn herbeiführen zu können, in einem Akt der Gewalt durch einen Einzelnen eingerichtet wird. Wenn auch jeder Einzelne das Recht will, so wird doch aufgrund des feindseligen Zustandes aller gegen alle, aus dem Willen aller kein gemeinsamer Wille, der den Rechtszustand einrichtet: »Und ob er gleich als vernünftiges Geschöpf ein Gesetz wünscht, welches der Freiheit Aller Schranken setze: so verleitet ihn doch seine selbstsüchtig-thierische Neigung, wo er darf, sich selbst auszunehmen. Er bedarf also einen *Herrn,* der ihm den eigenen Willen breche und ihn nötige.«[27] Die Rechtsordnung der bürgerlichen Gesellschaft kann folglich auf Übereinkunft fußend gedacht werden. In der Begriffskonstellation Gewalt und Recht entscheidet sich Kant eindeutig für die These des historischen Prius der Gewalt. Insofern ist Gewalt nicht eine Unregelmäßigkeit in der bürgerlichen Gesellschaft oder ein unerfaßter Raum, sondern sie ist gewissermaßen ihr Geburtstrauma. Aber, und darin trennen sich die Argumentationswege von Kant und seinem politischen Praktiker, daraus folgt nicht der Maximenkodex politischen Handelns. Der Herrscher kann sich für den Akt der Gewalt hinterher damit legitimieren, daß er das Recht effektiv für alle begründete. Selbst nach der einmaligen Einsetzung der bürgerlichen Rechtsordnung ist diese natürlich nicht ungefährdet, so daß Gewalt latent auch in der Rechtsordnung verankert ist. Die Latenz der monopolisierten Gewalt würde also Merkmal des Übergangs von Gewalt zu Recht sein, wobei das Latentwerden die Monopolisierung (die dadurch zunächst selbst als Gewaltakt erscheint)[28] voraussetzt. Mit dem Latentwerden aber vollstreckt sie den kollektiven Willen zum Recht. So charakterisiert Kant diese Rechtsordnung auch dadurch, daß in ihr »*Freiheit unter äußeren Gesetzen* im größtmöglichen Grade mit unwiderstehlicher Gewalt verbunden angetroffen wird«.[29] Ausschließlich auf diese Funktion der Rechtsgarantie ist die Gewalt beschränkt; Maximen einer machiavellistischen Politik können aus der Gewaltkomponente der bürgerlichen Verfassung nicht abgeleitet werden. Die Abwehr der Maximen einer machiavellistischen politischen Praktik geschieht bei Kant allerdings nicht durch die bloße Forderung der Moral; vielmehr zeigt er, wie der Machiavellismus an der Nichtkalkulierbarkeit der Geschichte aus theoretisch einsichtigen Gründen scheitern muß.

Da nun Klugheitsregeln politischer Praktik nicht zu vernünftigem Handeln anleiten können, bedarf es nach Kant

Maximen stärker gesicherter Provenienz, wie sie das moralische Gesetz bietet. Ohne nun auf die Schwierigkeiten der Kantischen Ethik näher eingehen zu wollen, muß man doch auf ihre fundamentale Unterscheidung zwischen der durchgehenden Kausalität aller Erscheinungen und der Freiheit als Prinzip hinweisen. Also selbst wenn es stimmte, daß die Institution des Rechts auf den Herrschaftsgelüsten und ihrer gewaltsamen Durchsetzung Einzelner beruhte und in der Psyche des Menschen gar keine Motive erkennbar wären, die den Herrscher dazu veranlassen könnten, die Spuren der Gewalt nach und nach im Herrschaftsgeschäft zu tilgen, also selbst wenn Bedingungen eines Fortschritts in der Sozialordnung theoretisch gar nicht einsehbar wären, gäbe es dennoch für jeden Einzelnen zugleich die Selbsterfahrung, anders als geschehen handeln zu können, Alternativen für echte Alternativen zu halten – ein Tatbestand, der Schuld erst möglich macht. Das Bewußtsein der Freiheit, Entscheidungssituationen wirklich für offen zu halten, begründet die Notwendigkeit von Kriterien. Hier setzt Kant den Begriff der Pflicht ein, der für unseren Zusammenhang eine Pflicht des Regenten bedeutet, die Spuren des Ursprungs der Herrschaft in Gewalt sukzessive zu beseitigen. Doch gesetzt den Fall, ein Mensch übte die Herrschaft aus, der die Maximen seines Handelns nicht am Sittengesetz orientierte; der Fortschritt der Aufklärung des Bewußtseins mit dem Ziel einer vollkommenen Rechtsordnung der bürgerlichen Gesellschaft ginge ohne Spuren über ihn hinweg. Daraus resultierte notwendigerweise ein Konflikt zwischen einem Herrschaftswillen, der Gewalt ohne Recht verwirklicht (Tyrannei), und dem allgemeinen Willen zum Recht. Die Formalität des Kantischen Rechtsbegriffs läßt den Gedanken nicht zu, daß dann das Volk ein Recht auf Gewalt zur Durchsetzung des Rechts habe. Eine Gewaltherrschaft bedeutet nach Kant, daß das Recht, das der allgemeine Wille wollte, eben überhaupt nicht verwirklicht ist und sich somit weder Herrscher noch Volk darauf berufen können. Im Konfliktfall kann man ebensogut sagen, daß beide recht haben: der Tyrann, indem er die Ordnung, die Bedingung funktionierenden Rechts ist, (mit Gewalt) aufrechtzuerhalten sucht, und das Volk, indem es seine Einsicht und Erwartung in die Notwendigkeit einer Rechtsordnung durch die bestehende

Ordnung beleidigt sieht. Keine der beiden Parteien darf sich somit beklagen, wenn sie in der Gewaltprobe des eintretenden Widerstandes unterliegt. Verallgemeinert könnte man nun sagen: Gewalt tritt da ein, wo das Recht versagt, sei es in legitimer Absicherung der Funktionsweise des Rechts, sei es da, wo die Domäne des Rechts nicht durch dieses, sondern durch Unrecht und Gewalt abgedeckt wird. Noch etwas schwieriger wird natürlich die Entscheidung in allen konkreten Situationen, in denen sich niemals reine Gewaltherrschaft und reiner Rechtswille gegenüberstehen. Hier kommt Kants ambivalentes Verhältnis zur Revolution zur Sprache. Kant lehnt ein Widerstandsrecht des Bürgers aus moralischen und rechtsphilosophischen Gründen ab. Gleichwohl gilt ihm eine erfolgreiche Revolution als nicht revidierbar. Der Revolutionsbegriff profitiert – das entspricht seiner metaphorischen Herkunft – von der Dignität des Faktischen. Für eine historische Revolution (etwa auch in Frankreich) kann man sich von Königsberg aus begeistern, wie für den Umlauf (revolutio) der Gestirne, ohne für ein verdächtiges politisches Subjekt gehalten werden zu müssen, weil es diesem Revolutionsbegriff entspricht, Revolution nicht für planbar und machbar zu halten, sondern für ein passiertes Ereignis, das würdiger Gegenstand historischer Betrachtung ist. Aber selbst wenn man praktische Maßstäbe anlegt, kann man lediglich feststellen, daß das revolutionäre Regime mit dem gleichen Geburtstrauma der Gewalt behaftet ist wie alle Herrschaft. Und die Chance der Verrechtlichung der Gesellschaft muß nicht geringer geworden sein, sie ist insgesamt unkalkulierbar. Wenn es besser wird mit der Rechtsordnung, so nicht, weil die Revolutionäre wirklich das Gute wollten und planten; vielmehr setzt sich gleichsam über ihre Köpfe hinweg der Fortschritt durch. Die Unkalkulierbarkeit des Resultats von Revolutionen – weil abhängig von dem guten Willen der postrevolutionären Herrschaft – verbietet dann andererseits den positiven Entschluß zum Widerstand.

Kant entwickelt ein Denkmodell, das Rechtsetzung durch Gewalt und den Vertragsgedanken harmonisierbar macht. Es ist zur Einrichtung und Erhaltung eines rechtmäßigen Zustandes nämlich keineswegs erforderlich, daß die Gewalt mit physischer Vernichtung arbeitet. Da nach der Grunddefinition

Gewalt ein Vermögen ist, reicht die Latenz der Gewalt aus, denjenigen Rechtszustand herbeizuführen, der ihre Manifestationen minimalisiert. Da alle den Rechtszustand wollen, sind die Vernünftigkeit der eingerichteten Rechtsordnung zusammen mit der subjektiven Einsicht in diese Vernünftigkeit hinreichende Gewähr dafür, daß sich das Recht gegenüber der subjektiven Willkür bewährt, d. h. seine Gewalt beweist. In dieser Version widersprechen einander die Theorie des Gesellschaftsvertrags und die Theorie der Rechtssetzung durch einen ursprünglichen Gewaltakt nicht mehr. Beide Behauptungen sind keine historischen Aussagen, sondern theoretische Konstrukte zur Absicherung (mit metaphorisch gebrauchten historischen Argumenten) und Erklärung der faktischen und legitimen Geltung des Rechts.

Das innerstaatliche Verhältnis der Gewaltdrohung aller gegen alle, das die Notwendigkeit des Rechts einsichtig macht, hat seine völkerrechtliche Entsprechung. Es inauguriert die Idee eines ewigen Friedens als eine Übereinkunft von durch Vernunft geleiteten Staatsverbänden, in denen die Einsicht verbreitet ist, daß partikulare Bestrebungen stets bloß zu neuen Kriegen führen und daß es eines Vertrages zu einem Völkerbund bedarf, der auch über die Gewalt verfügt, eine rechtliche Lösung von Konflikten herbeizuführen.

Die alte Unterscheidung legitimer und illegitimer Gewalt wird bei Kant hinfällig dadurch, daß er keinen inhaltlich explizierbaren, etwa naturrechtlich fundierten Rechtsbegriff voraussetzt, der dann auf Phänomene der Gewalt normativ anwendbar wäre. *Gewalt ist,* wie bei Hobbes und in der ältesten Tradition, *Primärphänomen,* das dann sowohl Anlaß zur Rechtsidee gibt, als auch das Mittel ihrer Durchsetzung ist. Legitime und illegitime Gewalt können daher nicht am abstrakt vorausgesetzten Recht unterschieden werden, wohl aber formal in bezug auf die Funktion in der bürgerlichen Gesellschaft nach dem Maß ihrer möglichen Allgemeinheit. Potentiell allgemein (und damit legitim) ist eine Gewalt, die unwiderstehlich ist dadurch, daß sich das Rechtsbedürfnis aller mit ihr verbindet. Illegitim ist eine Gewalt, die deswegen nicht unwiderstehlich ist, weil sie bloß partikularen Interessen entspringt und sich daher niemand oder nur wenige damit identifzieren können. Die Allgemeinheit kann allerdings nicht auf dem Abstimmungswege ermittelt werden (komparative Allgemeinheit), sondern Allgemeinheit ist hier das, dem alle vernünftigen Wesen qua Vernunft zustimmen müssen. Daß sich in der Anwendung dieses Kriteriums Probleme ergeben, ist oft genug erörtert worden.

Neben den Begriffskonstellationen von Gewalt und Macht und von Gewalt und Recht tritt – wenn auch beiläufig – bei Kant bereits die von Gewalt und Besitz, die in der Folge Hegels wichtig werden wird, die aber jetzt bereits erwähnt werden soll, weil sie die gleiche typische Struktur des Kantischen Gewaltbegriffs hat und mit dem Hegelschen ökonomischen Gewaltbegriff nur wenig zu tun zu haben scheint. Nach ihr haben die Gegenstände, die zu gebrauchen ich die Macht habe, die Eigenschaft, zum Besitz werden zu können. Die Aktualisierung dieser Macht Gegenständen gegenüber im Haben auch gegen die Besitzansprüche anderer heißt, die Gegenstände in der Gewalt zu haben. Daher ist, in bezug auf Besitz, Gewalt ein Verhältnis sowohl Gegenständen als auch anderen potentiellen Besitzern gegenüber, die ebenfalls die Macht haben, die betreffenden Gegenstände zu gebrauchen. Hier, im ökonomischen Bereich, hat sich also in liberalistischer Sicht die archaische Gewalt des freien Menschen erhalten. Denn diese Gewalt des Besitzes kann sich vor anderen Ansprüchen, die sich des Gegenstandes gleich mächtig erweisen mögen, nicht anders behaupten als durch die erfolgreiche Überwindung ihres Widerstandes, und sei es in der bürgerlichen Gesellschaft mit Mitteln des Rechts. Denn in bezug auf dieses Verhältnis ist das Recht in der Tat bloßes Mittel, nicht Zweck. In seiner Allgemeinheit kann das Recht nicht grundsätzlich entscheiden, wer was besitzen soll; man braucht zur Handhabung des Rechts als Instrument der In-Besitz-Setzung gewisse Argumentationsschemata, z. B. ein nachweisbar authentisches Testament, die einen in die Gewalt über den Gegenstand setzen. Zwar betont Kant, daß diese Form des Besitzens nur in dem rechtlichen Zustand einer bürgerlichen Gesellschaft möglich sei, was insofern unbezweifelbar ist, als das Besitzen in einem Naturzustand ganz andere Formen annimmt und daher die Gewalt auch ganz andere Mittel, nämlich physische, hat; aber er sieht ebenso klar, daß der Besitz und die Gewalt des Besitzenden nicht nach Maßgabe des Rechts verteilt werden können, sondern die beati possidentes stets den vor der Vernunft inhaltlich gar nicht zu rechtfertigenden Verdacht für sich haben, rechtmäßig zu besitzen. Im Gegenteil gilt in der besitzenden Gesellschaft, daß das Recht im Dienst der Gewalt steht. So hat sich im ökonomischen Bereich der bürgerlichen Gesellschaft das alte Modell der Gewalt des freien Menschen am reinsten erhalten. Die Gewalt des Besitzenden kann nur durch höhere Gewalt – und d. h. in der bürgerlichen Gesellschaft stets auch mit Hilfe von Rechtsansprüchen – gebrochen werden, nicht durch unmittelbare, distribuierende Anwendung des Rechts auf alle möglichen Gegenstände und alle zu ihrem Gebrauch mächtigen Aspiranten darauf, was stets nur zu der äußerst instabilen Verteilung nach dem Prinzip gleicher Verteilung an alle führen würde. Indem der gewalthabende freie Mensch auf den Besitzenden abgebildet wird, erscheint bei Kant bereits schemenhaft das Bild des freien Unternehmers, das M. Weber in deutlicher Weise begeistert hat und das in ideologischen Verlautbarungen über Unternehmertätigkeit immer wiederkehrt.

Gewalt gehört nach allem Gesagten zu den Elementarbegriffen in der Darstellung politisch-sozialer Tatbestände bei Kant. Manifest bestimmt sie den vorrechtlichen Zustand bis hin zur Durchsetzung der Rechtsordnung; latent begleitet sie als Garantie und als ständige Bedrohung deren historische Entwicklung. Gilt in der Rechtssphäre der Satz: »Gewalt soll nicht sein«, so ergibt sich in der ökonomischen Sphäre als Surrogat der Gewalt des Freien die Gewalt über die Sachen als Besitz, unter Ausschließung aller sonst zu ihrem Gebrauch fähigen Aspiranten auf diese.

V.

Das mit der Französischen Revolution neu einsetzende Bedenken der Gewalt sei beispielhaft an dem Kantianer C. A. Wichmann und an F. Murhard vorgeführt. Im Begriff der Revolution unterscheidet Wichmann[30] gewaltsame von ruhigen Revolutionen; gewaltsame treten genau dann ein, wenn ruhige verhindert werden. Gegenbegriff zum Begriff der Gewalt ist hier der Begriff der Aufklärung, deren Prozeß unaufhaltsam ist. Je mehr also die Aufklärung sich ausbreitet, verkündet dieser Optimismus, desto mehr wird Gewalt verschwinden. Damit gewinnt »Gewalt« Teilsynonymität mit dem Begriff unreflektierter Praxis. Im unaufgeklärten »Pöbel« sieht Wichmann ein abgründiges und gefährliches Potential von Gewalt, das, wenn es entfesselt würde, chaotische Zustände herbeiführte. Als ständige Drohung erfüllt dieses *Gegenbild von Aufklärung* die Funktion der Propagierung freiwilligen friedlichen Fortschritts. Für die Regierenden ist es riskant, sich bei der Führung der Regierungsgeschäfte der Gewalt zu bedienen, denn das ist genau die Sprache, die das unaufgeklärte Volk versteht, und die Antwort wird den Regierenden genau in dieser Sprache beschert werden. Es liegt daher im wohlverstandenen Interesse der Herrschenden selbst, nicht nur die Aufklärung und ihre friedlichen Revolutionen nicht zu hemmen, sondern aktiv zu fördern. Der jetzt schon bestehende allgemeine Wille des Volkes zur ruhigen Staatsveränderung ist bereits ein Indiz von Aufklärung, ihn zu hemmen dagegen ein Akt der Gewalt, der die Herrschenden selbst als unaufgeklärt entlarvt. Die dadurch provozierte Gewalt des Volkes ist nicht illegitimer als die Herrschaftspraktiken zur Verhinderung von Aufklärung. Die Kantische Unentscheidbarkeit der Frage nach dem Recht der Gewalt im Widerstand wird in einem solchen Zusammenhang sinnlos. Gewalt ist das Sinnliche, Chaotische, als der Aufklärung Entgegengesetzte das schlechthin Unrechte. Doch wird – und das macht Wichmann zum Revolutionsschriftsteller – die Ausübung der Staatsgewalt, sofern sie Aufklärung und ruhige Revolution zu verhindern sucht, selbst als solche Gewalt durchschaut: potestas wird als vis entlarvt. Diese Argumentationsfigur ist typisch für einen bestimmten revolutionären Gewaltbegriff bis heute geblieben.[31] Er kommt bei Wichmann zustande durch eine Anwendung der Kantischen moralphilosophischen Unterscheidung von Vernunft und Sinnlichkeit (hier als Aufklärung und Gewalt) auf politische Unterscheidungen. Die Tendenz zu solchen dualistischen moralischen Kategorien in der Theorie der Revolution könnte man einer sozialen »Schicht mit linearem Zeitbewußtsein mit festgelegter Zukunft« (O. Rammstedt) zuordnen, identifizierbar als untere Mittelschicht. So wird selbst die Gewalt einer machbaren Revolution, die die Volksverführer mobilisieren, zum

Symptom verweigerter Aufklärung, das diejenigen als Risiko hätten einkalkulieren müssen, die dem Volk die Aufklärung verweigerten.

Prozesse, die den gewaltsamen Widerstand des Volkes provozieren, laufen nach F. Murhard[32] so ab, daß zunächst das Volk (volonté général) berechtigte Wünsche äußert; diese werden dann von den Regierungen mit der Begründung, die (bestehende) Ordnung müsse aufrechterhalten werden, abgewiesen und gewaltsam niedergeschlagen. Diese Gewalt provoziert die Gegengewalt des empörten Volkes. Sie ist nach Murhard immer legitim; denn würde das Volk nicht mit Gewalt an der Durchsetzung seiner Ziele gehindert, d. h. gäbe es geordnete Wege der Manifestation des Volkswillens, so träte die Gewalt des Volkes überhaupt nicht ein. Gewalt des Volkes ist daher immer *Gegen-Gewalt* gegen einen primären Angriff der Staats-Gewalt. Der Nachweis, daß eine bestimmte Gewalt Gegengewalt gegen eine primäre Gewalt sei, gehört deswegen zu den beliebten Argumentationsstücken, weil das Recht auf Notwehr, auf das der Begriff der Gegengewalt im Widerstand dann abgebildet wird, niemals effektiv bestritten wurde. Aufgabe zukünftiger Politik wird es nach Murhard sein, die physische Gewalt überall der »moralischen Gewalt«[33] weichen zu lassen. Sie ist die überlegene Gewalt, die sich auf lange Sicht stets durchsetzen wird. Die revolutionäre Komponente der politischen Theorie Murhards besteht darin, die moralische Gewalt allemal beim Volke, die physische bei der Staatsgewalt zu vermuten.

Die Gewalttheorie im Umkreis der Französischen Revolution erörtert also nicht mehr die Kantische moralische Frage, ob der Einzelne befugt sei, Widerstand gegen die Regierung zu üben. Der Gedanke geht jetzt nicht mehr vom Individuum und seiner potentiellen Gewalt aus, deren Resultante dann die Gewalt des Volkes wäre, sondern das Volk mit seiner volonté général wird als gewalthabende Einheit gedacht; ein solches Umdenken setzt eine profunde Wirkung der Volkssouveränitätstheorien voraus; denn daß Kollektive Gewalt haben könnten, ist eine traditional durch die Geschichte des Begriffs der Gewalt nicht legitimierbare Aussage. Sie setzt so etwas wie ein kollektives Quasi-Subjekt, dessen Willen volonté général heißt, voraus, der dann natürlich aufgrund seiner Kollektivität zu ganz anderen Manifestationen der Gewalt des freien Willens legitimiert erscheint als der bloß partikulare eines Einzelnen. Selbst der Herrschaftswille ist, sofern er nicht mit der volonté général kongruiert, eine widerrechtliche Privatgewalt. Im Kollektivbewußtsein der Massenbewegungen erscheint die Hobbessche Vereinigung der Untertanen abtrennbar vom Akt der Einsetzung eines Herrschers.

Auch des frühen Fichte Apologie der Revolution als Widerstand hat objektiv die Funktion, mit der Drohung ihrer Möglichkeit den Weg friedlichen aufgeklärten Fortschritts zu propagieren. Er betont das Recht des Volkes auf Gewalt, sofern sich die Staatsgewalt als Gewalt manifestiert. Die Legitimität der Staatsgewalt besteht nämlich zuerst darin, den Bürger vor der Gewalt zu schützen. Genau zu diesem Zweck hat das Volk aus souveräner Gewalt die Staatsgewalt eingerichtet. Es ist das imperative Mandat, daß die Gewalt des Volkes, die es niemals veräußern kann, auf eine bestimmte Art, nämlich als Staatsgewalt, ausgeübt werde. Wenn dieser Schutz des Bürgers vor Gewalt ausbleibt, so kann das zweierlei Gründe haben: Entweder die Staatsgewalt äußert sich selbst als Gewalttätigkeit gegenüber den Bürgern, zu deren Schutz sie eingesetzt ist, oder sie unterläßt den Schutz vor fremder Gewalt und macht sich dadurch vor ihrem Mandanten schuldig. In diesen Fällen, die für Fichte nur zwei Varianten eines Tatbestandes sind, tritt für das Volk das Recht auf Selbstverteidigung ein. Dieses unveräußerliche Naturrecht gehört zur immerwährenden Souveränität des Volkes; in Grundverträgen wurde lediglich die Art seiner Ausübung als Herrschaft organisiert. Insofern ist bei Fichte alle Staatsgewalt delegierte Gewalt. In seiner Anmerkung »über den vorsichtigen Gebrauch dieses Buches«[34] warnt Fichte davor, aus der Kombination der unbestreitbaren Tatsache, daß die Zustände ungerecht sind, und der Tatsache, daß es ein Recht auf Widerstand gegen Mißbrauch der Staatsgewalt gibt, unmittelbar Handlungsmaximen zu folgern. Die Einschränkung, jetzt eine Revolution zu beginnen, gewinnt Fichte aus der Klugheitsüberlegung, die dann ebenfalls handlungsnormierende Kraft hat, nämlich daß eine solche Revolution möglicherweise große Unordnung mit sich bringt, ihre Durchführung also von da her untersagt wäre: »Die Befreiung kann ohne Unordnung nur von oben herunter kommen.«[35] Seine Lösung ist die bekannte schlecht idealistische: »Seyd gerecht, Ihr Völker, und Eure Fürsten werden es nicht aushalten können, allein ungerecht zu seyn.«[36]

Beim späteren Fichte tritt zwischen die Idee des Staatsvertrags als der unmittelbaren Manifestation der Freiheit und Gewalt der Bürger[37] und die Idee der Staatsgewalt als Garant einer gewaltfreien Ordnung der Gedanke von Gesetz und Gesetzgebung. Daran knüpfen sich Bestimmungen an, die streng in Kantischer Tradition stehen und eine unwiderstehliche Gewalt als begleitende Garantie für das Recht postulieren: »Das Recht muß sich erzwingen lassen, wenn auch kein Mensch einen guten Willen hätte. [...] Physische Gewalt und sie allein, gibt ihm auf diesem Gebiet die Sanktion.«[38] Die unwiderstehliche Gewalt, die die Durchsetzung des Rechts garantiert, steht in Widerspruch zur Autonomie des freien Willens, sich aus eigener Einsicht für das Recht zu entscheiden. Dieser Widerspruch kann bei Fichte nur durch eine Beschränkung des Gedankens der Autonomie beigelegt werden. Er unterstellt, daß eine Einsicht, die sich dem Recht entgegensetzt, also mit Gewalt erzwungen werden muß, keine wahre Einsicht ist. Die andere Seite dieser Sachlage ist: Solange ein Individuum mit dem Gesetz nicht in Konflikt gerät, kann davon ausgegangen werden, daß sein Wille und der gemeinsame Wille identisch sind, »daß mithin seine Gewalt zur Staatsgewalt gehöre.«[39] Man kann eine Identifizierung des Einzelnen mit dem Ganzen unterstellen, solange das Gesetz nicht übertreten wird; wird es jedoch übertreten, so heißt das, daß sich ein partikularer Wille vom allgemeinen Willen im Gesetz absondert. Indem nun aber nicht eine bestimmte Handlung gesetzesinkonform war, sondern der dahinterstehende Wille problematisiert wird, scheint eine falsche Einsicht in das, was Recht sei, den Willen geleitet zu haben. Daher muß der unwiderstehliche Zwang zum Recht stets begleitet sein von der »Erziehung zur Einsicht in das Recht«.[40] Der Gezwungene muß sich nicht nur der das Recht begleitenden Gewalt beugen, sondern darüber hinaus auch noch zu der Einsicht gebracht werden, daß ihm das Recht widerfuhr, das sich ihm nur deshalb nicht als solches, sondern als Gewalt zeigte, weil er vormals uneinsichtig war. Damit wird die Gewalt des Rechts zur Gewalt nicht nur über die Bürger, sondern zugleich über deren Gewissen.[41] Allerdings ist diese Gewalt nicht einzelnen Menschen oder Gruppen übertragen. Wer glaubt, diejenige Einsicht in das Recht zu haben, die ihn zur Anwendung von Gewalt legitimierte, beweist genau durch diesen Anspruch das Gegenteil.[42] Die totalitäre Gewalt des Rechts muß nach Fichte anonym bleiben, und niemand darf sie in seinen persönlichen Willen übernehmen.

Abschließend wird man zum Gewaltbegriff bei Fichte anmerken dürfen, daß er einen gewissen Höhepunkt naturrechtlicher und souveränitätstheoretischer Gewalttheorien darstellt, aber eigentlich nichts enthält, was für die weitere Entwicklung wegweisend gewesen wäre. Angesichts gewisser vorausweisender Komponenten der Kantischen Theorie der Gewalt erscheint Fichte vielmehr als ein grandioses Fossil.

Der Gewinn für die Gewalttheorie aus dem Umkreis der Französischen Revolution scheint gering: Neu ist die Ideologisierung des Gewaltbegriffs, nach der Volks-Gewalt (in Ausübung der Rechte aus der Souveränität) stets Widerstand gegen primäre Gewaltanwendung durch Staats-Gewalt ist. Während bei Kant philosophische Aufklärung auch auf Gewalt sich bezieht wie auf Sinnlichkeit (1. als Quelle der Erkenntnis, 2. in der Moralphilosophie als mögliche Quelle der Praxis analysiert und verworfen), werden in der manichäischen theoriepragmatischen Verzerrung der Kantischen Theorie Gewalt, Sinnlichkeit etc. zur Welt des a priori Bösen gerechnet, so daß Gewalt nicht mehr reflektiert, sondern nur noch abgelehnt wird. Und wo nach ihrem, sei es kausalen, Kontext gefragt wird, da immer mit dem Ziel, ihre Vermeidung zu optimieren.

Die schichtenspezifische Zuordnung einer solchen Theorie dürfte keine Schwierigkeiten bereiten: Die feudale Oberschicht der Herrschenden wendet Gewalt an gegen das Bürgertum, bei dem Vernunft und Aufklärung ansässig sind; gedroht aber wird mit der Unterschicht, die die Sprache der Gewalt ebenso beherrscht. Frei von Gewalt, human, vernünftig, allgemein und aufgeklärt, beansprucht das Bürgertum in dieser Theorie die Zukunft und steht den Mächten der Vergangenheit und des Abgrunds entgegen mit den bloßen

Waffen des Geistes.[43] Gewaltfreiheit als Ideal gehört zu den ideellen Errungenschaften bürgerlicher Kultur. In die Geltung als Ideal eingesetzt, hat allerdings die Frage nach ihrer Möglichkeit überhaupt bereits etwas Frivoles, wenn nicht Schreibtisch-Kriminelles. Gewalt – wenn sie überhaupt zur Sphäre der Sinnlichkeit zu rechnen ist oder zum organischen Substrat[44] – hat ihren Freud noch nicht gefunden.

VI.

Die allgemeine Form der Gewalt wird von Hegel in der *Logik* als *»Erscheinung der Macht, oder die Macht als Äußerliches«* bestimmt[45]; sie ist die Weise, in der eine Substanz als Ursache auf eine andere, als passiv gesetzte Substanz einwirkt. Sie ist aktualisierte oder sich manifestierende Macht.

Der interessante und wegweisende Aspekt der Gewalttheorie Hegels findet sich in der *Rechtsphilosophie* in der Begriffskonstellation von Gewalt und Eigentum. »Daß ich etwas in meiner selbst äußeren Gewalt habe, macht den Besitz aus.«[46] Als Gewalt wird die Besitznahme deshalb bezeichnet, weil die Natur als widerständig erfahren wird. Diese Gewalt ist rechtlich völlig irrelevant, man kann sogar von einem allgemeinen Zueignungsrecht gegenüber bloßen Naturdingen sprechen. Zugleich gehört es zur Selbstverwirklichung des Menschen, daß der Wille sich selbst in den Dingen gegenständlich wird. »Die Person muß sich eine äußere *Sphäre ihrer Freiheit* geben, um als Idee zu sein.«[47] Indem der Wille sich in der besessenen Sache gegenständlich wird, wird diese zum Eigentum dieses Willens. Dieser Gewaltbegriff Hegels ist ein vorrechtlicher Begriff, denn die Redeweise vom Zueignungsrecht darf man vor der Folie jedes strengeren Rechtsbegriffs als Metapher interpretieren. Die Besitzergreifung des Individuums in abstraktem Verhältnis zur Sache ist abgeschlossen, ehe Rechtsfragen auftauchen können. Rechtsfragen entstehen, wenn die in Besitz zu nehmende Sache bereits Eigentum eines anderen, d. h. für Hegel: Gestalt eines fremden Willens ist. Hier wird die Gewalt der Besitznahme zum Unrecht, aber nicht an der Sache als solcher, sondern an dem in sie gelegten Willen. Sie ist Gewalt, die einem fremden Willen angetan wird. Diese unrechtliche Gewalt wird genau dann Zwang genannt, wenn sie in der Absicht geschieht, das Eigentum zu entreißen oder dadurch Handlungen einer bestimmten Art zu bewirken. Gegenstand des Zwanges ist der Mensch als lebendiges Wesen, nicht sein bloßer Wille; vielmehr zieht sich dieser unter Zwangseinwirkung aus der Äußerlichkeit seiner Gestalten zurück.[48] Gerade dieser Effekt von Zwang aber ist unrechtlich, weil er den Begriff des Willens zerstört, der darin besteht, sich äußern zu können. Damit zerstört ein Wille zu Zwang und Gewalt sich selbst in seinem Begriff. Dem Gedanken, daß Zwang sich selbst zerstört, gewinnt Hegel den Aspekt ab, daß Zwang durch Zwang »aufgehoben« wird, nämlich als Staatsgewalt, die sich gegen den gewalthaften Übergriff eines Bürgers auf das durch Recht verbürgte Eigentum eines anderen wendet.[49] Bedingung dafür ist freilich, daß die primäre Wirksamkeit des Rechts nicht Zwang bedeutet; erst gegen den, der die primäre legitime, weil *unbedenkliche Gewalt gegen die Natur* auf eine Manifestation eines anderen menschlichen Willens anwendet, d. h. auf die durch das Recht abgesicherte Sphäre eines Mitbürgers, ist damit zugleich gewalttätig gegen das Recht; erst gegen ihn äußert sich das Recht als Gewalt in der Form des Zwangsrechts. Im Unterschied zu Fichte unterscheidet Hegel deutlich zwischen dem Moralischen und dem Rechtlichen. Die beschriebene Dialektik der Gewalt bezieht sich ausschließlich auf die Rechtssphäre und nicht auf die »Gesinnung«; »denn im Moralischen bin ich für mich selbst, und die Gewalt hat hier keinen Sinn.«[50]

Ein Problem wird bei einer solchen Deutung von Zwang natürlich der »pädagogische Zwang«, weil ihm keine Rechtsverletzung vorausgeht. Pädagogischer Zwang wird nach Hegel deshalb zu Recht ausgeübt, weil der natürliche Wille *»an sich* Gewalt gegen die an sich seiende Idee der Freiheit«[51] ist. Das ergibt einen neuen Aspekt, unter dem die *Rechtsphilosophie* insgesamt auch gesehen werden kann: Darstellung der Entwicklung des Rechts als reaktive, aufhebende Gewalt gegen ursprüngliche Gewalt bis hin zur Idee der Freiheit. Diese wird dargestellt durch im Recht aufgehobene Gewalt und steht in Opposition zur bloßen Gegenüberstellung von Gewalt und Freiheit am Anfang.

Doch man muß geschichtsphilosophisch-genetische Behauptungen von diesen logisch-genetischen säuberlich trennen.

Diese Trennung hat auch die theoretische Funktion, die rechtsetzende Gewalt in einem Zustand primärer Gewalt nicht mehr zuzulassen: »Im Staat kann es keine Heroen mehr geben.«[52] Im Staat findet die Gewalt immer ein Recht vor, gegen das sie als Gewalt verstößt. Die staatengründenden und rechtsetzenden Heroen aber sind – und das ist ein einmaliger und unwiederholbarer Vorgang – unbewußte Vollstrecker des Rechts, das in diesem ursprünglichen Akt einmal die Form primärer Gewalt annehmen muß, »denn in Güte läßt sich gegen die Gewalt der Natur wenig ausrichten.«[53]

In der *Rechtsphilosophie* Hegels haben wir ein Dokument der Geschichte des Gewaltbegriffs, das eine große Wende markiert. Der Begriff enthält hier die germanische Tradition des Zusammenhangs von Gewalt und Freiheit bzw., bei Hegel, Willensäußerung. Zugleich steht er (nach Kant) am Beginn einer *Reflexion des freien Gewalthabers als Mitglied der bürgerlichen Gesellschaft* und nicht mehr, wie in den naturrechtlichen Gewalttheorien, primär als Staatsbürger. Die Nichtunterscheidbarkeit von Staat und bürgerlicher Gesellschaft hatte Hobbes unter Verzicht auf eine fundierende Moral zu seiner Lösung des Problems gedrängt. Dieses Problem wird durch die Differenzierung bei Hegel differenziert lösbar. Der Antagonismus der Interessen in der bürgerlichen Gesellschaft ist nicht mehr eine Bedrohung für das Ganze oder jeden Einzelnen. Er ist in gewissen Graden natürlich; darüber hinaus findet er seine Schranken an dem Recht. Man kann demnach bei Hegel drei Formen der Gewalt unterscheiden:

1. rechtlich irrelevante bzw. gerechtfertigte Gewalt den Naturdingen gegenüber, Besitznahme;
2. gewalthafter Übergriff auf Dinge, die bereits Eigentum (eines anderen) sind. Dies ist Gewalt in dreifacher Form –
a) in unbedenklicher Form: Gewalt an der bloßen Sache als Sache,
b) Gewalt an dem in der Sache als Eigentum verkörperten Willen,
c) Gewalt gegen die Geltung des Rechts;
3. reaktive Gewalt in der Form der Staatsgewalt als Verfolgung des Verbrechers etc. In ihrem Prozeß stellt sich das Recht sukzessive her.

VII.

Die liberalistische Staatsauffassung eines J. Burckhardt erwartet vom Staat nicht die Verwirklichung der Sittlichkeit, sondern der Staat ist ein »Notinstitut« und dient nur der Sicherung des Rechts. Einzig in dieser instrumentalen Funktion ist er legitimiert. So ist das Burckhardtsche Bekenntnis zu dem Schlosserschen Satz, »daß die Macht an sich böse ist«[54], implizit gegen Hegels Staatsauffassung zu wenden. Zur eigenen Durchsetzung und damit auch der Bedingung der Möglichkeit der Durchsetzung des Rechts bedient sich der Staat ursprünglich handfester, später mehr latenter Gewalt. Diese abwertende Einschränkung, »der Grenzen der Wirksamkeit des Staates« (Humboldt), heißt aber keineswegs, daß nun das Recht keinen Ort im Staate mehr hätte, sondern nur, daß das Recht oder der Wille zum Recht nicht den Staat geschaffen hat. »Die Gewalt ist wohl immer das Prius. [...] Oft mag der Staat nichts weiter gewesen sein als ihre Systematisierung.«[55]

Diese Lehre, die auf Plutarch zurückgeht (»Der Staat ist das Werk gewaltsamer Unterwerfung. Er beruht auf dem Recht des Stärkeren«[56]), ist immer Gegenstand heftiger Kontroversen gewesen. Wir hatten bereits Kants positive und Fichtes ablehnende Stellungnahme dazu dargestellt.[57] Begriffsgeschichtlich aufgeklärt, könnte eine Schlichtung des Streits möglich sein. Danach wäre in der Tat der Ursprung des Staats die Gewalt, wie immer man das historisch exakter spezifizieren mag. Das heißt aber wiederum keineswegs, daß er gegen das Recht war. Die Gewalt des Ursprungs wäre vielmehr eine, die weder Recht noch Unrecht ist, vielmehr Ausfluß der Freiheit des freien Menschen. Daß diese dann in ihrer Durchsetzung zur Beschränkung der freien Gewalt der Nichtherrscher durch die Landesfriedensordnung etc. führt, ist ebenfalls nicht durch die Zuordnung von Recht und Unrecht beschreibbar. Erst nach diesem Datum erscheint die Unterscheidung rechtlicher (obrigkeitlicher) und unrechtlicher (privater) Gewalt möglich. Der Grund für die Erklärung des Staatsursprungs aus einem Unrechts-, weil Gewaltakt, liegt in der stillschweigenden Voraussetzung der Geltung des Naturrechts, das jede Einrichtung einer obrigkeitlichen Gewalt deswegen zum Unrecht erklären muß, weil es keine vorausgehende obrigkeitliche Sanktionierung dieser Gewalt gibt und geben kann. Aus der Begriffsgeschichte läßt sich der Vorschlag der Präzisierung des Wortgebrauchs ableiten, der den Ursprung der Herrschaft aus Gewalt begreift, die Manifestation der Freiheit ist und außerhalb des Rechts steht, ja diese erst begründbar macht.

Aber der auf Gewalt gegründete Staat kann bei J. Burckhardt selbst nur überleben, wenn sich die Gewalt mindestens teilweise in »Kraft« verwandelt, d. h. wenn besonnene Reflexion zunehmenden Einfluß auf das Handeln gewinnt, und das wiederum heißt für den Staat: wenn der Staat die Entwicklung von Recht und Gesittung in sich zuläßt. Es gehört jedoch niemals zum Begriff des Staates, Recht und Sittlichkeit selbst aktiv entwickeln zu wollen. Er soll vielmehr nur den institutionellen Rahmen sichern, der garantiert, daß sich beides entwickeln kann; er ist der »Hort des Rechts«. Die individuellen Egoismen finden dann ihre Grenzen an den Gesetzen, die von den mit Zwangsrecht ausgestatteten Richtern vollzogen werden. Zu den Gesetzen haben sich die egoistischen Individuen nicht in freiwilligem Verzicht geeinigt, sondern sie sind Resultat der divergierenden Interessen. Im institutionellen Rahmen des Staats und seiner latenten Gewalt können sie sich entfalten in der Gewißheit, daß, wer immer gegen diesen Rahmen verstößt, mit der sich manifestierenden Zwangsgewalt des Staates rechnen muß, und d. h. vor allem, daß es in dem Staat, der die Gewalt innehat und sie zur Not jederzeit ausüben wird, niemals mehr notwendig sein wird, in Verfolgung des eigenen Egoismus selbst zu Gewalt greifen zu müssen. Nach Burckhardt ist Gewalt unsittlich. Es ist daher der ungeheure Vorteil der Institution des Staates, daß Fragen der Sittlichkeit auf ihn keine Anwendung finden, daß er so die Gewaltausübung übernehmen kann und der Bürger von der Notwendigkeit der gewalttätigen Verfolgung seiner Interessen befreit ist zu ihrer sittlichen Verfolgung im Rahmen des Rechts.

Während also Hegel als Resultat der Trennung von Staat und bürgerlicher Gesellschaft die letztere als mit den Termen eines neuen Gewaltbegriffs, der die ökonomische Verfügung (Aneignung, Produktion und Konsumtion) der Sache und Marktstrukturen beschreibbar macht, harmonisierend darstellt und den Staat als Sphäre der Sittlichkeit ableitet, verbannt Burckhardt in entgegengesetzter Tendenz den Begriff der Gewalt aus dem System der Begriffe zur Beschreibung der bürgerlichen Gesellschaft und lastet ihn dem Staat an. In der sozialistischen Ära des 19. Jahrhunderts haben beide ihre Entsprechungen: Hegel in den Marxschen Kategorien, der Liberalismus in den anarchistischen.

M. Stirner geht allerdings erheblich weiter als jeder mögliche Liberalismus, indem er unterstellt, daß der *Inhalt* des Rechts die Gewalt sei. Das hängt damit zusammen, daß Stirner alles Recht als Vorrecht interpretiert. Insofern ist Recht nur die Form faktischer Übermacht, und infolgedessen ist das Recht eines Staates nichts als dessen Gewalt. Vor dieser Gewalt in Rechtsgestalt erscheint jede andere Gewalt als Verbrechen. »Verbrechen also, so heißt die Gewalt des Einzelnen, und nur durch Verbrechen bricht er die Gewalt des Staates.«[58] Dagegen setzt er die Forderung der Zurückgewinnung der Gewalt des Einzelnen und damit seines Rechts, die in der Formel gipfelt: »[...] zieh's [das Recht] in seinen Ursprung, in Dich, zurück, so ist es *dein* Recht und recht ist, was Dir recht ist.«[59] So beruht Stirners Ansatz auf einer theoretischen Aneignung des Satzes: »Gewalt geht vor Recht.«[60] Dem Einzigen wird die Gewalt, die auch im Kern staatlichen Rechts steht, zurückgegeben als die Quelle seines Rechts: »Macht und Gewalt existieren nur in Mir, dem Mächtigen und Gewaltigen.«[61]

VII.

Die ökonomisch bestimmte Variante des Gewaltbegriffs wird vor allem von Marx fortgesetzt: »Das Eigentum ist jedenfalls auch eine Art Gewalt«[62], nämlich als Kapital »die Gewalt über fremde Arbeit«. Ausdrücklicher heißt es auch: »Das Kapital ist also die *Regierungsgewalt* über die Arbeit und ihre Produkte.«[63] Also kann man zwischen zwei Hauptsorten der Gewalt unterscheiden: der Gewalt des Eigentums und der politischen Gewalt. Der Satz »Die Gewalt beherrscht das Eigentum« kann unter solchen Umständen nur heißen, die Interessen der politischen Gewalt sind noch nicht identisch mit den Interessen der ökonomischen Gewalt, und das heißt wiederum: Die Bourgeoisie hat die Macht noch nicht vollständig übernommen. Das kann die Form haben, daß den Kapitalisten Steuern abgenommen werden, die zugunsten feudaler Einrichtungen ausgegeben werden und noch nicht wiederum zu ihren Gunsten. Wo aber die Bourgeoisie die politische Macht innehat, kann die Unterscheidung von politischer Gewalt und Gewalt des Eigentums keinen unmittelbaren Sinn mehr haben. Doch selbst dort, wo die Bourgeoisie noch nicht die volle politische Gewalt übernommen hat, dient diese schon zum Schutze der Bourgeoisie vor den Proletariern. »Die Proletarier müssen also die politische Gewalt, wo sie schon in den Händen der Bourgeoisie ist, stürzen. Sie müssen selbst zur Gewalt, zunächst zur revolutionären Gewalt werden.«[64] Dieser Satz enthält die wichtige These, die legitimierend für revolutionäre Gewalt wirkt, daß es keinen grundsätzlichen Unterschied zwischen der *»offiziellen* Gewalt«[65] und der revolutionären gibt. Nur unter den gegenwärtigen Herrschaftsbedingungen erscheint die Gewalt der Arbeiterklasse als revolutionäre Gewalt, weil ihre Gewalt nicht die Form der unter gegenwärtigen Herrschaftsbedingungen einzig sanktionierten Gewalt des Eigentums hat. Es wäre allerdings gefehlt anzunehmen, die politische Gewalt sei Ursache der ökonomischen, als müsse also eine Machtübernahme der Proletarier die gesellschaftliche Welt mit einem Schlag verändern. Nachdrücklich weist Marx immer wieder darauf hin, daß zunächst die materiellen Bedingungen einer neuen Gesellschaft hervorgebracht werden müssen, »und keine Kraftanstrengung der Gesinnung oder des Willens kann sie von diesem Schicksal befreien.«[66] Ergreifen nun aber die Proletarier die politische Gewalt, so läßt sich die Maxime, daß Eigentum die Form gesellschaftlicher Gewalt sein solle, nicht aufrechterhalten, weil die Bedingungen, auf Grund derer sie sie erlangten, Eigentumsgewalt, d. h. die Herrschaft des Kapitals, als überlebt erweisen würden. Also: eine putschistische Eroberung der Macht durch aufgebrachte Proletarier wäre bedrohlich für die Bourgeoisie, im Gegenteil, sofern feudale Reste der politischen Macht bestehen, wären sie als Handlanger wie in der Französischen Revolution ausdrücklich von Nutzen, denn die Bourgeoisie ist nicht in der Lage, die Gesellschaft und die Herrschaftsstruktur gemäß theoretischer Einsicht oder Willensentschlüssen frei zu verändern; bedrohlich wäre vielmehr eine Entwicklung, auf Grund derer in Frage stehen könnte, ob

Eigentum gesellschaftliche Gewalt bedeuten solle. Also mobilisiert die Bourgeoisie die politische Gewalt als Mittel im Kampf gegen die aufkeimende Gewalt der Arbeiterklasse, d. h. auch gegen die bewußte Entwicklung einer Arbeiterklasse. Angesichts der potentiell revolutionären, d. h. auf Grund materieller Bedingungen vorbereiteten Gewalt wird die Gewalt der Bourgeoisie zur reaktionären Gewalt, was die Gewalt selbst und ihre Mittel wiederum verwandelt. »Die gewaltsam reaktionäre Rolle [...] beweist nur, daß in den Poren der alten Gesellschaft eine neue Gesellschaft sich herausgebildet hat. [...] Je unentwickelter diese neuen auflösenden Gesellschaftselemente, desto konservativer erscheint selbst die heftigste Reaktion der alten politischen Gewalt. Je entwickelter die neuen auflösenden Gesellschaftselemente, desto reaktionärer erscheint selbst der harmloseste Konservationsversuch der alten politischen Gewalt.«[67]

Wir haben also bei Marx folgende Begriffskomponenten zu unterscheiden:

1. Die *politische Gewalt*, »die konzentrierte und organisierte Gewalt der Gesellschaft«[68];
2. *Gewalt als Eigentum*, die Form der gesellschaftlichen Gewalt in der kapitalistischen Gesellschaftsordnung, Herrschaft des Kapitals;
3. *reaktionäre Gewalt*, Form der offiziellen Gewalt, wenn durch die Fortentwicklung der materiellen Bedingungen ein Gesellschaftssystem sich überlebt hat, zum Schutz der alten Inhaber der offiziellen politischen Gewalt;
4. die *revolutionäre Gewalt*, »der Geburtshelfer jeder alten Gesellschaft, die mit einer neuen schwanger geht. Sie selbst ist eine ökonomische Potenz.«[69]

Die revolutionäre Gewalt ist so nicht Resultat eines Entschlusses zu ihr, sondern einer folgerichtigen Entwicklung. Daher faßt Marx auch die Möglichkeit ins Auge, daß die Gesellschaftsumwandlung »friedlich« vonstatten gehe, d. h. etwa durch Wahlen. Sollten nun in einem solchen Fall die an der Erhaltung der alten Zustände Interessierten gegen solche Umwandlungen Gewalt aufbieten, so wäre umgekehrt die Gewalt der Arbeiterklasse die »gesetzliche Gewalt«[70]. Man sieht, daß die alte Unterscheidung von Gewalt und Recht für Marx belanglos geworden ist. Es ist daher nicht ins Belieben des Proletariats gestellt, Gewalt anzuwenden oder nicht, sondern die Potenz der neuen Gesellschaft erscheint als revolutionäre Gewalt, allerdings unter der Bedingung, daß die Eigentümer die politische Gewalt als reaktionäre Gewalt einsetzen.

Marx hat seinen Gewaltbegriff in kritischer Auseinandersetzung mit einem »Substanz«-Begriff von Gewalt herausgearbeitet; dieser sah Gewalt als eine handlungsfähige Institution im gesellschaftlichen Kräftespiel, als eine Instanz, die die Gesellschaftsordnung in ihrer so bestehenden Form gewährleistet. Wenn das bei Marx auch explizit gegen Heinzen gesagt ist, so kann man viele andere Namen der älteren Tradition hier einsetzen. Davon sich absetzend, entwickelt Marx einen funktionalen Gewaltbegriff, der deswegen die in Institutionen faßbare Substantialität von Gewalt ganz abschreibt, weil u. a. auch der Staat – sonst Inkarnation von Gewalt – nur eine Funktion gesellschaftlicher Kräfte ist und damit der Staatsbegriff, der den Gewaltbegriff immer gewissermaßen an seinem potestas-Pol festband, aufgelöst ist. Während also bei Hegel gesellschaftliche Gewalt begrenzt war durch staatliche Gewalt, ist *die Gesellschaft bei Marx zur Gewalt befreit*, weil der Staat nicht mehr ihre Grenze ist.

Ausführlicher hat sich Engels mit dem Problem der Gewalt auseinandergesetzt. Auch er hat es kritisch mit einem Schriftsteller zu tun, der Gewalt als Erklärungsgrundlage der historischen Entwicklung ansieht und im Grunde die bürgerliche Geschichtsschreibung nachzeichnet, die Kriege und Gewalttaten als Markierungszeichen des historischen Prozesses aufreihte. Auch hier wird »die Gewalt« als der Feind aufgebaut, der z. B. eine naturgemäße Entwicklung immer wieder verhindert – wie oben gesagt worden war: eine typisch bürgerliche Denkfigur. Mit Marx ist Engels sich einig, daß es revolutionäre Gewalt nur geben kann, wenn ihr eine reaktionäre Gewalt entgegensteht, »daß wenn keine reaktionäre Gewalt da ist, die man umwerfen muß, von einer revolutionären Gewalt gar nicht die Rede sein kann.«[71] Den Marxschen Gedanken, daß Gewalt nicht Ursache, sondern lediglich Hilfsmittel der Veränderung von Gesellschaftssystemen sein kann, entfaltet Engels weiter. Doch anders als für Marx ist Gewalt für Engels ein rein politischer Begriff, der einen eingeschränkten instrumentalen Sinn hat. »Es ist klar, daß die

Gewalt nur das Mittel, der ökonomische Vorteil dagegen der Zweck ist.«[72] Über diese Zweck-Mittel-Relation hinaus ist Gewalt systemintern definiert; sie ist freilich kein Mittel, das direkt ergreifbar wäre, sondern das selbst weitgehend von seinen Instrumenten (= Waffen) abhängt, deren Qualität ihrerseits ökonomisch-technologisch bedingt ist. Demnach kann nur eine Gewalt, die über die überlegeneren Waffen verfügt, siegen, kann überhaupt erst Gewalt sein.[73] Im übrigen nimmt die Abhängigkeit der Gewalt von der Wirtschaft in der Geschichte immer mehr zu. Nur für archaische Zustände will Engels gelten lassen, daß Gewalt eine gesellschaftliche Funktion sei. Hernach sei es zu ihrer Verselbständigung gegenüber der gesellschaftlichen Entwicklung gekommen. Diese verselbständigte politische Gewalt kann der »gesetzmäßigen ökonomischen Entwicklung« auf zweierlei Weise begegnen: Entweder die politische Gewalt schlägt sich auf die Seite historischer Notwendigkeiten, dann ist sie in der Lage, die Entwicklung zu beschleunigen, oder sie stellt sich ihr entgegen, dann wird sie notwendigerweise an ihrem Widerstand zerbrechen.[74] Unvermittelt steht in einem solchen Begriffszusammenhang bei Engels das Bekenntnis zur Marxschen These der Gewalt als Geburtshelferin der alten Gesellschaft, die mit der neuen schwanger geht. Diese Gewalt bezeichnet er erläuternd dann als »Notwehr gegen reaktionäre auswärtige Feinde«.[75] Indem Engels Marx so deutet, zeigt er überdeutlich, daß bei ihm der Begriff der Gewalt der der institutionalisierten politischen Gewalt ist, die Gewalt ausübt. Er denkt Gewalt vorwiegend in den Modellen von Staatsgewalt und von Armeegewalt. Wenn er hier revolutionäre Gewalt mit der Metapher der Notwehr gegen auswärtige Feinde (sc. der Arbeiterklasse) beschreibt, verdeutlicht das diesen Tatbestand. Die an den Modellen von Staat und Armee abgelesene Form der Gewalt steht in einer zweifachen Beziehung zur Gesellschaft. Einerseits ist sie *Mittel zu* gesellschaftlichen *Zwecken* wie Erhaltung oder Revolution, andererseits ist sie in ihrer Effektivität selbst ökonomisch und technologisch bedingt, indem die verfügbaren Gewaltmittel (Waffen) vom Stand der Produktion abhängig sind.

All dies zeigt einen bei Engels gegenüber Marx sehr stark restringierten Gewaltbegriff, der sich insgesamt nicht hat durchsetzen können.

Wie bei Engels, so tritt auch bei Lenin die ökonomische Komponente im Gewaltbegriff zurück. Einseitiger als Marx betont Lenin, daß Fragen des Klassenkampfes niemals ohne Gewalt entschieden worden seien. Die Engelssche Gewalttheorie bezeichnet er als »Lobrede auf die gewaltsame Revolution«[76], und er sieht sie in der Funktion einer Erziehung zur Gewalt, die deswegen bei Lenin wichtig ist, weil es eben ohne die Gewalt nicht geht. Aus der Parteinahme für die Arbeiterklasse folgt so notwendigerweise, daß Lenin sich zur Gewaltanwendung der Arbeiterklasse vorbehaltlos bekennt. Alle klassischen Begriffskonstellationen von Gewalt und Recht, Gewalt und Macht, Staatsgewalt und Volksgewalt, Gewalt und Eigentum sind belanglos geworden angesichts der einen: revolutionäre Gewalt der Arbeiterklasse gegen reaktionäre Gewalt der Bourgeoisie. »Ohne Anwendung von Gewalt gegen die Gewalttäter, in deren Händen sich die Waffen und Machtorgane befinden, kann das Volk nicht von den Gewalttätern befreit werden.«[77]

In seiner Präzisierung des Begriffs der Diktatur betont Lenin, daß Diktatur »eine unbeschränkte, außergesetzliche, sich auf Gewalt im direkten Sinne des Wortes stützende Macht« ist.[78] In diesem Sinne fordert er die »systematische *Gewaltanwendung* gegen eine ganze Klasse [die Bourgeoisie].«[79] In der Revolution wird dazu übergegangen werden, den Staat, der eine »Repressionsgewalt« im Klassenkampf immer gewesen ist, nunmehr gegen die Bourgeoisie zu kehren.[80] Der Unterschied der proletarischen Gewalt in dieser Diktatur des Proletariats von aller früheren Gewalt ergibt sich daraus, daß sie sich auf die Volksmassen stützt anstatt auf Armeen, daß sie also im Engelsschen Sinne gerade nicht politische Gewalt ist. Diese Gewalt ist durch ihre Struktur daran gehindert, in einer historischen Entwicklung wie bisherige revolutionär durchgesetzte Gewalten zu reaktionärer Gewalt zu werden; denn die Gewalt der Volksmassen kann sich nicht gegen diese wenden. Die Identität der revolutionären Klasse mit der politischen Gewalt ist das Neue. Die Ablösung dieser Gewalt im kommunistischen Zustand geschieht daher als »Aufhebung jeglichen Staates« »auf dem Wege des Absterbens«.[81] Revolutionäre Gewalt gegen die Bourgeoisie ist notwendig, um Bedingungen herzustellen, unter denen gemäß sozialistischen Idealen Gewaltanwendung gegen Menschen nicht mehr erfolgt. Genau deswegen stirbt der proletarische Staat ab und wird nicht mehr durch erneute revolutionäre Gewalt abgelöst; dieser Übergang markiert an Stelle der bisherigen bloßen Ablösungen der Gewalthaber das Ende jeglicher Gewalt.[82]

Bei Lenin hat sich der Gewaltbegriff gelöst von Reflexionen über die Gesellschaft und steht einzig im Zusammenhang der Erörterung politischer Ziele. Die von Hegel kommende und von Marx ausführlich begonnene Begriffsentwicklung wird jedoch von Lukács fortgeführt.

In Lukács' *Geschichte und Klassenbewußtsein* erscheint das Verhältnis von Gewalt und Ökonomie am weitesten ausgeführt. In der Kritik der vulgär-marxistischen Bestreitung der Rolle der Gewalt beim Übergang von einer Gesellschaftsform in die andere zeigt er, wie die von diesen unterstellte »Naturgesetzlichkeit« der Wirtschafts- und Gesellschaftsentwicklung, die quasi notwendigerweise den Sozialismus herbeiführen werde, nur für krisenlose Zeiten, also gerade nicht für den Übergang einer Gesellschaftsform in die nächste, ihre relative Gültigkeit besitzt. Solche Übergänge sind keine abrupten Totalveränderungen, Elemente der neuen Ordnung entstehen vielmehr unter der Oberfläche der Herrschaft des alten Systems. Die Produktivkräfte revoltieren gegen das Produktionssystem, es kommt zum »Wettstreit der konkurrierenden Produktionssysteme«.[83] Gerade unter Bedingungen solcher Kämpfe sind die ökonomischen »Gesetze« der Produktion, die für das alte geschlossene System zweifellos approximativ galten, nicht in Kraft: »In solchen Lagen ist es selbstredend unmöglich, von irgendwelcher ökonomischer Gesetzmäßigkeit zu sprechen, die die *ganze* Gesellschaft beherrschen würde.«[84] Die ökonomischen Gesetze sind weder geeignet, normative Schemata der Abwicklung solcher Kämpfe bereitzustellen, sofern nämlich das Proletariat sein Geschick in die eigenen Hände nimmt, noch können sie deskriptive Schemata zur Beschreibung der tatsächlichen Kämpfe anbieten. In diesen Fällen zeigt sich die Künstlichkeit der Trennung von *Gewalt und Ökonomie.* Wie alle ökonomischen Beziehungen latent oder offen mit Gewalt verbunden sind, so äußert sich auch ökonomische Überlegenheit in dieser Situation als

Gewalt. »Die Gewalt wird zur entscheidenden ökonomischen Potenz der Situation.«[85] Die Form der Gewalt wird nun bestimmt durch die Art des Klassengegensatzes und damit der Produktionssysteme. »Und wie die Produktionssysteme das Wesen der Klassen bestimmen, so bestimmen die aus ihnen entspringenden Gegensätze die Art der zur Umwandlung notwendigen Gewalt.«[86] War beim Übergang vom Feudalismus zum Kapitalismus die Wirtschaft der bestimmende Faktor gewesen, so steht die Gewalt im Übergang zum Sozialismus »im Dienste des Menschen und seiner Entfaltung als Menschen«.[87] Die nun aktuelle Gewalt ist nicht mehr Funktion einer selbstherrlich und unkontrolliert sich entfaltenden Wirtschaft, sondern diese Gewalt ist nach Lukács »nichts anderes als der bewußt gewordene Wille des Proletariats, sich selbst – und zugleich [...] die Herrschaft der Ökonomie über die Gesellschaft – aufzuheben.«[88] Der bewußt gewordene Wille ist natürlich volonté général, sich selbst als Proletariat aufzuheben, d. h. vor allem die Bedingungen zu beseitigen, unter denen es als Proletariat erscheinen muß: die Herrschaft der verdinglichten Beziehungen über den Menschen, die Herrschaft blinder ökonomischer Zwänge. Die Gewalt im Übergang zum Sozialismus ist, indem sie erstmals in der Geschichte im Dienste der Verwirklichung des Menschen und seiner Befreiung von der Herrschaft der ökonomischen Zwänge steht, Gewalt, die sich mit ihrer Durchsetzung selbst abschafft. Dieser endzeitliche Zug läßt die Gewalt reiner und unverstellter hervortreten, so daß dieses Zeitalter zu einem der »offen eingestandenen, nackten Gewaltanwendung«[89] wird. Die Reinheit der Gewalt im Übergang zum Sozialismus ist ihre letzte Form in der Geschichte der Menschheit.

Die scharfe begriffliche Trennung von Gewalt und Ökonomie, die der Vulgärmarxismus mit dem Hauptstrom der bürgerlichen Theorie teilt, hat bestimmte Gründe, die Lukács mit folgenden Ergebnissen untersucht: 1. Der ökonomische Fetischismus nimmt die ökonomischen Beziehungen, die ja primär Beziehungen zwischen Menschen sind, nach ihrem Schein reiner naturgesetzlicher Sachlichkeit. Dieser Fetischismus bestimmt sowohl das wirtschaftliche Verhalten im Kapitalismus als auch die bürgerliche und vulgärmarxistische ökonomische Theorie des wirtschaftlichen Verhaltens. Gerade mit seiner Theoie des gesetzmäßigen Übergangs zum Sozialismus dient nämlich der Vulgärmarxismus der Art von Gesetzmäßigkeit, die für den Kapitalismus charakteristisch ist, und perseveriert ihn somit. 2. Der juristische Fetischismus läßt den Gewaltcharakter der »organisierten Gewalt« des Staates als reine Rechtsform verdinglicht erscheinen. Die zweite Abstraktion hat in sich eine neue erzeugt, indem die organisierte Gewalt in der Form des Rechts der puren Gewalt wiederum entgegengesetzt wird. So entsteht zugleich der Schein, daß ökonomische Beziehungen allenfalls noch Rechtsform, niemals aber Gewaltform haben. Alle diese Abstraktionen, die dieTrennung von Gewalt und Ökonomie ausmachen, drängen »die gemeinsame Gewaltgrundlage aller Institutionen der Klassengesellschaft« in den Hintergrund.[50] Behält man dagegen den Zusammenhang im Auge, dann reduziert sich die Unterscheidung von Recht und Gewalt auf die von latenter, potentieller und manifester, akuter Gewalt. In stabilen gesellschaftlichen Situationen, d. h. in Zeiten, die nicht solche des Übergangs von einer Gesellschaftsformation in eine andere sind und in denen die Produktion relativ konfliktfrei funktioniert, reicht die latente Gewalt des Rechts mit ihrem eigengesetzlichen Automatismus aus. In Zeiten der Umwälzung dagegen, in denen ein Wettstreit der Produktionssysteme stattfindet, erscheint die Gewalt als »nackte Gewalt«. So markiert andererseits die Manifestation von Gewalt einen kritischen Zustand der Gesellschaft. Entschieden wird die Krise durch ökonomische Überlegenheit, d. h. durch eine Serie von Gewaltmaßnahmen. Hier ist die Feststellung ökonomischer Gesetzmäßigkeiten, die unter anderem auch Prognosen zuließen, unmöglich, da das System, bezüglich dessen die Gesetze gelten, in sich selbst in eine Krise gekommen ist. Für eine nicht nur für beschränkte abgeschlossene Systeme gültige Theorie der Wirtschaft aber wird man eine tiefer liegende Struktur beachten müssen. Hier bietet sich der Begriff der Gewalt in ihren verschiedenen Manifestationen als uniforme Erklärungsgrundlage an. Das ist die Quintessenz der Krisentheorie von Lukács: »Die entscheidende Bedeutung der Gewalt als ›ökonomischer Potenz‹ wird stets in den Übergängen aus einer Produktionsordnung in eine andere aktuell; soziologisch ausgedrückt: in Zeiten, wo verschiedene, konkurrierende Produktionssysteme nebeneinander bestehen.«[91]

Die eminente Bedeutung der Theorie Lukács' für die Geschichte des Begriffs der Gewalt liegt wohl darin begründet, daß er, weil er den Mut hatte, die Gewalt als die Grundlage der historischen Prozesse und Systeme anzusehen, damit zugleich für den Gewaltbegriff eine Basis erstellt, von der aus alle Komponenten des Begriffs, die seine Geschichte begleiteten, und alle Konstellationen, in denen er sich vorfindet, ableitbar sind. Daß er es dennoch nötig hatte, seine Analyse der Vergangenheit zu ergänzen mit einer eschatologischen Hoffnung auf ein Ende aller Gewalt in der Zukunft, ist deshalb politisch folgenreich, weil die nüchterne Erkenntnis historischer Kräfte ihn zu Handlungsanweisungen für die Zukunft verleitet. Spaemann hat ein solches Verhältnis zur Gewalt als Fanatismus bezeichnet; zu ihm gehört »immer so etwas wie eine Theorie des letzten Gefechts«.[92] Lukács bestätigt das; doch kann man seine Eschatologie klar genug von seiner Analyse sozialer Prozesse trennen, um die letztere für äußerst verdienstvoll und fruchtbar für die Diskussion um Gewalt zu halten. Es erscheint nämlich verlockend, die Lukácssche Theorie der Gewalt, die eingestandenermaßen nur Ansätze gibt, auszuführen. Das soll hier nicht geschehen; vielmehr sei die weitere Geschichte des Redens über die Gewalt erzählt, die nun das Kapital ›Gewalt und Ökonomie‹ abschließt und Theorien darstellt, die Gewalt als Anthropologicum behandeln.

VIII.

Der Sozialdarwinismus propagiert nicht »Gewalt«, sondern Kampf; zwar braucht am gewalttätigen Charakter dieses Kampfes kein Zweifel zu sein, doch wird nicht die Gewalt verherrlicht. Der Grund dafür dürfte sein, daß der Begriff der Gewalt zu sehr vorgeprägt war durch die große Traditionslast von Problemen und Diskussionen in Rechtsphilosophie, Sozialphilosophie und politischer Philosophie. Der Sozialdarwinismus versuchte statt dessen, die entsprechenden Fragen durch Rekurs auf das Vokabular der Biologie neu zu beantworten. Der Begriff des Kampfes (ums Dasein) ist als Lebensgrundtatsache einer Legitimation quasi unbedürftig, während die Fülle der Probleme, die mit dem Begriff der Gewalt aufgenommen werden, evident ist.

Es blieb dem Franzosen G. Sorel vorbehalten, in einen solchen Zusammenhang das Wort Gewalt (violence) wieder einzuführen. Zwar kann Sorel nicht zum Sozialdarwinisten erklärt werden, doch teilt er mit Lebensphilosophie und verwandten philosophischen Richtungen deren Problemhorizont: Dekadenz der gegenwärtigen Zivilisation. Und auch die Antwort ist ähnlich strukturiert: erforderlich ist ein Rekurs auf die elementaren Lebenstatsachen, und zu diesen gehört nach Sorel die Gewalt. Ihr wird die kathartische Funktion zugemutet, die Welt zu retten: »Die proletarische Gewalt erscheint [...] als etwas sehr Schönes und sehr Heldenhaftes. [...] sie vermag die Welt vor der Barbarei zu retten.«[93] Ebenso deutlich: »Der Gewalt verdankt der Sozialismus die hohen moralischen Werte, durch die er der modernen Welt das Heil bringt.«[94] B. de Jouvenel hat daher nicht unrecht, wenn er die Sorelsche Gewalt eine »asketische Übung der Erwählten« nennt.[95] Diese Gewalt ist nicht so sehr Mittel zur Erreichung spezifischer Ziele als vielmehr Heilsbringer, denn sie reinigt nicht nur das Proletariat, sondern gibt auch dessen Feind, der Bourgeoisie, seine Kraft zurück. Sie nötigt ihm wieder etwas von der kriegerischen Energie ab, die seine ursprüngliche Stärke war. So ist Gewalt ein kraftvolles Ursprungsphänomen; sie ist die reine Äußerung der Klassenkampfgesinnung. Sorel feiert den kriegerischen Zug der Gewalt des Klassenkampfes in emphatischen Worten; in Krieg und proletarischer Gewalt äußern sich Tugenden, die unter der Zivilisation ganz verschüttet zu sein schienen: Opfermut, Gefühl des Ruhms, Heldentum.[96] »Die proletarischen Gewalttaten [...] sind rein und schlechthin *Kriegshandlungen* [...] und dienen dazu, die Scheidung der Klassen kenntlich zu machen.«[97] Sie dienen damit der Identitätsfindung des Proletariats und der Stabilisierung von Klassenbewußtsein.

Objektiv ist die Idee der Gewalt Teil eines Mythos, deswegen sei kurz auf die Sorelsche Theorie des Mythos eingegangen. Obwohl es für die Vernunft keinen Zugang zum Wissen der Zukunft gibt, braucht der Mensch, um für die Zukunft handeln zu können, vernunftgemäße Bilder der Zukunft. »Die Erfahrung beweist uns, daß *Konstruktionen einer in ihrem Verlauf unbestimmten Zukunft* eine große Wirksamkeit besitzen«, sofern es sich dabei um eine bestimmte Kategorie solcher Projektionen handelt, nämlich um Mythen, die in ihrer »vollen realen Anschaulichkeit« handlungsermächtigend wirken können, indem sich in ihnen »die kräftigsten Tendenzen eines Volkes, einer Partei oder einer Klasse wiederfinden, um Tendenzen, die sich unter sämtlichen Lebensumständen dem Geiste mit der Beständigkeit von Instinkten darstellen.«[98] Sie geben den unbestimmten Hoffnungen, auf die sich ein Handeln in die Zukunft gründen mag, »volle reale Anschaulichkeit«, sie sind Vorstellungen bevorstehender Handlungen in Schlachtbildern, die des Sieges vergewissern. Von Utopien unterscheiden sich Mythen dadurch, daß sie nicht durch die reale Geschichte falsifizierbare Aussagensysteme über die Zukunft sind, sondern große Entwürfe, in die sich historische Erfahrungen beliebig integrieren lassen. In ihrer Kraft der Evozierung unbegrenzter Handlungsbereitschaften sind Mythen Indizes der geistigen Unversehrtheit von Sozialverbänden. Nur durch solche enttäuschungsresistenten Handlungsorientierungen bleibt die unbegrenzte Handlungsbereitschaft erhalten und verfällt nicht angesichts einer nicht voll verfügbaren Realität in Lethargie, Kompromißpolitik und Dekadenz. In der Gefahr, so zu verfallen wie das Bürgertum, sieht Sorel auch das Proletariat durch die Wahrnehmung der Interessen der Arbeiter durch Leute, »deren Beruf es ist, parlamentarische Politik zu treiben.«[99] Vor diesem Hintergrund eines Mythos des proletarischen Generalstreiks sind die Sorelschen Gedanken über die Gewalt zu lesen. Zum Mythos des proletarischen Generalstreiks gehört für Sorel unabdingbar das Element der Gewalt. So ist die positive Rolle der Gewalt bei Sorel von zwei Seiten abgesichert: durch die kultur- und sozialhistorische notwendige Funktion des *Mythos des proletarischen Generalstreiks* und durch das anthropologische Datum als *elementare Lebenstatsache*. Weil Sorel von Gewalt im Kontext des Mythos spricht, also im Zusammenhang eines meta-intentionalen Handlungsorientierungsmodells, kann auch Gewalt nicht an ihren unmittelbaren Folgen gemessen werden, sondern muß über den Mythos auf eine entferntere Zukunft bezogen werden; die unmittelbaren Folgen mögen sein, welche sie wollen.[100] So trägt die Vorstellung des Klassenkampfes dazu bei, »die Vorstellung der Gewalt zu läutern«[101], die Vorstellung also nicht durch die Tatsache beeinträchtigen zu lassen, daß Gewalt unmittelbar Leiden erzeugen kann.

Die Präzisierung des Begriffsinhalts von Gewalt bei Sorel kann man auf folgende Weise gewinnen: 1. Parallelisierung der proletarischen Gewalt mit dem Krieg, 2. Unterscheidung der proletarischen Gewalt von der bürgerlichen Macht (force) und vom Terror.

1. Wenn es gelingt darzustellen, daß der Klassenkampf, speziell der proletarische Generalstreik, eine Erscheinungsform des Krieges ist, dann ist die in beiden Formen begegnende Gewalt in gleicher Weise legitimiert. Die Legitimität des Krieges konnte Sorel als opinio communis voraussetzen; er bekennt sich dazu, indem er den Krieg und die durch ihn geförderten Tugenden preist. Genau wegen dieser überzeugenden Parallele von Krieg und Klassenkampf ist Gewalt im Klassenkampf kein Zwischenfall und kein Rückfall in Barbarei, wie es die bürgerliche Phlosophie behauptet.[102]

2. Mit einem auf Gewalt gründenden Sozialismus befindet sich Sorel in Opposition zu den parlamentarischen Sozialisten; der Unterschied manifestiert sich in der Differenz von Gewalt und Macht (violence, force). Sorel definiert: »Wir würden also sagen, daß es Ziel der Macht sei, die Organisation einer bestimmten sozialen Ordnung aufzurichten, in der eine Minderheit regiert: während die Gewalt auf die Zerstörung ebendieser Ordnung hinzuwirken strebt. Das Bürgertum hat seit Beginn der Neuzeit die Macht angewendet, während heute das Proletariat gegen sie und gegen den Staat auf dem Wege der Gewalt reagiert.«[103] So gehört auf die Seite der Macht die staatliche Ordnung samt Autorität und Gehorsam, auf die Seite der Gewalt die Befreiung davon. Die parlamentarischen Sozialisten wollen, daß das Proletariat einfach die festgefügte Macht des Bürgertums erobert. Die bürgerlich-dekadente Moral mit ihrer Friedenserziehung und Kriminalisierung von Gewalt hat, obwohl selbst die Machthaber Gewalt nur noch mit schlechtem Gewissen anwenden, die erwünschten Erfolge nicht gehabt; im Gegenteil, im Maße der Propagierung harmonisierender Verfahren der Konfliktregelung wächst die Zahl der Gewalttaten.[104] Das hängt natürlich

damit zusammen, daß Gewalt nach Sorel eine nicht-eliminierbare elementare Lebenstatsache ist, die übrigens diejenige moralische Erhabenheit zu bewirken vermag, die man von der »Taktik der Milde« vergebens erhofft.[105]

Mit dem Naturrecht, auch mit dem revolutionären Naturrecht des 18./19. Jahrhunderts, lassen sich der Mythos des proletarischen Generalstreiks und die Idee der Gewalt nicht vereinbaren. Mit dem Naturrecht verbindbar dagegen sind Macht (force) und Staatsmacht (pouvoir). Auch die bei Fichte dargestellte Taktik, mit der Drohung revolutionärer Gewalt als latentem Arsenal im Volk die Ziele erreichen zu wollen, die auch ihr Einsatz erreichen würde, die Jaurès unterstellt wird, ist für Sorel nicht akzeptabel. Bürgerliche Revolutionen zielen stets auf Machtübernahme, nicht auf Machtabschaffung; so beginnen sie – historisch belegbar – stets mit der ideologischen Selbstermächtigung der Revolutionäre zur Macht.[106] Wenn sie die Macht erobert haben, wird die Gewalt der Macht zum Terror. Proletarische Gewalt dagegen übt den Besiegten gegenüber die Tugend des Kriegers, die ihn nach seiner militärischen Vernichtung schont und nicht noch juristisch verfolgt und abstraft.[107] Proletarische Gewalt macht bei Sorel Terror dadurch ganz unmöglich, daß sie die Staatsmacht beseitigen will. Aber »innerhalb der vollkommenen Zerstörung der Institutionen und der Sitten bleibt etwas Machtvolles, Neues und Unversehrtes: eben das, was recht eigentlich die Seele des revolutionären Proletariats bildet«.[108]

Es ist eine der Hauptschwierigkeiten Sorels, einen Mythos aufbauen zu wollen und zugleich zu sagen, wie man das macht; das läßt seine Schrift weder in der einen noch in der anderen Hinsicht überzeugend erscheinen. So bleibt von der Theorie der Gewalt als harter Kern schließlich übrig, daß Gewalt eine elementare Lebenstatsache ist, auf der man wegen ihrer Elementarität – wenn man will – einen Mythos aufbauen kann. Als Lebenstatsache ist Gewalt weder legitimationsbedürftig noch legitimationsfähig; sie ist vielmehr vorauszusetzen bei allen politischen Konstruktionen. Daß als harter Kern der Sorelschen Theorie letztlich nur die Gewalt bleibt, macht natürlich die Parteinahme für den syndikalistischen Sozialismus zufällig, und in der Tat ist dieses Gedankenmaterial faschistisch ebensogut verwertbar.

In unserer Verwendung der Wörter »Macht« und »Gewalt« sind wir bisher dem deutschen Übersetzer von Sorel gefolgt. Bildet man jetzt jedoch die Befunde unserer Begriffsgeschichte auf die Interpretation ab, so zeigt sich die Unangemessenheit eines solchen Verfahrens. Der Begriff der Gewalt umfaßt eben violence und force, wohingegen Macht pouvoir entsprechen würde. Die konträre Entgegensetzung von force und violence, zu der die französische Sprache Sorel mit der Unterscheidung verleitete, läßt sich dann leicht durchschauen als »Aufforderung zur Parteinahme«.[109]

IX.

Die von Sorel karikierte Gegenüberstellung von *Macht und Gewalt* wie Zivilisation und Barbarei gibt in der Tat gewisse bürgerliche Positionen der Gesellschaftstheorie seit der zweiten Hälfte des 19. Jahrhunderts wieder. Droysen bringt das auf die einprägsame Formel: »Je roher die Form des Staates, desto mehr ist ihm Gewalt statt der Macht.«[110] Hinzu kommt dann die Behauptung, daß der Fortschritt der historischen Entwicklung des Staates darin bestehe, Gewalt zugunsten der Macht abzuschaffen. Der Fortschritt wird dadurch identisch mit dem Fortschritt der Verwirklichung von Sittlichkeit. So muß es z. B. nach Vierkandt »heute als sicher gelten, daß der Staat im engeren Sinne überall durch Eroberung und Gewalt entstanden ist.«[111] Entscheidend aber ist, daß der Gewalt keine Permanenz zukomme, Gewalt kann immer nur »Durchgangspunkt«[112] sein. An der Begründung eines Staates oder einer konkreten Staatsordnung kann Gewalt maßgeblich beteiligt gewesen sein, doch Bestand hat diese Ordnung durch eine Umwandlung des reinen Gewaltverhältnisses in ein geregeltes Verhältnis. Das zeigt Vierkandt gerade mit Hinweisen auf Extremphänomene wie Revolutionen und Eroberungen. Revolution bedeutet keineswegs einen »allgemeinen und permanenten Gewaltzustand«[113], sondern (und so hatte auch Sorel alle bürgerlichen Revolutionen gedeutet) »einen zwangsweisen Wechsel der zentralen Gewalt«. Das Recht wird in Revolutionen im großen und ganzen übernommen und nur an den für die Revolutionäre entscheidenden Punkten verändert, d. h. es wird ihm ein anderer Inhalt gegeben, seine Geltung insgesamt aber nicht in Frage gestellt. So erscheint die Gewalt gerade auch in Revolutionen immer erst als ultima ratio, nie als Prinzip, wofür zusätzlich spricht, daß der Gewaltanwendung oft der Schein der Rechtmäßigkeit verliehen wird. »Ein wirklicher Gegensatz besteht zwischen *Recht und Gewalt*«.[114] Um mit dem Recht verträglich zu werden, wird Gewalt zu Macht.

Diese These hat F. Wieser zum Thema seines Buches *Das Gesetz der Macht* erhoben. Wieser stellt hier ein »Gesetz der abnehmenden Gewalt« auf, das er in der Geschichte als wirksam beobachtet haben will. Weiter geht er von der anthropologischen Grundannahme zweier Triebe im Menschen aus, dem »Hang zur Gewalt« und den »Keimen von Recht und Sittlichkeit« bzw. der »Friedensidee«.[115] Mit dem Gewalttrieb mußte der Mensch ausgestattet sein, um sich der Natur gegenüber behaupten zu können; Naturbeherrschung wird als Gewaltausübung gedeutet. Hat diese Gewalt Erfolg, so schafft sie ein Terrain leidlichen Friedens für den Menschen, in dem der Mensch den anderen Trieb kultivieren kann. Aber es kommt zu Verwechslungen, Gewalt entsteht auch im Friedensgebiet, so daß Gewalt zur Friedenssicherung auch intern eingesetzt werden muß. Das System der internen Friedenssicherung muß immer seltener gewaltsam aufrechterhalten werden, erfüllt sich immer mehr von selbst, d. h. seine Gewalt wird moralische und rechtliche Gewalt: Macht. Unter der oberflächlichen Machtstruktur auch der demokratischen Staaten ist jedoch die Gewalt jederzeit wieder erkennbar. Daß nun die Gewalt nicht schon längst vollständig durch Macht ersetzt worden ist, wo doch Fälle gewalttätiger Durchsetzung der Natur gegenüber immer seltener werden, d. h. wo doch Gewalt in dieser Hinsicht objektiv überflüssig geworden ist, hängt mit einer zweiten geschichtlichen Funktion von Gewalt zusammen. Wenn die geschichtliche Notwendigkeit gegeben ist und eine neue Stufe in der Entwicklung der Menschheit genommen werden soll, ist es normal, daß sich die alten Mächte gegen ihre Abschaffung sträuben. Die Überwindung der Widerstände der alten Mächte, »die sich nicht im Sinne der Zeit wandeln wollen«, gibt eine »Gelegenheit zur Gewalt«.[116] Auch hier ist Gewalt ultima ratio, um die Friedensidee, die den Fortschritt leitet, durchzusetzen. Bei aktuell begegnender Gewalt muß man daher sorgfältig unterscheiden zwischen Gewalt im Dienste der »Friedensidee« und Gewalt als Rückfall von dem Fortschritt. Im großen und ganzen jedoch setzt sich der Fortschritt so weit durch, daß Gewalt zunehmend entbehrlich wird und immer mehr abnimmt. Diesen Geschichtsprozeß kann man deuten durch das »Gesetz der abnehmenden Gewalt«, als deren Ziel eine von der Friedensidee beseelte gewaltfreie Gesellschaft steht. Die Absurdität eines solchen vermeintlichen Geschichtsgesetzes abnehmender Gewalt wird bereits deutlich durch die Vielzahl zusätzlicher Annahmen, mit denen Wieser begründen muß, warum, da doch Gewalt immer schon abnimmt, sie überhaupt noch da ist.

Als letzter Bestandteil dieses Diskussionszusammenhanges sei H. Arendts Buch *Macht und Gewalt* angeführt. Das Hauptinteresse von Arendt ist es, gegen neuere Apologien der Gewalt in Absetzung von Macht einen Gewaltbegriff zu formulieren, der Parteinahme oder Verständnis ihrer Propagierung ausschließt. Dazu rekurriert sie wie Engels weitgehend auf Zweck-Mittel-Relationen, und ebenso hängt Gewalt als Mittel vor allem in ihrer Effektivität vom Entwicklungsstand der Werkzeuge ab. Andererseits macht gerade erst die ungeheure Perfektion der Gewaltmittel bis hin zu Massenvernichtungsmitteln Gewalt in hohem Maße bedenkenswert. Wenn es wahr wäre, daß nur Gewalt in der Lage ist, Manifestation des Zerbrechens von Automatismen zu sein, und wenn es wahr wäre, daß Staatsgewalt und Gewalttätigkeit das gleiche Sinnelement Gewalt enthielten, dann hätten nach Arendt die Gewalt-Propagandisten recht mit ihren Behauptungen. Es kommt also Arendt darauf an, diese beiden Voraussetzungen zu widerlegen. Die zweite Behauptung, für die sie sich unter anderem auf Max Weber bezieht, kann nur dann Sinn haben, wenn man unterstellt, daß der Staat ein Unterdrückungsmittel ist. Der Gebrauch des Wortes »Unterdrückungsmittel« in dieser Allgemeinheit hat meines Erachtens keinen distinktiven Wert. Sie braucht aber diese Allgemeinheit, um außer den Marxisten, die mit Unterdrückungsmittel natürlich Unterdrückungsmittel der Bourgeoisie gegen die Arbeiterklasse meinen, auch noch die ganz anders gelagerte politische Theorie Max Webers subsumieren zu können. Unterdrückungsmittel ist der Staat selbstverständlich, z. B. gegen Verbrechen, gegen grenzenlose Entfaltung der eigenen Interessen ohne Rücksicht auf Mitbürger etc. Die beiden Kritikrichtungen Arendts sind also, Gewalt als politischen Grundbegriff und als existentiellen Grundbegriff zu fassen. Dagegen macht sie den Begriff der Macht stark. Zur Macht gehört ihre Institutionalität, die sie in Abhängigkeit bringt von ihrer Akzeptierung durch eine Mehrzahl, wie umgekehrt Institutionen auf Macht, nicht etwa auf Gewalt, fußen. Die Größe von Macht ist daher direkt proportional der Zahl der sie stützenden Anhänger, die Größe der Gewalt aber der Effektivität und Zahl der Werkzeuge, so daß das Extrem von Macht in der Situation »alle gegen einen« besteht, das Extrem von Gewalt dagegen in der Situation »einer gegen alle«. Das experimentum crucis zwischen revolutionärer und etablierter Gewalt wird, wenn die Ausrüstung mit Waffen technologisch und zahlenmäßig äquivalent gesetzt wird, dadurch entschieden, auf welcher Seite zusätzlich noch die Macht ist, d. h. die Unterstützung durch die Volksmassen. Nicht die geschichtsphilosophisch vermeintlich ausgemachte Progressivität ermächtigt zum Gebrauch der Gewalt, sondern allein die Macht des Volkes. Insofern ist Macht, nicht aber Gewalt, notwendige Bedingung aller sozialen Ordnung und als solche Selbstzweck. Macht braucht sich nicht ihrerseits durch einen Zweck zu rechtfertigen, dagegen muß sie sich für ihren Anspruch legitimieren, und das tut sie vor allem in historischen Kategorien. Gewalt dagegen kann niemals legitimiert sein, sagt Arendt, wohl aber könne sie unter Umständen gerechtfertigt sein. Es gibt allerdings, so muß man hier einwenden, Gewalt, die sich legitimiert, nämlich gewalt-vergeltende Gewalt, deren Formalisierung die Ursprünge des Strafrechts darstellen. Arendt müßte, um stringent zu sein, das Vergeltungsprinzip nun seinerseits aus anderen Gründen für illegitim erklären. Gerechtfertigt werden kann Gewalt durch Zwecke, die als gute Zwecke anerkannt sind und zu deren Verfolgung es keine anderen als gewaltsame Mittel gibt; denn Rechtfertigungen müssen sich, da sie eine Erfüllung der Zweck-Mittel-Funktion sind, immer Argumenten aus der Zukunft bedienen, während Legitimationen traditional verfahren. Arendt bestreitet ganz grundsätzlich, daß Gewalt Revolutionen auslösen könnte; vielmehr sind Revolutionen immer Resultate von Machtumverteilungen –

diese können aber nicht mit Gewalt erzwungen werden. Im Gegenteil, Gewalt ist eher geeignet, Reformen erpresserisch zu erzwingen, als Revolutionen einzuleiten. Wenn »revolutionäre Gewalt« die Welt verändert, dann nur mit dem einen Ergebnis, »daß die Welt gewalttätiger geworden ist, als sie es vorher war.«[117]

Indem sie versucht, die Rolle der Gewalt in der Geschichte in ihrer Darstellung interpretierend zugunsten des Begriffs der Macht einzuschränken, gerät Arendt in die Nähe von Theorien, die eine Praxis propagieren, in der Gewalt keine Rolle spielen *soll,* den normativen Theorien der Gewaltlosigkeit, auf die wir weiter unten zurückkommen.

X.

In der Geschichte des Gewaltbegriffs stellt M. Weber insofern einen Höhepunkt dar, als in seinem Begriff des Politischen die potestas-Komponente und die vis-Komponente integrierend aufeinander bezogen sind. Wegen des Pluralismus von Wertordnungen, der es unmöglich macht, einen Wert objektiv, d. h. für alle verbindlich, auszumachen, der Gewalt legitimieren würde, können Sozialverbände nicht über ihre Zwecke definiert werden. Da es, ferner, bei vorausgesetzten edlen Zwekken keine wissenschaftlichen Antizipationen der Zukunft gibt, aus denen Handlungsanweisungen für die Gegenwart eindeutig ableitbar wären, gibt es keine wissenschaftliche Rechtfertigung für die Verwendung von Gewalt als Mittel zu politischen oder religiösen Zwecken. Von diesen Tatsachen hat eine Theorie politischen Handelns auszugehen. Was auch immer für Zwecke einzelne Sozialverbände verfolgen mögen, ihnen ist gemeinsam ein Mittel der Erhaltung: »physische Gewaltsamkeit«[118]. Gewalt ist insofern auch bei Weber eine Elementarkategorie politischen Handelns; an dem Kriterium der Möglichkeit von Gewalt läßt sich die Sphäre des Politischen aus anderen Handlungsbereichen ausgrenzen. Ein Staatsverband ist das Extrem solcher Sozialverbände; er hat das *»Monopol legitimer physischer Gewaltsamkeit«*[119] insofern, als unter Bedingungen der Staatlichkeit alle anderen Verbände ihr Recht auf Gewaltausübung aus staatlichem Recht ableiten. Daher stimmt Weber Trotzki zu, der gesagt hat: »Jeder Staat wird auf Gewalt gegründet.«[120] Nun ist zwar nicht Gewalttätigkeit die regelmäßige Wirkungsweise des Staates, aber er ist doch dadurch charakterisiert, daß er dieses Mittel stets verfügbar hält und seine Anwendung als legitim angesehen wird. Das Monopol von für legitim angesehener Gewalt kommt in erster Linie dem modernen Staat zu, und der Prozeß der Aberkennung von Gewaltfähigkeit des Einzelnen ist historisch nachzeichenbar, was unter anderem in dieser Arbeit versucht worden ist. Das beginnt mit den verschiedenen Landfriedensregelungen und setzt sich im Allgemeinen Preußischen Landrecht fort. Während Gewalt zunächst Kennzeichen des freien Mannes war, wird sie durch diesen jahrhundertelangen Prozeß zum Merkmal des Kriminellen, es sei denn, die Gewaltausübung leitet sich aus staatlichem Recht ab. Die Beschränkung freier Gewalt auf Staats-Gewalt stellt eine optimal gelungene Integrationsleistung moderner Sozialsysteme dar. Zustandegebracht hat der moderne Staat diese Leistung durch eine Trennung der Amtsinhaber von den sachlichen Gewaltmitteln, d. h. durch Entmachtung der ständischen Gewalthaber zugunsten einer Beamtenhierarchie, kurz: durch die Einführung der Bürokratie. Zu dem Entzug der Legitimitätsgründe freier Gewalt zu Privatgewalt kommt hinzu, daß der Staat auch jeden Einzelnen veranlassen kann, in seinem Dienste und dadurch berechtigt Gewalt auszuüben: kriegerische Taten. Auch hier ist die Grenze der Gewalt durch Befehl festgelegt, und der Soldat ist – anders als der freie Krieger – nicht in seine persönliche Gewalt zurückgesetzt. Die Integrationsleistung von Kriegen ist bekanntlich in der Regel noch größer als die des Gewaltverzichts zugunsten des Staates. Enthusiasmus und Pathos eines Gemeinschaftsgefühls sind nicht selten Begleiterscheinungen anbefohlener kriegerischer Gewalt.[121] Die Monopolisierung der Gewalt im Staat stellt nun den Politiker in einer einzigartigen Weise frei von dem bürokratischen Technizismus und seiner Zweck-Mittel-Kalkulation. Da, wie erwähnt, Zweck-Mittel-Kalkulationen für die Handhabung der Gewalt nicht tragfähig sind und vorausgesetzte Wertordnungen wegen ihres Pluralismus gesinnungsethisches Handeln verbieten, bleibt dem Politiker ein verantwortungsethisches Handeln im Angesicht einer ungewissen Zukunft. Dies heißt unter anderem, er ordnet sein Handeln nicht einem gültigen Sinnhorizont ein, sondern verleiht ihm Sinn. In Abwandlung des liebesethischen Gebotes stellt Weber für den Politiker das Gebot auf: »Du *sollst* dem Übel gewaltsam widerstehen, sonst – bist Du für seine Überhandnahme *verantwortlich.*«[122]

Politische Gewalt im Staat ist Hort und Garant der Freiheit, Garant insofern, als sie den Bürgern die Sicherheit gewährt, innerhalb derer sie sich entfalten können. Nur in der durch Gewalt garantierten Rechtsordnung kann die Freiheit gedeihen; diese Freiheit ist um so größer, je geringer die Zweifel sind, wo legitimerweise die Quelle der Gewalt im Staate ist, d. h. auch je geringer die Zweifel an der Legitimität der Gewalt sind. Diese Freiheit ist allerdings niemals eine zu Gewalt; damit stellt Weber sich in reflektierten Gegensatz zum Ursprung des Gewaltbegriffs. Hort der Freiheit (unter anderem auch der zu Gewalt) ist Gewalt für den, der sich Politik zum »Beruf« macht, d. h. sich in die rechtsfreie, unbürokratische Sphäre des Politischen begibt, um sich in quasiheroischer Gewalt zu bewähren. Das Politische allein ist somit diejenige Sphäre, in der die alte Konkordanz von Gewalt und Freiheit noch gilt, und wo sie nach Weber im Gegensatz zum juristischen und bürokratischen Technizismus auch erhalten bleiben muß, um das Freiheit gewährleistende verantwortungsethische Handeln zu ermöglichen.

Anklänge an Webersche Gedanken entdeckt man in Th. Litts Auseinandersetzung mit dem Problem und Begriff der Gewalt, der besonders den Aspekt der ordnungsetzenden Funktion von Gewalt herausstellt. Auch für ihn hat die Beziehung von potestas und violentia im Begriff der Gewalt Bedeutung: »Der Ausdruck ›Staat-Gewalt‹ ist deshalb von einer tiefen Wahrheit, weil er dieses Moment der politischen Wirklichkeit und Wirksamkeit energisch in den Vordergrund rückt. Es ist der Staat als Vollstrecker der Gewalt.«[123] Mit Weber sieht er in der *»physischen Gewaltausübung«*[124] das Charakteristikum des Staates. Wie Weber der politischen Moral die Liebesmoral entgegensetzt, so Litt noch krasser der politischen Gemeinschaft den Gedanken einer »Welt von leibfreien Geistern«[125]. Auf sie braucht man in politischen Angelegenheiten keine Rücksicht zu nehmen. Darüber hinaus entwickelt er eine Moral der Gewalt, d. h. er weist nach, daß der Mensch auf Gewalt nicht nur nicht verzichten will oder kann, sondern nicht verzichten *soll*. Und zwar sind das Bestehen und die Ausübung von Gewalt (potestas + violentia) Bedingungen der Entfaltung von Freiheit. Als Beleg dient ihm das Beispiel von Tierstaaten: hier gebe es keine Gewalt, weil es keine Freiheit gebe. Die zu vermutende Interpretation von Gewalt als Prohibitivmittel gegen Ordnungsstörungen und Freiheitsmißbräuche trifft nicht zu. Denn dazu müßte ja die Ordnung ein für allemal feststehen, die die Beurteilung zuläßt, ob etwas Störung ist. Diese Vorentscheidung besteht aber nicht. »In Ausübung ›gebotener‹ Gewalt bekämpft der Staat die ›verbotene‹ Gewalt.«[126] Was hier verbotene und was gebotene Gewalt ist, steht jedoch nicht ein für allemal fest und läßt sich nicht erkennen, sondern setzt sich politisch durch. »Die Gewalt tritt nicht auf Grund und im Rahmen einer schon vorhandenen und gültigen Unterscheidung gebotener und verbotener Handlungen [...] in Tätigkeit – nein: es ist ihre eigene Betätigung, in deren Vollzug beide Unterscheidungen überhaupt erst zu klarer Herausbildung und praktischer Durchsetzung gelangen.«[127] Gerade in einer offenen Situation, in der keine Einigkeit über Prinzipien möglicher Ordnung herrscht, in der also keine Gewalt als »verboten« gelten kann, keine andere als legitim gilt, gibt es nur eine Grundlage der Einigung über zukünftige Unterscheidung von verbotener und gebotener Gewalt: die »Sprache der nicht wegzudisputierenden Tatsachen«, die eine siegreiche Gewalt spricht.[128] Überall da, wo mit Berufung auf allseits anerkannte Gründe nicht operiert werden kann, weil eine solche allseitige Anerkennung fehlt, hilft nur die Berufung auf die Gewalt. Das »fait accompli« einer erfolgreich behaupteten Gewalt – erfolgreich, weil sie stärker war – setzt Tatsachen und Normen, die eine Ordnung konstituieren, wo keine war. Erst jetzt ist es möglich, »gebotene« von »verbotener« Gewalt zu unterscheiden. »Verboten« (vom System) ist jede Gewalt, die sich gegen erfolgreich behauptete Gewalt wendet. Der Unterschied von potestas und violentia (Resultat erfolgreicher Ordnungsdurchsetzung) liegt allein in der Bewährung im Konfliktfall. Rechtsgründe können erst hinterher vom Sieger angeboten werden, weil Recht vorher nicht war. Durch diese ursprüngliche Kraftprobe der Gewalten und ihr folgender Bewährung entsteht allmählich eine Konzentration der

Gewalt an einem Ort im Staat oder, allgemeiner, Sozialverband: »Es gibt fortan nur *eine* Stelle, die über die Gewalt verfügt.«[129] Die Monopolisierung von Gewalt an einer privilegierten Stelle bietet – selbst wenn diese Gewalt in drükkender Gewalttätigkeit sich äußert – ein Moment der Sicherheit und der die Lebenskräfte ökonomisierenden Entlastung von der allseitigen Gewalt anarchischer Zustände: »Man weiß, wo, wann und vor wem man sich zu hüten hat.«[130] Aber mit einer gewissen Automatik führt die Konzentration der Gewalt zur Abnahme ihrer Aktualität; die Staatsgewalt des modernen Staates muß immer seltener unmittelbar Gewalt einsetzen. Ihr Eintreten für Minderung und Zügelung der Gewalt wirkt auf sie selbst zurück, denn nur Widerständen gegenüber muß sie sich als solche beweisen. In dem Maße aber, in dem die von ihr gesetzten Normen über gebotene und verbotene Gewalt von den Beherrschten anerkannt werden, kann sie auf die Sprache der Gewalt als Zwang zur Anerkennung ihrer Normen verzichten. »An die Stelle der wirklichen Gewaltausübung tritt so mit gleich durchschlagender Wirkung ihre bloße Androhung. Die Gewalt wird gleichsam latent.«[131] Aus der Latenz kann die Gewalt jederzeit, und zwar in einem reich gestuften System von Maßnahmen, zur Aktualität zurückkehren. Die Freiheit der der Gewalt Unterworfenen wird größer, je mehr sie anerkennen, daß sie selbst kein Recht auf Ausübung von Gewalt haben. Hier wird also noch deutlicher als schon bei Weber, daß für die Bürger, die nicht »Politik als Beruf« haben, im Gegensatz zu den Politikern Gewalt und Freiheit sich gegenseitig ausschließen. Wer niemals das staatliche Gewaltmonopol durch Inanspruchnahme eigener Gewalt in Frage stellt, kann im übrigen tun und lassen, was er will. Gewaltverzicht ist Bedingung für Freiheit, aber gerade nicht in der Form privater Gewaltlosigkeit, sondern als Monopolisierung von Gewalt in einem System kollektiver Sicherheit. In einem freiheitlichen System bloß latenter Gewalt spielt es auch keine Rolle mehr, wo diese latente Gewalt monopolisiert ist, sofern das System sich fragloser Anerkennung erfreut. Diese latente Gewalt ist typisch für moderne Herrschaftssysteme. Nur eine Freiheit, die in Anspruch nähme, die geltenden Normen und damit die ihre Geltung garantierende Gewalt selbst in Frage zu stellen, erschiene dem System monopolisierter Gewalt gegenüber als Bedrohung, nämlich als Wiederaufnahme des Kampfes, deren Resultat die Normen waren, d. h. als Inanspruchnahme eigener, nicht durch das Monopol abgeleiteter Gewalt, und erführe nun ihrerseits die Gewalt des Systems als physische Gewaltsamkeit. Die durch das System kollektiver Sicherheit garantierte Freiheit ist die Freiheit zu Selbstverwirklichung; aber darin ist gerade nicht die Gewalt enthalten. Problematisch wird die Weber-Littsche Position, wenn erklärt werden soll, warum es Menschen gibt, die sich Politik zum Beruf machen, oder wenn gar angenommen werden muß, daß Gewalt zur Selbstverwirklichung des Menschen überhaupt gehört – eine Interpretation, in die sich immerhin sonst so heterogene Positionen wie die Hegels und Sorels teilen. Der positive Ertrag dieser politischen Theorien der Gewalt, hinter die im Diskussionsniveau heute nicht mehr zurückgegangen werden kann und die im Grunde die Geschichte des Gewaltbegriffs auf den Begriff gebracht haben, ist jedoch die begriffliche Integration von potestas und violentia.

XI.

Die Schwierigkeiten der Weber-Littschen Position sind möglicherweise lösbar in einer Theorie der Gewalt, die die Kritik der Gewalt von W. Benjamin berücksichtigt. Der Titel, unter dem Benjamin den Begriff der Gewalt abhandelt, ist der von Recht und Gewalt: »Die Hauptaufgabe einer Kritik der Gewalt läßt sich als die Darstellung ihres Verhältnisses zu Recht und Gerechtigkeit umschreiben.«[132] Wenn man unterstellt, daß Gewalt immer nur Mittel zu Zwecken, nie selbst Zweck sein könne, so kann man einen Instrumentalcharakter von Gewalt konstatieren. Dann wäre Aufgabe einer Kritik der Gewalt eine Kritik der Zwecke, denen Gewalt dienen kann. Jedoch wäre hier eine Vorfrage einzuschalten, ob nämlich Gewalt als mögliches Mittel zu, sei es auch gerechten, Zwecken angesehen werden kann.[133] Daß man ohne diese moralische oder auch rechtsphilosophische Bewertung nicht auskommt, zeigt die Tatsache, daß man von Gewalt immer nur spricht im Kontext von sittlichem Verhalten oder sittlichen Verhältnissen. Nicht problematisch wird die Frage nach den Rechtfertigungsgründen dann, wenn man Gewalt, wie es

Naturrecht tut, als ein vorgegebenes Naturprodukt ansieht. Dann ist Gewalt ein Mittel und wie jedes Instrument an sich selbst wertfrei; werthaltig sind immer nur die Zwecke. Die Folge solcher naturrechtlicher Unbedenklichkeit in der Anwendung von Gewalt als Mittel zu subjektiv von Weltverbesserern für gerecht gehaltenen Zwecken ist der Terrorismus, wie das Beispiel der Französischen Revolution lehrt. Voraussetzung solcher Theorien ist, daß der Einzelne Gewalt nicht nur de facto, sondern auch de jure habe. Demgegenüber steht die positiv-rechtliche These, daß die Gewalt keine Naturgabe, sondern Produkt einer historischen Entwicklung sei. Diese Anschauung hat den Vorteil, daß sie eine differenzierte Beschreibung der Arten von Gewalt zuläßt, unabhängig vom ethischen Rang der Zwecke. Aufgabe einer Kritik der Gewalt wäre dann zu entdecken, ob es jenseits des historischen Wandels Rechtfertigungsgründe für Gewalt gibt, die immer und überall gelten. Bei diesen Erwägungen bemerkt Benjamin, wie vor ihm schon M. Weber, eine fortschreitende Depotentialisierung des Menschen in der historischen Entwicklung, die bei Benjamin kulminieren in der Idee einer Rechtsordnung. Es soll also für die Zwecke der Untersuchung die Zweck-Mittel-Garantie für das Recht beiseite gelassen, es sollen die Zwecke und Mittel unabhängig voneinander beurteilt werden. Das erübrigt auch Fragen der Art, ob die Zwecke, die zur Rechtfertigung von Gewalt dienen sollen, ihrerseits noch gerechtfertigt werden können, vor dem Maßstab der Gerechtigkeit etwa. Geht man zur Behandlung der Zwecke selbst von positiv-rechtlichen Grundlagen aus, so kann man Zwecke grob danach unterscheiden, ob sie historisch allgemein anerkannt sind oder nicht; die ersten nennt Benjamin Rechtszwekke, die zweiten Naturzwecke. Es lasse sich nun die allgemeine historische Tendenz von Rechtsordnungen beobachten, für Naturzwecke, die von einem Einzelnen zweckmäßigerweise mit dem Mittel der Gewalt erstrebt werden können, Rechtszwecke einzusetzen, den Prozeß der Akquisition dieser Zwecke einem Rechtsverfahren zu überweisen. Diese fortschreitende Verformung der Gewalt durch die Rechtsordnung zu Rechtsgewalt führt dazu, daß endlich alle mit Gewalt verfolgten natürlichen Zwecke eines Einzelnen mit Rechtszwecken in Kollision geraten. Daraus folgt, daß das Recht unabhängig von der Zweckfrage »die Gewalt in den Händen der einzelnen Personen als eine Gefahr ansieht, die Rechtsordnung zu untergraben.«[134] Gegen diesen Prozeß hat sich ein unbewußter Widerstand aufgebaut, der offenbar werden kann in der Sympathie des Volkes für den großen Verbrecher.[135]

Im Verhältnis zum Recht sieht Benjamin zwei grundsätzliche Funktionen der Gewalt: Rechtsetzung und Rechtserhaltung. Die rechtsetzende Funktion wird deutlich im Fall des Krieges, der auf einen Friedensschluß zielt, d. h. auf die Setzung neuen zwischenstaatlichen Rechts. Aber gerade Kriege zeigen in der Form des Militarismus die andere Seite der Gewalt: Bürger werden mit Gewalt gezwungen, Gewalt zu üben. Zweck der ersten Gewalt ist die Erhaltung der Rechtsordnung (binnenstaatlich), aufgrund derer die Bürger Gewalt üben sollen zum Zwecke der Rechtsetzung (zwischenstaatlich). Die rechterhaltende Gewalt ist in der Regel eine drohende Gewalt, deren reinste und extremste Form die Todesstrafe ist. Rechtsetzung und Rechterhaltung sind die beiden einzig möglichen Legitimationen, d. h. Beziehungen auf das Recht, von Gewalt. So ist Gewalt an die Problematik des Rechts gebunden und kommt ohne sie nicht aus. Auch die parlamentarisch-demokratische Tugend des Kompromisses, die sich oft als eine gewaltfreie Form der Konfliktaustragung ausgibt, ermangelt nicht der Gewalt. Kompromisse wie Rechtsverträge setzen eine Gewalt voraus, die über die Einhaltung wacht und die über Mittel verfügt, eine Sanktion bei Nichteinhaltung der Übereinkunft zu verfügen, deren Androhung in der Regel bereits die Einhaltung des Vertrages oder Kompromisses garantiert. Auch die scheinbar völlig gewaltfreie Konfliktbeilegung durch Rechtsvertrag ist also auf Gewalt als Vertragsgarantie angewiesen. Und »schwindet das Bewußtsein von der latenten Anwesenheit der Gewalt in einem Rechtsinstitut, so verfällt es«.[136] Benjamin glaubt allerdings, daß es eine gewaltfreie, weil politikfreie Sphäre gibt, die in der »Kultur des Herzens« Wirklichkeit ist, deren subjektive Voraussetzungen »Herzenshöflichkeit, Neigung, Friedensliebe, Vertrauen«[137] sind. Für die objektiven Bedingungen hat Benjamin das »Gesetz« entdeckt, daß gerade die Reinheit der Mittel von Gewalt nur dann besteht, wenn die Konflikte nicht zwischenmenschlichunmittelbar sind, sondern eine Verlagerung auf die Sache zulassen, wenn also zur Anwendung der Mittel eine größtmögliche Distanz besteht. Als Domäne dieses gewaltfreien Verhaltens sieht Benjamin die »Technik« (hier als »ars« zu nehmen) an, und als Beispiel der prinzipiellen Gewaltfreiheit führt er die Straflosigkeit der Lüge in der Technik der Unterredung an. Abschließend behauptet Benjamin dann, »daß es eine in dem Grade gewaltlose Sphäre menschlicher Übereinkunft gibt, daß sie der Gewalt vollständig unzugänglich ist: die eigentliche Sphäre der ›Verständigung‹, die Sprache.«[138] Ich weiß nicht, welche Interpretation man diesen Bemerkungen unterlegen könnte, die nicht sofort evidentermaßen ihre Falschheit zeigen würden. Gerade in anscheinend zwanglosen Unterredungen zeigt sich sehr deutlich, wer etwas zu sagen hat, und wenn einer, der nichts zu sagen hat, mehr sagt als ihm ansteht, so geht die latente Gewalt von Unterredungen in manifeste über: Sanktionen bis zu (vermittels des »Hausrechts«) polizeilicher Gewalt.[139] Auch ist sicherlich die allgemeine Behauptung, »Technik« erübrige Gewalt, in anderer Hinsicht unzutreffend. Es ist nur eine raffinierte Ausübung von Gewalt, wenn sie nicht unmittelbar geschieht, sondern über Sachen vermittelt wird. Manipulationen, die Konflikte »versachlichen«, sind Ablenkungen von der unmittelbaren Gewalt; immer dann, wenn den Manipulationsmitteln struktureller Propaganda aufgeklärt widerstanden wird, erscheint die strukturelle Gewalt in manifesten Sanktionen: DKP-Mitglieder dürfen nicht Beamte werden. Die Behauptung, die Sprache sei der Gewalt »vollständig unzugänglich«, ist ebenso falsch, was sich durch Hinweise zeigen läßt auf die Tatsachen, daß das Recht, hinter dem die Gewalt steht, stets Sprachform hat, daß die Gewalt sich unter anderem auch verbaler Mittel bedient, daß Sprache ein vorzügliches Mittel ist, manifeste in latente Gewalt zu überführen usw. Die Verbindungen von Gewalt und Sprache sind also vielfältig, obwohl nie so einfach, wie das *Wörterbuch des Unmenschen* unterstellt: daß ein Verb ein Substantiv »beherrscht«, ist keine Form von Gewalt und auch keine Spiegelung der realen Gewalt, auf die sich die Aussage bezieht, sondern grammatische Regel, die nur von einer ›Sprachempfindelei‹ auf diese Weise gedeutet werden kann.

Man kann also nicht mit Hilfe des Gesamtkomplexes Sprache eine gewaltfreie Sphäre umreißen. Zu sehr ist das ganze soziale Leben von Sprache durchsetzt, als daß nicht dadurch der Gedanke nahegelegt würde, daß es Gewalt eigentlich nicht geben könne. Wohl ließen sich Rechtssituationen, Diskurstypen angeben, zu deren Situationselementen per definitionem Gewalt nicht gehören kann: intime Dialoge, praktische Diskurse, und zweifellos hat die Herstellung solcher Situationen mit der Sprachfähigkeit des Menschen zu tun; aber die Benjaminsche Ausschließung von Gewalt und Sprache geht in dieser Richtung erheblich zu weit.[140]

Interessant ist angesichts der oben erwähnten Begriffsverwirrung bei Sorel von force – violence – Gewalt – Macht die Benjaminsche Zurechtsetzung der Begriffe. Der politische Generalstreik, der bei Sorel als force (übersetzt als »Macht«) abgelehnt worden war, gilt bei Benjamin eindeutig, und wie man meint zu Recht, als Gewalt, und zwar in ihrer rechtsetzenden Funktion. Der proletarische Generalstreik, der bei Sorel als violence (= »Gewalt«) erschien, kann aufgrund der von Benjamin eingeführten Terminologie nicht als Gewalt bezeichnet werden, da sie in keiner positiven Beziehung zum Recht, weder erhaltend noch setzend, steht. Dieses Gewaltkonzept und die Schwierigkeiten, die sich bei der Abgrenzung von rechtsetzender und rechterhaltender Gewalt, insbesondere im Begriff der Polizei ergeben, also insgesamt die Schwierigkeiten im Verhältnis von Recht und Gewalt veranlassen Benjamin, das Bild einer Gewalt zu entwerfen, die von der Problematik der Notwendigkeit der Rechtfertigung freigesetzt wäre, die allenfalls kombinierbar wäre mit dem jenseits alles positiven Rechts stehenden Begriff der Gerechtigkeit. Indem Benjamin den Versuch macht, gegen die scheinbar stringente Alternative anzudenken, zeichnet er das Bild einer Gewalt, die nicht Mittel zu Zwecken ist, sondern »göttliche Gewalt«, die sich manifestiert.[141] Vorschein solcher Gewalt ist der Zorn, der ebenfalls sich manifestiert statt in einer Zweck-Mittel-Relation zu stehen. Die göttliche Gewalt wird der »mythischen« entgegengesetzt. Die mythische Gewalt setzt Recht, die göttliche wirkt rechtsvernichtend und entsühnend. Dieses Bild der göttlichen Gewalt dient Benjamin zur Konzeptualisierung einer *revolutionären Gewalt, die den Kreis-*

lauf von Rechtsetzung und Rechtserhaltung der mythischen Gewalt durchbricht, somit die Angewiesenheit der Gewalt auf das Recht ein für allemal aufgibt und sich als Gewalt rein erhält. Der Begriff der revolutionären (der »göttlichen«) Gewalt, das muß man klar sehen, ist ein transzendentaler Begriff.[142] Revolutionäre Gewalt in diesem Sinne läßt sich nicht an der Realität nachweisen und erkennen, und zwar deshalb nicht, weil ihr entsühnender Charakter irdischen Augen stets verborgen bleibt. Insofern hat dann aber auch dieses revolutionäre Gewaltkonzept keinen handlungsauffordernden Charakter mehr, wie etwa noch bei Sorel. Auf sie trifft daher – trotz gewisser ideeller Nähe – nicht zu, was Spaemann zum Begriff der Gewalt schreibt: »Alle Versuche, außergesetzliche Gewalt moralisch zu rechtfertigen, laufen darauf hinaus, die Einmaligkeit und Unvergleichlichkeit des Falles zu behaupten, den Fall in einen unvermittelten Bezug zur Totalität zu setzen. Der Gewalttäter glaubt sich in der Situation Abrahams, dem Gott befiehlt, seinen Sohn zu töten. Dies ist die klassiche Definition des ›Fanatismus‹.«[143] »Verwerflich aber ist alle mythische Gewalt, die rechtsetzende, welche die schaltende genannt werden darf. Verwerflich auch die rechtserhaltende, die verwaltete Gewalt, die ihr dient. Die göttliche Gewalt, welche Insignium und Siegel, niemals Mittel heiliger Vollstreckung ist, mag die waltende heißen«, beschließt Benjamin seinen Essay.[144]

Man kann die Benjaminsche Gewalttheorie in der Geschichte des Gewaltbegriffs sehr verschieden beziehen, und das macht die Klassizität dieser Theorie aus. Man kann in ihr eine transzendentalphilosophische Entschärfung der Sorelschen Gewalttheorie sehen. Violence/göttliche Gewalt ist nicht mehr Teil einer Handlungsstrategie, die alles andere realiter vernichten will. Die Rechtsvernichtung der revolutionären Gewalt ist kein beobachtbares Phänomen mehr; denn die Bezogenheit der Gewalt auf das Recht ist in der Tat total und läßt keinen realen Freiraum revolutionären Auftretens, wie noch Sorel glaubt. Jedes revolutionäre Auftreten wird – das sieht Benjamin sehr deutlich – als Rechtsetzung oder, bei Sorel, als Machtanspruch gedeutet werden können. Gleichwohl gibt es die Erfahrung einer Gewalt, die nicht kalkuliert: Zorn oder das, was Sorel die elementare Lebenstatsache genannt hat. Man kann die Benjaminsche Position als eine Radikalisierung der Weberschen deuten. Dann wäre »Politik als Beruf« als ein Traum durchschaut, der zwar als Rechtsetzung sich von der bloßen Rechterhaltung der Bürokratie absetzt, aber gleichwohl eben doch vollständig an das Recht ausgeliefert ist. Da sich die von Weber gemeinte Freiheit aber nur denken läßt als Freiheit von Institution, d. h. auch von der Institution Recht, muß, weil das Recht in der modernen Gesellschaft allumfassend ist, gleichsam an der Faktizität vorbeigedacht werden. Daß diese Gewalt, die keinen Zweck hat, sich nur als solche manifestiert, gleichwohl kein Hirngespinst ist, dürfte evident geworden sein. Das, was hier von Benjamin mit dem Hinweis auf Zorn nur leicht angedeutet wird, nimmt – natürlich in anderen Diskussionszusammenhängen und mit anderen Terminologien – heute einen breiten Raum in den Diskussionen über Aggression ein: Gewalt, die nicht aus der Handlungsrationalität erklärbar ist. Darauf wird zurückzukommen sein. Vorerst jedoch soll der hier angezeigte Diskussionszusammenhang von *Gewalt als Manifestation* weiterverfolgt werden.

Zwischen der Weberschen und der Benjaminschen Gewalttheorie stehen die Bemerkungen K. Jaspers' zur Gewalt. Er sieht in Gewalt einen *Ordnungsdurchbruch.* »Ordnung beruht auf der Idee der Gegenseitigkeit in der Solidarität.«[145] Gewalt ist dessen Negation; dem Ursprung und Begriff nach grenzenlos, findet sie ihre Grenze erst an Gewalt, die gleich stark ist wie sie. Da aber nun alles Dasein als Konkurrenzkampf in Gewalt gegründet ist, ist Ordnung ein »schöner Schein« und »liegt auf dem Vulkan«. Es muß eine die Ordnung begleitende Gewalt geben, die dem gewaltsamen Angriff auf die Ordnung zu widerstehen vermag; aber diese wiederum ist von der gleichen Art, ist Negation von Ordnung, »und wenn Gewalt zwingt, tut sie alsbald mehr, als die Ordnung verlangt.« Doch nicht nur deswegen, sondern aus zwei weiteren Gründen ist Gewalt nicht-eliminierbar: Der Daseinskampf führt notwendigerweise immer wieder in Situationen, in denen »durch Gewalt entschieden werden muß, was Vernunft und guter Wille nicht zu entscheiden vermögen«. Dem entsprechen als zweite Grundlage »ursprüngliche Gewaltantriebe in uns«.[146]

Mit der Unterscheidung von Ordnung und Gewalt reproduziert Jaspers die Webersche von Bürokratie und Politik; und auch auf die Webersche Theorie des Politischen wäre der Begriff des Durchbruchs anwendbar. Indem jedoch die Unterscheidung rigider, ausschließender durchgeführt wird, erinnert Jaspers an die Überhöhung der Alternative bei Benjamin.

Es ist naheliegend, daß existentialistische Sozialphilosophen das Problem in vergleichbarer Weise erörtern. A. G. Dekker bezweifelt wie Benjamin, daß die *Zweck-Mittel-Relation* so präzisiert werden kann, daß vor ihr Gewalt eindeutig als Mittel erscheint. Er kommt vielmehr dazu; Gewalt weder als Zweck noch als Mittel, sondern als »doelloze gedragsstructur« (»zweckfreie Verhaltensstruktur«)[147] aufzufassen; solche Verhaltensstrukturen heißen gemeinhin Äußerungen: »Geweld is op politiek-economisch niveau een gedrag van het type ›uiting‹ op het gebied van de individuele psyche.« (»Gewalt ist auf der politisch-ökonomischen Ebene Verhalten vom Typ ›Äußerung‹ auf individualpsychischem Gebiet«). Für sie ist nicht der Zweck-Begriff, sondern der *Sinnbegriff* maßgeblich. Also stellt sich nun nicht die Frage: Ist die Gewalt sinnvoll? (Dem würde nämlich entsprechen: Sind Äußerungen sinnvoll?), sondern die: Welchen Sinn hat *diese* Gewalt? Das Kriterium der Beantwortung dieser Frage erinnert unmittelbar an Benjamin: Eine bestimmte Gewalt ist dann sinnlos, »wanneer het als middel tot schepping of handhaving van recht gehanteerd wordt« (»wenn sie als Mittel der Setzung oder Erhaltung von Recht gebraucht wird«). Der einzig denkbare Kontext sinnvoller Gewalt aber ist der des Selbst (»zelf«), als soziale Form des Selbstseins. »Zinvol geweld wil zelfschepping of zelfhandhaving« (»sinnvolle Gewalt will Setzung oder Handhabung des Selbst«), diese aber nicht als spontan verstanden, weil sonst eine Zwecksetzung vorausgesetzt werden müßte und die alten Probleme wieder erstünden, sondern sinnvolle Gewalt ist eine Selbstäußerung als Antwort auf das Schicksal (»noodlot«), konkret: Gewalt ist sinnlos als Festigung oder Erhaltung von Recht oder Macht, sinnvoll dagegen als Äußerung des Protestes gegen das unmenschliche, bedrohende Wesen der Welt, einschließlich seines Anspruchs, menschlich zu sein. So erhält Dekker letztlich zwei Gewalten, die sinnlose, die die gegenwärtige soziale Ordnung der Welt darstellt, die Recht und Macht erhält, und eine sinnvolle, die Manifestation des Protestes eines Willens auf Selbstverwirklichung angesichts einer Welt von solcher Struktur ist.

J.-P. Sartre diskutiert in seiner *Kritik der dialektischen Vernunft* ausführlich das Verhältnis von Gruppe und Gewalt. Die Kampfgruppe, zu der auch die Gewaltgruppe gehört, ist neben der Gruppe-als-Institution und als Serialität eine der Formen, in die sich eine Klasse gliedert.[148] Unter Gewaltgruppe ist eine Kampfgruppe zu verstehen, deren Ziel es ist, die latente Gewalt der Klassengesellschaft, die eine Klasse über die andere herrschen läßt, bewußt zu halten. Sie ist das Extrem dieser Gesellschaft, ohne deren wirkendes Bild die Gemäßigteren keine Chance haben, die Interessen der Klasse durchzusetzen. Insofern verkörpern Gewaltgruppen in ihrer Gewalt die Gewalt des Systems.[149] Neben der extremen Konstituierung der Gruppe durch die Gewalt gegenüber dem Feind steht die interne, durch die die Gruppe aus einer bloßen Fusionsgruppe zu einer Zwangsgruppe wird. Motiviert ist dieser Übergang allerdings zumeist durch Außendruck, der die Disziplinierung erzwingt. Diese Gewalt hat positiv die Gestalt der *Verbrüderung.* »Die Brüderlichkeit ist andererseits *das Recht aller* auf jeden vermittels eines jeden.«[150] Im gemeinsamen Lynchen des Verräters, der die durch Fortfall der zur Vorsicht mahnenden Gefahr von außen zugewachsenen unkontrollierten Handlungsmöglichkeiten wahrnimmt und dadurch die Gruppe in die Gefahr des Verfalls in Serialität bringt, reaktiviert die Gruppe die Gewalt der Verbrüderung als Terror. Noch indem er gelyncht wird, wird er als Gruppenmitglied, als Verbrüderter behandelt.

Die Beschreibungen Sartres haben ihren Wert in der Deutung des Verhältnisses von Gruppe und Gewalt; sie können jedoch nicht ohne Schwierigkeiten – und Sartre weist selbst darauf hin[151] – ausgeweitet werden auf das reibungslose Funktionieren der Staatsgewalt, die zunehmende Verbergung der Gewalt in ihrer Latenz, in Herrschaftstechniken usf., die die politische Theorie problematisiert. Zur Deutung dieser komplizierteren Strukturen wird man nicht mit den Schemata Brüderlichkeit und Terror auskommen können.

In einer an Lukács erinnernden Weise betont M. Merleau-

Ponty die Rolle der Gewalt in der Geschichte: »[...] die Kontingenz der Zukunft und die Rolle der menschlichen Entscheidungen in der Geschichte machen politische Divergenzen irreduzibel und List, Lüge und Gewalt unvermeidlich.«[152] Er schließt sich der Péguyschen Unterscheidung von Perioden und Epochen der Geschichte an und schreibt dem ruhigen Verlauf der Periode eine bloße Verwaltung von Herrschaft und Recht zu, während in den Epochen, in denen die menschlichen Beziehungen problematisiert werden, die Gewalt als Geschichtselement wieder hervortritt.[153] Doch die eschatologische Hoffnung von Lukács kann Merleau-Ponty nicht mehr teilen; ihm ist es vielmehr Gegenstand der Überlegung, wie denn eine Gewalt aussehen müsse, »die sich selbst überwindet in Richtung auf die menschliche Zukunft«.[154] Wie sich vermuten läßt, bleibt diese Frage bei Merleau-Ponty offen.

XII.

Die revolutionäre Literatur der ausgehenden sechziger Jahre unseres Jahrhunderts nimmt sich erneut des Problems der Gewalt an und versucht, die Argumentation auf das Niveau des im Jakobinismus Postulierten, des von Marx Analysierten und des bei Weber begrifflich Erreichten zu bringen. Dabei gewinnt die Klage über die allgemeine Depotentialisierung in den politischen Schriften der Zeit kulturkritischen Ausdruck dergestalt, daß der studentischen Avantgarde Gewalt etwas Fremdes sei, dessen Erfahrung sie erst im politischen Kampf machen müßte, nicht aber in den ihrer Herkunft als Intellektuellen gemäßen Verfahren der Wirklichkeitskontaktaufnahme über Begriffsanalysen. Wenn die zu erfahrende Gewalt als Gegengewalt ideologisch aufbereitet wird, so steht das in bester bürgerlich-revolutionärer Tradition: »die Bedingungen der Gegen-Gewalt erlernen wir, indem wir sie selbst anwenden und erleiden.« Die Bedingungen und Kriterien der »revolutionären Legitimität«[155] lassen sich nur naturrechtlich und geschichtsphilosophisch ableiten, indem ein jenseits des positiven Rechts stehendes »höheres Recht« »als Triebkraft der geschichtlichen Entwicklung der Freiheit«, *»als potentielle geschichtliche Gewalt«*[156] postuliert wird. Denn so viel ist bewußt, daß das positive Recht zur Systemgewalt gehört; sie hat das »legale Monopol der Gewalt und das positive

Recht, ja die Pflicht, diese Gewalt zu seiner Verteidigung auszuüben.«[157] Um aber den Kampf zu erlernen, müssen die Intellektuellen die Sprache des Systems, die die Sprache der Gewalt ist, erlernen.[158] Dem Umstand, der Gewalt ausgeliefert zu sein, kann die revolutionäre Opposition nicht entrinnen, weil Gewalt Konstituens des Systems ist; sie stellt sich ihm daher bewußt, wenn sie nicht der Lehre der Gewaltlosigkeit verfällt, die nichts anderes ist als die Weihe der Schwäche des Unterdrückten zur Tugend.[159] Angesichts auch der Schwäche der revolutionären Opposition ist die erste Einsicht des Gewalt-Lernprozesses, daß die angewandte Gegengewalt immer nur Signalcharakter haben kann; d. h. die Gewalt der Intellektuellen kann, da ihr die Massenbasis fehlt, die Zustände nicht verändern, sondern nur das Bewußtsein von ihnen; die Gewalt wird zur »aufklärerischen Gewalt«. Andererseits wird die Systemgewalt immer mehr in Latenz verwandelt, wird bürokratisiert, wird, mit Benjamins Wort, »verwaltete« Gewalt, bis hin zur Nichtidentifizierbarkeit als Gewalt. Was berechtigt dann aber dazu, in der nicht mehr identifizierbaren Gestalt Gewalt zu vermuten, als die simple Tatsache, daß, da das System evidentermaßen nicht von der Vernunft geleitet wird, indem es seine eigenen Möglichkeiten verfallen läßt, es von Gewalt geleitet sein müsse; diese sture Polarisierung von Vernunft und Gewalt entspricht alter bürgerlich- revolutionärer Tradition, nur mit dem einen Unterschied, daß nunmehr die revolutionäre Gewalt positiv zum Handeln legitimiert sein soll, während die Aufklärung sie als das unabwendbare Naturereignis kalkulierte. Aufgabe der revolutionären, signalisierend-aufklärenden Gewalt wäre es, in der Unmittelbarkeit der Gewalt diese vielfachen, durch perfekte Raffinesse des Systems verschleierten Vermittlungen zu durchbrechen und dem System so zu seinem wahren Ausdruck seiner selbst als reaktionärer Gewalt zu verhelfen. Damit ist die zweite Hauptunterscheidung abgeleitet: die zwischen »repressiver« und »emanzipierender« Gewalt. Der Kernsatz der Legitimation revolutionärer Gewalt heißt dann: »Gewalt ist immer dann gerechtfertigt, wenn sie der Abschaffung der Gewalt, soweit sie Unterdrückung ist, dient.«[160]

In der Revolutionsliteratur ungeschieden sind zwei Tendenzen, die in der Folge des Scheiterns der Studentenrevolte sich wiederum dissoziiert haben, auch ihre verschiedenen Ahnen haben, die aber in der Studentenbewegung zum Teil undurchschaute Koalitionen eingegangen waren. Ihre extremsten Konsequenzen heißen: Friedensforschung und Rote-Armee-Fraktion; man könnte sie auch als das moralische und das politische Element bezeichnen.

Als der bedeutendste Vertreter der sogenannten Friedensforschung darf J. Galtung gelten. Zum Zwecke einer Definition ihres Gegenstandes beschäftigt sich Galtung mit dem Begriff der Gewalt, den er als den Gegenbegriff zu Frieden auffaßt. »Gewalt liegt dann vor, wenn Menschen so beeinflußt werden, daß ihre aktuelle und geistige Verwirklichung geringer ist als ihre potentielle Verwirklichung.«[161] Diese Definition ist insofern ein wenig problematisch, als der Begriff der Verwirklichung ungeklärt bleibt. Setzt er einen Konsens über alle potentiellen Glücksgüter voraus, so ist er ein unpraktikabler Begriff. Tut er das nicht, so könnte man ebensogut Imaginationskraft oder antizipierende Phantasie als Ursache der Differenz von Potentiellem und Aktuellem ansehen. Es gäbe eine dritte Möglichkeit: Daß nämlich a priori (bei Gott etwa) feststünde, was als (potentielle) Verwirklichung zu gelten habe; dieses könnte dann sowohl durch Einsicht erkannt als auch durch Handeln in endlichen Zeiträumen erreicht werden. Historische Erfahrungen sprechen gegen diese Auffassung. Aber selbst wenn man – wie hier geschehen – die Grundsatzdefinition von Gewalt für problematisch hält, stellen Galtungs Analysen des Begriffs der Gewalt in komplementäre Schemata so viel deskriptives Potential bereit, daß sein Ansatz als einer der fruchtbarsten der gegenwärtigen Diskussion gelten darf. Galtung unterscheidet folgende Gewaltformen:[162]

1. physische – psychische,
2. negative – positive (Frage, ob mit Strafe oder Belohnung gearbeitet wird).
3. objektlose – objektbezogene (objektlose Gewalt ist z. B. die Demonstration von Gewaltmitteln zur Furchterwekkung),
4. personale – strukturelle (diese ist die wichtigste Unterscheidung: Personale Gewalt hat ein dramatisches Aktionsschema, sie ist leicht verbalisierbar und verstehbar; ihr Gegenteil ist nicht personal identifizierbar, sie wird auch als

soziale Ungerechtigkeit bezeichnet),
5. intendierte – nicht-intendierte (an ihr bemißt sich die Frage der Schuld),
6. manifeste – latente.

Als grundlegende Unterscheidung wird die von struktureller und personaler Gewalt gewählt. Sie scheint geeignet zu sein, die alte Alternative von potestas und violentia zu ersetzen, indem ihre Abgrenzung schärfer gelingt, als das mit jenen Begriffen jemals gelang. Sie leistet damit die Integration der Komponenten zu einem einheitlichen Begriff von Gewalt, in dem gleichwohl nicht alle Unterschiede zerfließen, sondern von dem aus dann eine viel genauere Beschreibung der Phänomene möglich wird.

Die andere Konsequenz der revolutionären Literatur der sechziger Jahre ist ein politisch bestimmter Gewaltbegriff, der an zwei wesentlichen, wenn auch sehr verschiedenen, Versionen vorgeführt sei: der Ideologie des politischen Aktivismus und der Nüchternheit der politischen Philosophie. Aus dem Scheitern der Studentenrevolte zog eine kleine Gruppe dieser Bewegung die Konsequenz, daß der revolutionäre Sprung nach vorn in die revolutionäre Avantgarde allein in der Lage sei, dasjenige Bewußtsein zu erzeugen bzw. zu erhalten, das nach dem Ende der Studentenrevolte zum Untergang verurteilt zu sein schien: die (sich selbst so nennende) Rote-Armee-Fraktion, die von der veröffentlichten Meinung und der regierungsoffiziellen Meinung teils als Desperados, teils als gewöhnliche Kriminelle abgestempelt wurden, weswegen zur Stabilisierung dieses Bildes ihre politischen Schriften verboten wurden.

»In der Epoche der sich entfaltenden sozialistischen Weltrevolution ist Gegenstand dieser Theorie, nicht das ›Ob‹, sondern nur das ›Wie‹ der Revolution.«[163] Allerdings werden für das »Daß« der revolutionären Situation einige Plausibilitätsgründe angegeben. Diese wird angekündigt durch die allgemeine Zunahme der latenten Bereitschaft zu Gewalttätigkeit in den Massen und »in der Richtungsänderung der Gewalttätigkeit«. In theoriepragmatischer Abwandlung der Frustrations-Aggressions-Hypothese hat Herrschaft im kapitalistischen Ausbeutungssystem immer die Züge von Gewalt, die eine Gewaltabfuhr der Beherrschten erzwingt. Folgt diese

Abreaktion der erlittenen strukturellen Gewalt in der Erlebnisform der Frustration nicht mehr dem Muster individueller Gewalt, sondern nimmt sie kollektive Züge an, so ist dieser Tatbestand Indiz einer objektiv bestehenden revolutionären Situation. Pflicht der revolutionären Avantgarde sei es dann, diese Ansätze kollektiven Widerstandes aufzugreifen. So wenig wie das »Ob« der Revolution als Frage besteht, so wenig gibt es die Frage nach der Legitimität der Gewalt in der Revolution. Mit Lukács' Argument insistieren die Autoren auf den Entscheidungsqualitäten von Gewalt in revolutionären Situationen. Daher könne der »bewaffnete Kampf« für die Revolution grundsätzlich nicht ersetzt, sondern allenfalls durch andere Strategeme des Klassenkampfes ergänzt werden, wie Bündnisse mit anderen politischen Kräften, Volks- oder Einheitsfront. So wird der bewaffnete Kampf die »höchste Form des Klassenkampfes«, der sich zwar nicht jeder anschließen wird oder auch nur kann, deren Verwirklichung durch eine revolutionäre Avantgarde er aber auf die Dauer seine Unterstützung nicht versagen wird. Die mit dem bewaffneten Kampf implizierte Gewalt stellt nämlich für das Proletariat viel weniger ein ethisches Problem dar als für bürgerlich erzogene Individuen. Vielmehr ist das Proletariat grundsätzlich von der bürgerlichen Moral nicht so sehr »angekränkelt«, daß es zur Durchsetzung seiner Interessen zur Gewalt nicht mehr bereit wäre. Im Gegensatz zu bürgerlich-humanistischen Intellektuellen wie P. Brückner, der eine »Rebarbarisierung«, eine Rückkehr »roher Gewaltförmigkeit in die abendländische Kultur« beklagt[164], die er »bis in die üblichen, alltäglichen Verkehrsformen der bürgerlichen Gesellschaft, ja bis in ihre sublimsten Ausprägungen zu verfolgen« unternommen hat[165], propagiert die RAF – konsequent – ein nicht-angekränkeltes, originäres proletarisches Verhältnis zur Gewalt.

Hier sowie in der Bestimmung der Bedeutung der »Vision vom Sieg der Unterdrückten über ihre Feinde«, dessen sie sich durch Geschichtsphilosophie versichert, lebt Sorelsches Gedankengut wieder auf. Aber die Ausweitung bewaffneten Kampfes soll begleitet sein von einer Entfaltung der revolutionären Theorie. Beides zusammen erst befähigt die Revolutionäre, die Rolle der Avantgarde als handlungsorientierendes, praktisches revolutionäres Modell zu spielen. Gegenwärtig, so schätzen die Autoren ihre Situation richtig ein, sei weder das eine noch das andere erreicht; erreichbar aber sei beides nur in steter Wechselwirkung von Theorie und Praxis. Es handelt sich nämlich um eine jener Theorien, die erst mit ihrer praktischen Durchsetzung wahr würden, freilich um eine, die dieses selbst noch reflektiert.

Eine völlig andere, zukunftweisende, auch die politische Seite des Gewaltbegriffs betonende Konzeption hat R. P. Wolff in Verarbeitung Weberscher Gedanken vorgelegt. Danach wird Gewalt definiert als »illegitimate or unauthorized use of force to effect decisions against the will or desire of others.«[166] Zur Erläuterung dieser Definition müssen einige weitere Begriffsbestimmungen erwähnt werden, die darin aufgegangen sind. Die Fähigkeit, Entscheidungen zu fällen und durchzusetzen, soll *Herrschaft* (power) heißen. Ihrer effektiven Durchsetzung dient, außer den Mitteln der de-facto-Autorität und der öffentlichen Meinung, die *Macht* (force), deren Maß und Symbol in modernen Gesellschaften das Geld ist. Im Begriff der *Autorität* (authority), die das Recht zu befehlen und das Recht auf den den Befehlen korrespondierenden Gehorsam bedeutet, ist nach Wolff streng zu unterscheiden zwischen der de-facto-Autorität, die nur das positive Recht beinhaltet, und der de-jure-Autorität, die nun ihrerseits beinhaltet, daß das positive Recht »objektiv« gerechtfertigt sei. Dies läßt sich dann allerdings nicht ausmachen, weswegen de-jure-Autorität ein unbrauchbarer Begriff der Analyse ist. Insofern ist aber de-facto-Autorität auch wiederum nichts anderes als eine bestimmte Herrschaftsform. Daraus freilich folgt für die Gewaltdefinition, daß »illegitimate or unauthorized« nicht-objektivierbare Begriffe der politischen Philosophie sind. Zwar entwickelt die Moralphilosophie gewisse Vorstellungen über Gut und Böse; aus diesen läßt sich jedoch kein nützlicher Gewinn für den politischen Begriff der legitimen Autorität ziehen; denn – Wolff akzeptiert hier Aspekte der Kantischen Ethik – für moralisches Handeln ist Autonomie des Willens erforderlich. Gehorsam gegenüber politischen Autoritäten ist aber selbst in demokratischen Systemen, in denen die Gesetze auch auf einem Willensbildungsprozeß des Volkes beruhten, stets Heteronomie. Daher läßt sich der

Begriff der politischen Autorität auf keine Weise aus moralphilosophischen Kategorien ableiten. Wenn es nun aber (moralisch, oder auch naturrechtlich) legitime Autorität überhaupt nicht gibt, dann folgt aus der Einsetzung in die Gewaltdefinition, daß jedes politische Handeln als Machthandeln in diesem Sinne gewalttätig ist, da auch in der Gewaltdefinition keine Kriterien der phänomenalen Gestalt der Gewaltausübung, etwa physische Verletzung, angegeben sind. Lediglich die infinitesimal seltenen Fälle von Herrschaftsausübung, die mit der öffentlichen Meinung, insbesondere mit der Meinung der Betroffenen, vollständig harmonierten, könnten von der Prädizierung von Gewalt ausgenommen werden. Der Normalfall politischen Handelns freilich ist Gewalt. Das hat zwei Konsequenzen: Erstens wird der Begriff gewaltloser Politik zu einem Nonsens-Begriff, Gewaltlosigkeit würde allenfalls zu einem Syndrom politisch wirkungsloser Äußerungen eines durch den Widerspruch von Erziehungsidealen und Praxis einer Gesellschaft irregeleiteten Gewissens. Zweitens ist Gewalt auch kein vernünftiger Begriff einer deskriptiven politischen Philosophie, wenn man sie z. B. anlehnen wollte an die gängige Unterscheidung von Gewalt und Gewaltlosigkeit aufgrund der Verletzung zentraler oder peripherer Lebensinteressen. Denn was zentral und was peripher ist, läßt sich nicht unabhängig von Standards und Werten bestimmen; diese aber sind schichtenspezifisch verschieden. So verurteilt die herrschende Klasse als illegal und gewalttätig alle Angriffe auf die Autorität des Staates und das Recht des Eigentums. Für die liberale Mittelklasse der technischen Intelligenz dagegen besteht eine partielle Interessenidentität mit Infragestellungen verfestigter Autoritätsstrukturen, sofern das System, von dem sie ihren Aufstieg auf den Wogen der Innovation erhofft, insgesamt intakt bleibt. Für die Arbeiterklasse wiederum ist Gewalt als Ordnungsstörung, insbesondere als Kriminalität, Rebellion und politische Demonstration, gemeint. Die revolutionäre Gegendefinition dagegen gibt es in zwei Versionen. Entweder wird die Konnotation beibehalten und die Denotation umgepolt, dann sind Polizisten die wahren Gewalttäter, oder die Denotation wird beibehalten und die Konnotation verändert, dann ist die Gewalt (etwa der Ghetto-Bewohner) eine Tugend. Aufgrund dieser spezifischen

Befunde kommt Wolff dazu, den Gewaltbegriff als einen bloß ideologischen, für eine deskriptive politische Theorie unbrauchbaren Begriff anzusehen.

Mit scheint diese Konsequenz nicht triftig zu sein; denn die Tatsache, daß ein Begriff auch ideologischen Zwecken dient, beweist nicht die Aussichtslosigkeit des Versuchs, ihn für wissenschaftliche Zwecke zu präzisieren. Und gerade die Wolffsche Aussage der grundsätzlichen Unmöglichkeit der Unterscheidung des Begriffs des politischen Handelns von dem Begriff der Gewalt scheint mir eine sowohl auf der Folie der Geschichte des Gewaltbegriffs, wie sie hier vorgeführt wurde, als auch als Ansatz für weitere Analysen keineswegs unbrauchbare Konzeption zu sein.

Anmerkungen

1 Zu Gewalt als Kommunikationserzwingung vgl. T. E. Bittker (1970).

2 Am nächsten kommt dem heute der Sprachgebrauch: »etwas in seiner Gewalt haben«, z. B. sein Auto.

3 K. v. See (1964).

4 W. Benjamin (1965); S. 34.

5 M. Weber (1956); S. 516; vgl. N. Luhmann (1972) I; S. 112 ff., und ders. in diesem Band, S.**

6 M. Luther XI, S. 277.

7 »unum per disceptationem, alterum per vim« (I,11).

8 H. Grotius (1950); S. 60.

9 *Epistolae ad familiares* XII, 3.

10 H. Grotius (1950); S. 83.

11 Th. Hobbes (1966); S. 162.

12 Vor allem dann ist der Konfliktfall unausweichlich, wenn man annimmt, daß Herrschaft eine kombinatorische Relation und keine selektive darstellt, was sie allerdings auch nur zuweilen zu sein scheint. Dazu gehört ferner die Annahme, daß die Herrschaftsrelation rollenindifferent ist, eine Annahme, die wahrscheinlich gleichfalls zu weit geht. Aus der möglichen Kombinatorik von Herrschaftsrelationen ergeben sich dann kuriose, nur politisch-hermeneutisch zu deutende Interpretationsdifferenzen, wer denn über wen herrsche. Vgl. als Kontrast zur heutigen feministischen Emanzipationsliteratur die argumentativ nicht weniger geschickte E. Vilar (1971).

13 Th. Hobbes (1966); S. 155.

14 A.a.O.; S. 98.

15 Ch. Wolff (1736); § 435.

16 Ebd.

17 A.a.O.; § 443.

18 S. Pufendorf (1931); S. 50.
19 J. Ch. Gottsched (1733/34); § 412.
20 J. G. Walch (1726); Sp. 1304 f.; J. H. Zedler (1735) X; S. 1377 ff.
21 J. H. G. v. Justi (1969); S. 51 f.
22 Ebd.
23 A.a.O.; S. 99 f.
24 A.a.O.; S. 117.
25 Kant V; S. 260.
26 Kant VIII; S. 30.
27 Kant VIII; S. 23.
28 Als Veranschaulichung könnte Goethes Gestalt des Götz von Berlichingen dienen.
29 Kant VIII; S. 22.
30 C. A. Wichmann (1793).
31 Vgl. hierzu vor allem S. Papcke (1973).
32 F. Murhard (1832).
33 A.a.O.; S. 414.
34 Fichte *GA* I, 1; S. 206.
35 Fichte *GA* I, 1; S. 207.
36 Fichte *GA I, 1; S. 208.*
37 Die Lehre des Ursprungs der Staatsgewalt aus der unmittelbaren Übermacht des Einzelnen im gesetzlosen Zustand lehnt Fichte nachdrücklich ab (Fichte SW IV; S. 603). Ihr zufolge bestimmte sich, was Recht sei, nach dem, was sich als überlegene Gewalt durchgesetzt habe; diese Lehre sei sowohl unhistorisch als auch unvernünftig, sagt Fichte.
38 Fichte *SW* IV; S. 58.
39 Fichte *SW* IV; S. 158.
40 Fichte *SW* VI; S. 485.
41 Vgl. H. Lübbe (1971); S. 93-110; R. Spaemann (1972); S. 221.
42 Fichte *SW* VI; S. 86.
43 Vgl. Luthers »Wort«.
44 Vgl. N. Luhmann, in diesem Band, S. **
45 Hegel IV; S. 715.
46 Hegel VII; S. 99.
47 Hegel VII; S. 94.
48 Hegel VII; S. 147.
49 Hegel VII; S. 148.
50 Hegel VII; S. 149.
51 Hegel VII; S. 148.
52 Ebd.
53 Hegel VII; S. 149.
54 J. Burckhardt (1929); S. 25.
55 A.a.O., S. 22.
56 *Leben des Camillus*, 17.
57 Der Staatsrechtler Bluntschli etwa relativiert die Lehre vom Ursprung des Rechts aus der Gewalt folgendermaßen: »In der Regel [...] war die Gewalt doch nur die *Dienerin* wirklicher Rechtsansprüche. [...] Sie schuf nicht das Recht, sondern unterstützte es und erzwang ihm die Anerkennung.« Bluntschli (1885); S. 144).
58 M. Stirner (1968); S. 134.

59 A.a.O.; S. 135.
60 Ebd.
61 A.a.O.; S. 137.
62 *MEW* IV; S. 337.
63 *MEW* Erg. I; S. 484.
64 *MEW* IV; S. 338.
65 *MEW* IV; S. 347.
66 *MEW* IV; S. 339.
67 *MEW* IV; S. 347.
68 *MEW* XXIII; S. 779.
69 Ebd.
70 *MEW* XXXIV; S. 498 f.
71 *MEW* XXXVIII; S. 489 f.
72 *MEGA* I, 8; S. 163.
73 *MEGA* I, 8; S. 170, 175.
74 *MEGA* I, 8; S. 186.
75 *MEGA* I, 8; S. 373.
76 Lenin XXV; S. 411.
77 Lenin XXXI; S. 344.
78 Lenin XXXI; S. 343.
79 Lenin XXVI; S. 459.
80 Lenin XXV; S. 409.
81 Lenin XXV; S. 412 f.
82 Lenin XXV; S. 413.
83 Lukaćs (1967); S. 248.
84 A.a.O.; S. 249.
85 A.a.O.; S. 251.
86 A.a.O.; S. 254.
87 A.a.O.; S. 258.
88 Ebd.
89 A.a.O.; S. 259.
90 A.a.O.; S. 247.
91 A.a.O.; S. 253.
92 R. Spaemann (1972); S. 233.
93 G. Sorel (1969); S. 106 f.
94 A.a.O.; S. 306.
95 B. de Jouvenel (1967); S. 234.
96 G. Sorel (1969); S. 197.
96 A.a.O.; S. 129.
98 A.a.O.; S. 141.
99 A.a.O.; S. 90.
100 A.a.O.; S. 56.
101 A.a.O.; S. 130.
102 A.a.O.; S. 82, 335.
103 A.a.O.; S. 203.
104 A.a.O.; S. 221.
105 A.a.O.; S. 248.
106 A.a.O.; S. 202.
107 A.a.O.; S. 340.
108 A.a.O.; S. 305.

109 N. Luhmann (1972) I; S. 111, Anm. 136.
110 J. Droysen (1967); S. 353.
111 A. Vierkandt (1928); S. 5.
112 A.a.O.; S. 298.
113 A.a.O.; S. 281.
114 A.a.O.; S. 299.
115 F. Wieser (1926); S. 34, 255, 257.
116 Ebd.
117 H. Arendt (1970); S. 80.
118 M. Weber (1958); S. 494.
119 Ebd.
120 Ebd.
121 M. Weber (1947) I; S. 548.
122 M. Weber (1958); S. 538 f.
123 T. Litt (1948); S. 24.
124 Ebd.
125 A.a.O.; S. 25.
126 A.a.O.; S. 36.
127 A.a.O.; S. 45.
128 A.a.O.; S. 44.
129 A.a.O.; S. 55.
130 Ebd.
131 A.a.O.; S. 56.
132 W. Benjamin (1965); S. 29.
133 Ebd.
134 A.a.O.; S. 34.
135 In den letzten Jahren am auffälligsten in der Sympathie für die englischen Posträuber oder sogar in Stammtisch-Sympathiebekundungen politisch rechts stehender Bürger für gewalttätige Aktionen der RAF (»Baader-Meinhof-Bande«).
136 A.a.O.; S. 46.
137 A.a.O.; S. 47.
138 A.a.O.; S. 48.
139 Daß sich demgegenüber das Bild gewaltfreien Diskurses als Ideal imaginieren läßt, widerspricht auch bei Habermas nicht, daß faktisches Gespräch immer von solchen Asymmetrien bestimmt ist.
140 Vgl. R. Spaemann (1972); S. 216.
141 W. Benjamin (1965); S. 59 f.
142 H. J. Krysmanski (1971); S. 59, spricht sogar von »transzendentalem Gewaltbewußtsein«.
143 R. Spaemann (1972); S. 233.
144 W. Benjamin (1965); S. 64.
145 K. Jaspers (1947); S. 715.
146 A.a.O.; S. 715 f.
147 A. G. Dekker (1968); S. 689 f.
148 J.-P. Sartre (1967); S. 841.
149 A.a.O.; S. 769.
150 A.a.O.; S. 466.
151 A.a.O.; S. 469; in solchen Zusammenhängen geht Sartre von der historischen Tatsache struktureller Gewalt des kapitalistischen Systems aus, die nur

auf dem Wege der Gewalt beseitigt werden könne: »Die Gewalt ist etwas absolut Notwendiges.« (Sartre (1971); S. 75) Innerhalb des Rahmens des allgemeinen Bekenntnisses, daß Gewalt schlecht sei, gilt dann, daß gegenüber der Unterdrückungsgewalt »Volksgewalt« gut ist (S. 77).

152 M. Merleau-Ponty (1966); S. 140.
153 A.a.O.; S. 10 f.
154 A.a.O.; S. 12.
155 »Redaktionskollektiv« konkret (1968); S. 25.
156 H. Marcuse (1967); S. 404.
157 Ebd.
158 »Redaktionskollektiv« konkret (1968); S. 25.
159 H. Marcuse (1968); S. 113.
160 »Redaktionskollektiv« konkret (1968); S. 26.
161 J. Galtung (1971); S. 57.
162 A.a.O.; S. 59 ff.
163 Kollektiv RAF: *Über den bewaffneten Kampf in Westeuropa.*
164 P. Brückner (1972); S. 159 f.
165 A.a.O.; S. 162.
166 R. P. Wolff (1969); S. 606.

Literatur

Arendt, Hannah, 1970: *Macht und Gewalt.* München.

Benjamin, Walter, 1965: *Zur Kritik der Gewalt und andere Aufsätze.* Frankfurt.

Bittker, Thomas E., 1970: *The Choice of Collective Violence in Intergroup Conflict.* – In: D. N. Daniels, M. F. Gilula, F. M. Ochberg (Hg.): *Violence and the Struggle for Existence.* Boston; S. 165-191.

Bluntschli, Johann Kaspar, 1885: *Allgemeines Staatsrecht.* 6. Aufl. Stuttgart.

Brückner, Peter, 1972: *Zur Sozialpsychologie des Kapitalismus. Sozialpsychologie der antiautoritären Bewegung* 1. Frankfurt.

Burckhardt, Jacob, 1929: *Weltgeschichtliche Betrachtungen. Historische Fragmente aus dem Nachlaß*, hrsg. v. A. Oeri u. E. Dürr. Berlin–Leipzig.

de Jouvenel, Bertrand, 1967: *Reine Theorie der Politik.* Neuwied–Berlin.

Dekker, André G., 1968: *Geweld en Recht.* In: *Tijdschrift voor Filosofie* 30; S. 675–694.

Droysen, Johann Gustav, 1967: *Historik. Vorlesungen über Enzyklopädie und Methodologie der Geschichte.* 5. Aufl. München.

Fichte, Johann Gottlieb: *Gesamtausgabe.* Im Auftr. d. Bayrischen Akademie der Wissenschaften hg. v. R. Lauth u. H. Jacob. Stuttgart–Bad Cannstatt 1964 ff. (zit. als Fichte, *GA*).

Fichte, Johann Gottlieb: *Sämtliche Werke.* Hg. v. I. H. Fichte. Leipzig 1834 (zit. als Fichte *SW*).

Galtung, Johan, 1971: *Gewalt, Frieden und Friedensforschung.* – In: D. Senghaas (Hg.), *Kritische Friedensforschung*, Frankfurt; S. 55–104.

Gottsched, Johann Christoph, 1733/34: *Erste Gründe der gesammten Weltweisheit.* 2 Tle. Leipzig.
Grotius, Hugo, 1950: *De jure belli ac pacis libri tres.* Übers. u. neu hg. v. W. Schätzel. Tübingen.

Hegel, Georg Wilhelm Friedrich: *Sämtliche Werke.* Jubiläumsausgabe hrsg. v. H. Glockner. Stuttgart–Bad Cannstatt 1964 ff.
Hobbes, Thomas, 1966: *Leviathan oder Stoff, Form und Gewalt eines bürgerlichen und kirchlichen Staates.* Hg. v. I. Fetscher. Neuwied.

Jaspers, Karl, 1947: *Von der Wahrheit.* München.
Justi, Johann Heinrich Gottlob von, 1969: *Natur und Wesen der Staaten als die Quelle aller Regierungswissenschaften und Gesetze.* Hg. v. H. G. Scheidemantel. Aalen.

Kant, Immanuel: *Gesammelte Schriften.* Hg. v. d. Königlich Preußischen Akademie der Wissenschaften. Berlin 1910 ff.
Krysmanski, Hans Jürgen, 1971: *Soziologie des Konflikts.* Reinbek.

Lenin, Wladimir Iljitsch: *Sämtliche Werke.* Berlin 1955 ff.
Litt, Theodor, 1948: *Staatsgewalt und Sittlichkeit.* München.
Lübbe, Hermann, 1971: *Theorie und Entscheidung. Studien zum Primat der praktischen Vernunft.* Freiburg.
Luhmann, Niklas, 1972: *Rechtssoziologie.* 2 Bde. Reinbek.
Lukács, Georg, 1967: *Geschichte und Klassenbewußtsein. Studien über marxistische Dialektik.* Amsterdam.
Luther, Martin. Weimarer Ausgabe.

Marcuse, Herbert, 1967: *Ziele, Formen und Aussichten der Studentenopposition.* In: *Das Argument* 9.
Marcuse, Herbert, 1968: *Repressive Toleranz.* In: R. P. Wolff, B. Moore, H. Marcuse: *Kritik der reinen Toleranz.* 5. Aufl. Frankfurt, S. 91-128.
Marx, Karl / Engels, Friedrich: *Gesamtausgabe.* Frankfurt, Berlin, Moskau 1927 ff. (zit. als *MEGA*).
Marx, Karl / Engels, Friedrich: *Werke.* Berlin 1956 ff. (zit. als *MEW*).
Merleau-Ponty, Maurice, 1966: *Humanismus und Terror I.* Frankfurt.
Murhard, Friedrich, 1832: *Über Widerstand, Empörung und Zwangsübung der Staatsbürger gegen die bestehende Staatsgewalt, in sittlicher und rechtlicher Beziehung. Allgemeine Revision der Lehren und Meinungen über diesen Gegenstand.* Braunschweig.

Papcke, Sven, 1973: *Progressive Gewalt. Studien zum sozialen Widerstandsrecht.* Frankfurt.
Pufendorf, Samuel, 1931: *Elementorum Jurisprudentiae Universalis Libri duo.* Oxford.

Redaktionskollektiv »konkret«, 1968: *Zum Begriff der Gewalt.* In: *konkret* 1968/6.

Sartre, Jean-Paul, 1967: *Kritik der dialektischen Vernunft.* 1. Bd.: *Theorie der*

gesellschaftlichen Praxis. Reinbek.
Sartre, Jean-Paul, 1971: *Der Intellektuelle und die Revolution*. Neuwied–Berlin.
See, Klaus von, 1964: *Altnordische Rechtswörter. Philologische Studien zur Rechtsauffassung und Rechtsgesinnung der Germanen*. Tübingen.
Sorel, Georges, 1969: *Über die Gewalt*. Frankfurt.
Spaemann, Robert, 1972: *Moral und Gewalt*. In: M. Riedel (Hg.): *Zur Rehabilitierung der praktischen Philosophie* I. Freiburg; S. 215-241.
Stirner, Max, 1968: *Der Einzige und sein Eigentum und andere Schriften*. Hg. v. H. G. Helms. München.

Vierkandt, Alfred, 1928: *Gesellschaftslehre*. 2. Aufl. Stuttgart.
Vilar, Esther, 1971: *Der dressierte Mann*. Gütersloh.

Walch, Johann Georg, 1726: *Philosophisches Lexicon*. Leipzig.
Weber, Max, 1947: *Gesammelte Aufsätze zur Religionssoziologie*. 1. Bd. 4. Aufl. Tübingen.
Weber, Max, 1956: *Wirtschaft und Gesellschaft*. 4. Aufl. Tübingen.
Weber, Max, 1958: *Gesammelte politische Schriften*. 2. Aufl., hg. v. J. Winckelmann. Tübingen.
Wichmann, Christian August, 1793: *Ist es wahr, daß gewaltsame Revolutionen durch Schriftsteller befördert werden? Eine Frage, dem denkenden Publicum vorgelegt und erörtert*. Leipzig.
Wieser, Friedrich, 1926: *Das Gesetz der Macht*. Wien.
Wolff, Christian, 1736: *Vernünfftige Gedancken vom Gesellschafftlichen Leben der Menschen*. 4. Aufl. Frankfurt.
Wolff, Robert Paul, 1969: *On Violence*. In: *The Journal of Philosophy 66;* S. 601–616.

Zedler, Johann Heinrich, 1735: *Großes vollständiges Universal-Lexikon aller Wissenschaften und Künste*, Bd. 10. Halle–Leipzig.

Otthein Rammstedt
Zum Leiden an der Gewalt

> »Als Herr Keuner, der Denkende, sich in einem Saale vor vielen gegen die Gewalt aussprach, merkte er, wie die Leute vor ihm zurückwichen und weggingen. Er blickte sich um und sah hinter sich stehen – die Gewalt.
> ›Was sagtest du?‹ fragte ihn die Gewalt.
> ›Ich sprach mich für die Gewalt aus‹, antwortete Herr Keuner.
> Als Herr Keuner weggegangen war, fragten ihn seine Schüler nach seinem Rückgrat. Herr Keuner antwortete: ›Ich habe kein Rückgrat zum Zerschlagen. Gerade ich muß länger leben als die Gewalt!‹« *Bertolt Brecht*

Das Reden über Gewalt korrespondiert mit dem Erleben von Zwang. Wird bereits bei einer scheinbaren Bedrohung des Staates von innen eine Stärkung und Ausweitung der monopolisierten, rechtlich legitimen »Gewaltapparatur« gefordert, wird gegen die bestehenden Zustände, gegen die herrschende Klasse die revolutionäre Gewalt aufgerufen, die sich allein vor der Geschichte zu rechtfertigen habe – das Gerede über die Gewalt dreht sich jeweils um die Möglichkeit, Gewalt anzutun, gewalttätig zu werden.

Die synonyme Verwendung von Gewalt und Gewalt-Antun will immer, selbst wenn unausgesprochen, dem Ziel verpflichtet sein, das Erleidenmüssen von Gewalt für die Glieder der Gesellschaft auszuschalten. Die Art des Synonyms spiegelt aber zugleich den Versuch der Kompensation von Angst vor dem Erleiden von Gewalttätigkeit und die Legitimationssuche für eigene Gewalttätigkeit wider. Die Gewalt auf Gewalttätigkeit zu stutzen, geht einher mit dem Bewußtsein, die Gewalt negieren zu können, wenn man mittels Gewalttätigkeit gegen Gewalttätigkeit angeht.

Solches Reden von der Gewalt sollte Skepsis hervorrufen – schon gegen die dann selbstverständlich erscheinende Prämisse, Gewalt rufe Gewalt hervor. Das intendiert, daß sich jede

Gewalt als Gegengewalt propagiert: Nicht nur ist es grotesk, daß das riesige Aufgebot an »Staatsgewalt« zur Verhaftung der Mitglieder der Baader-Meinhof-Gruppe sich selbst legitimierte als Gegengewalt (so der damalige Innenminister Genscher) und daß die Folgen an Leiden von Nichtbeteiligten darüber entschuldigt wurde, sondern auch, daß die Baader-Meinhof-Aktivisten ihre Gewalttätigkeiten analog legitimierten: mit dem Zeigen von Gewalt mußte das herrschende System mit Gewalt reagieren, da es ausschließlich auf Gewalt basiere: die Gewalttätigkeit der Gruppe sei daher immer Gegengewalt.[1] Aber die Fanatik der staatlichen Gewalt in der Verfolgung der Mitglieder und Sympathisanten der RAF ebenso wie die Fetischisierung der Gewalt in der Baader-Meinhof-Gruppe zum Revolutionismus signalisieren ein Gewaltverständnis, das die unmittelbare Verbindung mit der Zielsetzung, das Erleidenmüssen von Gewalt für das Individuum auszuschalten, aus den Augen verloren hat. So werden die Leidtragenden der legalen und der illegalen Gewalttätigkeit – jenseits der Schuldfrage – auch nur als »Opfer« (in diesem Kontext eine wahrlich scheußliche Umschreibung) gesehen: indem der Einzelne »zufällig« leidet, als willkürliches Objekt, gilt er in seinem Leiden der einen Seite als Beweis der aktiven Gewalttätigkeit der anderen; sie okkupiert ihn als ihrer Seite zugehörig, um zugleich zu unterstellen, daß er von ihr der anderen Seite bewußt als Opfer der Gewalttätigkeit gebracht wurde. Erst so kann das entindividualisierte Individuum zum Märtyrer gestempelt werden, das sich bewußt einer verdinglichten Gewalt zum Opfer anbot. Die Propaganda mit den Wundmalen soll die potentiell Leidenden zur Solidarität mit der Gewalttätigkeit gegen die Gewalt aktivieren, den höchst bürgerlichen Topos verstärken, daß sich in der Gesellschaft die Gewalt selbst aufzuheben habe; sei es, daß dies erreichbar werde durch Monopolisierung der Gewalt, die jedwedes Zeigen von Gewalt im Keime ersticken soll, sei es, daß mit Gewalt ein gesellschaftlicher Zustand bewirkt werde, in dem Gewalt überflüssig ist.

Wenn die Gewalt nur mit Gewalt beantwortbar zu sein scheint, wenn sich die Gewalt nur gegen die Gewalt richtet, so ist der Aspekt verloren, daß aktuell irgendwer Gewalt erleiden muß, der selbst nicht »die Gewalt« ist, daß Gewalt als

Handeln gewöhnlich mit subjektivem Erleben korrespondiert. Die geforderte Solidarität mit so verstandener Gewalt fordert die Lösung des Einzelnen von seiner eigenen materiellen Subjektivität.

Das erstrebte Ziel, das Erleiden von Gewalt unmöglich zu machen, schränkt Gewalt auf die aktive Gewalt, auf die Gewalttätigkeit ein, wenn nur durch Gewaltanwendung das Ziel zu erreichen ist. Unter der Hand schränkt sich damit auch das Ziel ein, nämlich auf die Verhinderung von gewalttätigem Handeln. Gewalttätigkeit und Erleiden von Gewalt sind nun nicht mehr zwei Seiten derselben Münze Gewalt.

Dieses Mißverhältnis wird auch von Johan Galtung erfaßt, wenn er als Gewalt eine Beeinflussung von Menschen dahin versteht, daß ihre aktuelle somatische und geistige Verwirklichung geringer ist als ihre potentielle. Dem Bewußtwerden von Einschränkungen der eigenen Entfaltungsmöglichkeiten muß keineswegs eine greifbare gewalttätige Handlung oder ein Subjekt als »Gewalttäter« gegenüberstehen.

Geht die These von der Annullierung der Gewalttätigkeit davon aus, Gewalt als zweckadäquates Mittel zu negieren – der Einzelne brauche sein Eigentum *nicht* mit Gewalt gegen andere Ansprüche zu verteidigen, da die akkumulierte Gewalt des Staates diese Aufgabe für ihn erfülle; oder der Zweck für das Einsetzen von Gewalt entfalle, wenn die in letzter Instanz für sie verantwortliche Kategorie des Privateigentums negiert werde –, also davon, die Gewalt sei als zweckadäquates Mittel zu verwerfen, so gilt dies nicht für ein Verständnis, das vom Erleben von Gewalt ausgeht; unabhängig von einer möglichen Reaktion auf Gewalt mittels Gewalt ist ausschließlich das Vermeiden von Gewalterleiden hier der Zweck. Dieser Zweck wird bei der aktiven Gewalt aus dem Bereich des individuellen Handlungspotentials genommen. Selbst wenn das aktive Gewalt-Verständnis darauf rekurrieren sollte, daß Gewalt abhängig ist von der physischen Stärke des je Einzelnen, so wird doch die Negation von Gewalttätigkeit vom Subjekt gelöst durch Anstiftung von Angst vor der monopolisierten Gewalt oder durch die gewaltsame Behebung der Bedingungen in den sozialen Strukturen, die Gewalttätigkeiten bewirken.

Beide Ansätze im Verengen der Gewalt auf Gewalttätigkeit

sind, jenseits der Unterscheidung zwischen legaler und illegaler Gewalt und wie diese warum legitim sein soll, dem modernen Handlungsbegriff verpflichtet, der spätkapitalistischen Gesellschaft verhaftet in der Fixierung auf das Produkt zu Lasten des Produzierens. Nicht nur ist längst das Gespür dafür verloren, Handeln als »poiein« (Produzieren) und »prattein« (selbstwertiges Handeln) zu unterscheiden, sondern es wird auch die Handlung als produzierter »output« für das Handeln selbst genommen. Die Gewalttätigkeit, ablesbar an ihren gezeigten Wirkungen, wird zum Akt der Gewalt, ja, zur Gewalt selbst. Wenn Klaus Horn an zentraler Stelle auf die Sinnlichkeit im Gewalttätigwerden verweist, so meint dies den gleichen Aspekt: die Trennung des Agierens von einer zu bewirkenden Wirkung, der Gewalt als Tätigsein von Gewalt als Ergebnis des Tätigseins.[2] Soweit im Verständnis der aktiven Gewalt die Spontaneität des Gewalttätigwerdens berücksichtigt ist, wird sie zurückgeführt auf das Credo »Gewalt erzeugt Gegengewalt«: Gewalt als Negation von Entfaltungsmöglichkeiten des Einzelnen ruft Gewalt zur Unterbindung dieser Negation hervor; bezogen auf das Erleiden von Gewalt meint das in diesem Kontext: die Empfindung der Möglichkeitseinschränkung verschärft sich, wenn die Aufhebung der Einschränkung zwecklos, da erfolglos, scheint. Die Ausweglosigkeit der Situation des Einzelnen, einer »situation désespérée«, verleitet dann in der Reaktion auf Gewalt zum Objektaustausch; sie richtet sich nicht gegen die reale oder angenommene Quelle der Gewalttätigkeit, die sich von ihm zumeist auch nicht direkt lokalisieren läßt, sondern gegen das Objekt, dem gegenüber man gewalttätig werden kann, ohne Gegengewaltmaßnahmen fürchten zu müssen, nämlich das eigene Subjekt. Verinnerlichung von Gewaltverhältnissen, masochistische Verhaltensweisen und Selbstmord können so als fehlgelenkte Gegengewalt verstanden werden; der Zwang zur Gegengewalt führt zur Identifikation mit der Gewalttätigkeit – selbst wenn das Subjekt sich selbst zum Objekt machen muß.[3]

Diese Interpretation bleibt jedoch dem Verständnis von Gewalt als Produziertem verhaftet, von Handlung und nicht von Handeln. Eine solche Sichtweise verkürzt die Gegenwart auf die Zukunft der Vergangenheit, indem die Gegenwart als

Vergangenheit der Zukunft für den Handelnden unberücksichtigt bleibt: Aktuelle Gewalttätigkeit als Gegengewalt, als Reaktion auf eine zeitlich vorhergehende Gewalttätigkeit zu verstehen, schließt andere Reaktionsformen, andere Verhaltensmöglichkeiten in der Gegenwart aus; dem handelnden Subjekt ist damit die Chance genommen, die Zukunft in seinem Handeln aufzunehmen, die Wirkung im aktuellen Prozeß bereits zu antizipieren; Zweck und Mittelverwendung sollen keine alternativen Möglichkeiten haben.

Als Zukunft kann der Einzelne für sich erwarten, daß ihm mittels Gewalt Möglichkeiten vernichtet werden, aber er vermag nach diesem Ansatz nicht, das Gewalterleiden ursächlich in seinen Handlungsbereich einzubeziehen. Die Alternativlosigkeit für Gewalt als Reaktionsform gegen Gewalt vermittelt als Topos dem Einzelnen die Inadäquanz der eigenen Mittel und bestärkt zugleich das Vormundschaftliche, das in aller Gewalt, die sich als Gegengewalt gibt, mitschwingt. Gewalterleiden wird für das handelnde Individuum in seiner eigenen Disposition Zufall. Damit ist die definitorische Grenze – und nicht nur sie – zwischen Gewalt und Terror in der klassischen Unterscheidung überschritten; galt hier als Terror die Form des zweckbezogenen Zwangs, bei der derjenige, der (physisch) terrorisiert wird, und der, auf den der Terrorakt wirken soll, verschiedene Personen sind – d. h. die Person, die den Terrorakt direkt »erfährt«, ist für den Akteur austauschbar, sie ist zufällig die leidtragende –, und galt als Gewalt die Form des zweckbezogenen Zwangs, bei der die Person, die physische Stärke zu spüren bekommt oder der das angedroht wird, und die, die durch diesen Akt beeinflußt werden soll, identisch sind, so wird im handlungstheoretischen Ansatz mit der dezisionistischen Einschränkung der Reaktionsformen auf Gewalt der, dem Gewalt widerfährt, zur Handlungsunfähigkeit verurteilt, dem als Handelndem alles nicht-reaktive Erleben zufällig wird. Das Erleben von Gewalt als Handeln zu generalisieren ist falsch, da hier im Besonderen davon abgesehen wird, daß das Zweckspezifische im Handeln dem Handelnden noch die Möglichkeit beläßt, Terror oder Gewalt als Mittel zu verwenden.

Verengt die Handlungskomponente schon die Gewalt auf nur Gewalttätigkeit, so schließt sie überdies sinnhaft alle

Gewalttaten aus, die nicht kurzfristig wirksam werden. Wenn Gewalt hier immer nur eine vollendete Handlung ist, Gewalt immer nur daran ablesbar sei, daß sie etwas destruiert oder bereits destruiert habe, so läßt sich fragen: Wie lange darf die Zeitspanne sein zwischen gewalttätigem Agieren und destruierender Wirkung, um noch von Gewalt sprechen zu können?[4] Daß mit dieser Frage das dem Handeln adäquate Zweck/Mittel-Schema verlassen wird, heißt keineswegs, nicht mehr im Rahmen der Handlungstheorie zu argumentieren. Vom »Produkt« eines Handelns auszugehen und dieses als Wirkung zu verstehen, nimmt deren Ursache als Selbstverständliches, zeigt, wie Georg Lukács meint, den Schein entfremdeter naturgesetzlicher Sachlichkeit an, der ein zweckvolles menschliches Handeln zum Epiphänomen geworden ist.

Um die gestellte Frage zu verfolgen: Wenn einer Giftgas in mein Schlafzimmer pumpt, damit ich sterbe, ist es Gewalt; wenn die Polizei dem Wasser im Wasserwerfer Giftstoffe beimengt (wie in Frankfurt), ist es Gewalt; wenn jedoch ein Arbeiter in einer Chemiefabrik arbeitet und Abgase einatmen muß, die langfristig irreparable gesundheitsschädliche Folgen zeitigen – ist das auch Gewalt? Wenn Kinder auf Spielplätzen sich aufhalten müssen, über die stetig Schwaden von Autoabgasen hinwegziehen – ist das Gewalt? Oder, konstruiert, um den Punkt zu treffen: Ist eine Handlung, die ich heute begehe und die sich in 50 Jahren für meine möglichen Urenkel möglichkeitseinschränkend auswirkt, Gewalt?

So abstrus diese Fragestellung zu sein scheint, so praktisch konkret wird sie, wenn wir unseren Blick wieder auf das Gewalterleiden richten. Ist nur *das* Leiden auf Gewalt zurückführbar, das unmittelbar zeitlich vorher von einem »Täter« verursacht wurde, oder sind unter Gewalt auch andere Formen des Zwangs zu fassen? Scheint nur *die* Gewalt in der Gesellschaft negierbar, deren Ursache in der Absicht eines Einzelnen liegt?

Hier kann der Einwand erhoben werden, daß qua definitionem Gewalt als Nur-Mittel einem Zweck zugeordnet sein muß, der auf einen je spezifischen Einzelnen gerichtet ist. Dieser Einwand schließt jedoch nicht nur Gewalt als Nebenwirkung einer Mittelverwendung aus, die »neutral« für den

Zweck ist, sondern reduziert auch in seinem aktionistischen Verständnis Gewalt auf die (Inter-)Aktion in der Dyade.[5] Mag vom Handelnden zu unterscheiden sein, welche Form von Zwang er verwendet, so ist es für den »Empfänger« nicht mehr einsichtig, mittels welcher Form des Zwangs sein Leiden erzeugt wurde. Schon die »Opfer« in den Palästinenser-Lagern und in den Kibbuzim, in Ulster und in Chile können, obwohl die Gewalttäter – zumindest als Gruppierung – bekannt sind, in ihrer Ohnmacht vor der Situation die eingesetzte Gewalt gegen eine ethnische oder religiöse Einheit, gegen eine Partei oder eine Klasse individuell nur als Terror fassen. Dann zu fragen, ob das Leiden des Einzelnen symbolisch sein soll, ob er in seiner Lage zufällig einem Zwang unterliegt, um den anderen als Beispiel für die Allgewalt von Zwang zu dienen, oder ob es des Schauprozesses des die Gewalt monopolisierenden Staates bedarf, um die Herrschaftsstruktur unangreifbar erscheinen zu lassen – solche Fragen, in den Kommentaren der Zeitungen und Fernsehanstalten immer wieder zu finden, spiegeln ein aktionistisches Gewaltverständnis wider. Die Rhetorik in den Fragen zeigt die gleiche Ohnmacht vor der Gewalt an, die man beheben zu können glaubt; die distanzierte Schein-Humanität entfernt die Gewalt von der eigenen Gesellschaft, verschleiert das Leiden in nächster Nähe.

Im aktionistischen Gewaltverständnis gibt es keinen Platz für die Ohnmacht des Einzelnen, der ihm gegenüber gezeigten Gewalt zu begegnen und der Entfremdung zu entgehen, als Individuum zwar Leid zu erfahren, aber als dieses besondere Individuum gar nicht gemeint zu sein. Es gibt dort keinen Platz für diese Ohnmacht, obwohl sie zugleich für das aktionistische Gewaltverständnis konstituierend ist, ja, von dieser durch ein immer intensiveres Verständnis vergrößert wird.

Dies zielt, da keineswegs ein einfacher unmittelbarer Aktionismus zwischen Ego und Alter typisch für Gewaltverhältnisse im Spätkapitalismus ist, vorerst auf alle sozialen »Erfindungen«, die diese einfache Struktur, diese Unmittelbarkeit lösten. Die Unsichtbarkeit der »Partner« in den Gewaltverhältnissen wird zur realen Gewalt über das Bewußtsein, verselbständigt als Verhältnis gegenüber den »Partnern«. Weil das im Sprechen über die Gewalt nicht aufgenommen wird,

wird die »mittelbare Gewalt« als Nicht-Gewalt verstanden – sei es, daß die Aneignung des Mehrwerts der Ausbeutung entgegensteht; sei es, daß Unternehmer in Absehung von den sozialen Folgen ihre legalen Entscheidungen nach marktökonomischen Gesetzen ausrichten (man denke nur an die scheinbare Rationalität und Legitimität der »social costs«, der Abwälzung von Produktionskosten auf die Allgemeinheit); sei es, daß eine fehlgelenkte Selbstverwirklichung des scheinbar autarken Individuums Hand in Hand geht mit dessen politischer und gesellschaftlicher Ohnmacht; sei es, daß das Leistungsstreben zur sozialen Norm erhoben wurde, ohne das keineswegs zufällige schichtenspezifische Mißverhältnis zwischen Leistung und Belohnung problematisierungsfähig zu halten. In allen diesen Fällen handelt es sich um Gewalt in einem weiteren Sinne; jeweils profitiert eine Minorität, für die die Verhältnisse zweckentsprechend, die sozialen Strukturen Einbahnstraßen sind; jeweils steht die Majorität unter einem Zwang, der zum Sachzwang wird, da die Gewalttäter in der Anonymität sich verflüchtigen, einem Sachzwang, der verhindert, den Zwang als Gewalt zu erkennen.

Die theoretische Fassung dieses Problems in der restaurativen Soziologie des 19. Jahrhunderts mittels des Gegensatzpaares Individuum/Gesellschaft verschleiert gerade hiermit das Problem, indem die Vielen zum Individuum, die Wenigen zur Gesellschaft verallgemeinert werden. Die dichotome Struktur der Gesellschaft wurde mit der Ideologie von deren Verdinglichung überdeckt, der Leviathan entleert, »entmenschlicht«. Die Gesellschaft erstarrt in ihren sozialen Verhältnissen, deren Dynamik das Neue nur in die immer alten Formen gießt – und bleibt so, wie Adorno sagt, ewige Vorgeschichte. Die Kluft zwischen Gewalt und Ohnmacht wird unüberbrückbar. Die Dichotomie gerät für sich in Vergessenheit.

Die subtilen Reflexionen von Hegel über das Verhältnis von Herr und Knecht und die von Clausewitz über Politik und Krieg wirken vor dem Hintergrund der Realität heute zwar scheinbar anachronistisch; sie geben jedoch einen Hinweis, indem sie die Unmittelbarkeit der Gewaltverhältnisse beschwören. Hinter den schieren dyadischen Gewaltverhältnissen tun sich andere, zum Teil gegenläufige Beziehungen und daraus resultierende Abhängigkeiten auf, an denen sich die menschlichen Interessen artikulieren, aber im voraus auch durch das Gewaltverhältnis hinwiederum eingeschränkt sind. Diese Einschränkung ist nicht einfach durch die Verkehrung des Gewaltverhältnisses aufhebbar, indem der Herr zum Knecht, der Knecht zum Herr wird; vielmehr wird dieses Verhältnis durch die Interessen, ja, selbst durch das Bewußtwerden der Einschränkungen stabilisiert. Auch zeigt sich bei Hegel und Clausewitz, in der Reflexion der sozialen Situation des beginnenden 19. Jahrhunderts, daß diese Art von Gewalt unter der in der Gesellschaft zunehmenden Gewalttätigkeit (und wohl auch aus Angst vor der Revolution) nicht mehr artikulationsfähig war, daß die Orientierung an den von der Gewaltlage abhängigen Bedingungen die Distanz zwischen »Gewalttätern« und »Gewalterleidenden« vergrößerte und die Gewalt aus der Diskussion zog.

Wenn die entstehenden Sozialwissenschaften zwischen Gewalt und Ohnmacht in der Gesellschaft vermitteln wollten, indem die von ihnen entwickelten »Gesetze« für alle gelten sollten, so wurde damit nicht nur das Subjekt »Mensch« zum Objekt – war vorher der Mensch Maß aller Dinge, so vermaß man ihn nun in Analogie zur Natur –; die gleiche Kluft tat sich vielmehr auf, als vornehmlich in der Politischen Ökonomie die Unvereinbarkeit zwischen den Zwecken des Ganzen und denen der Menschen als Teile konstatiert wurde. Hegel sah in der Staats-Ökonomie den »Gedanken«, aus dem »Wimmeln von Willkür« auf der Mikroebene den in ihm wirksamen und ihn »regierenden Verstand« herauszufinden, und ließ so das gebrochene Verhältnis von Gewalt und Ohnmacht durchscheinen.

Gewalt und Ohnmacht, Gewalttätigkeit und Gewalterleiden sind unter den heutigen sozialen und politischen Bedingungen unvermittelbar.

Von der Gewalt gegen die monopolisierte Staatsgewalt zu sprechen, ist ebensowenig an sich schon kritisch, wie das Aufzeigen der Funktion von Gewalt im sozialen System an sich unkritisch oder systemstabilisierend ist. Es ist an der Zeit, Gewalt in ihrer sozialen Funktion neu zu durchdenken; weder der blanke Aktionismus ist als zukunftsweisend zu interpretieren – »Politrocker«, bei aller Skepsis gegen dieses Klischee, sind nicht bereits deswegen progressiv, weil sie gegen die Polizei aggressiv vorgehen –, noch ist der wiederholte Nachweis, daß spätkapitalistische Systeme in ihrer Struktur anfällig für gezeigte Gewalt sind, bereits revolutionär.

Eine kritische Reflexion des Phänomens Gewalt muß die Totalität – und dazu gehört auch das historisch Gewordene – im Blick behalten, um das Besondere nicht für das Allgemeine zu nehmen, sei auch das Heutige nur das Vorgestrige aus der Nähe.

Kritische Reflexion des Phänomens Gewalt soll heißen, mittels der historischen Komponente verschüttete Möglichkeiten wieder bewußtzumachen und die Voraussetzungen für die Form des jetzigen Gewaltverständnisses transparent zu halten – unter Einbeziehung der sozio-ökonomischen Bedingungen. Es gilt nachzuweisen, daß die in der Vergangenheit negierten Möglichkeiten durch den in und aus der Klassengesellschaft nicht fortführenden Fortschritt als Möglichkeiten nicht vernichtet wurden, sondern im Sprechen über die Gewalt nur in die Sprachlosigkeit verdrängt sind. Nur so wird es möglich, die Verengung der Gewalt auf die produzierte Gewalt zu überwinden und Gewalt wieder im eigentlichen Subjekt der Gesellschaftswissenschaften zu verankern: im leidenden Individuum. Nicht soll gefragt sein, wer gewalttätig wird, um welcher Zwecke willen, sondern vielmehr: Wer erleidet Zwang, und für wen, oder was ist das funktional? Dabei gilt das Individuum nicht als romantisch verklärter Heros im Sinne Max Stirners; es ist ein Produziertes, dem nicht mehr als Knecht der Herr gegenübersteht, sondern eine interaktionistischen Mechanismen unzugängliche Gesellschaftsstruktur, der es nur Objekt ist. Dieses soziale System ist allerdings keineswegs Selbstzweck, kein entleerter Leviathan, der einzig seinen eigenen Gesetzen gehorcht; wer tut, als ob dies so sei, verkennt, daß es Nutznießer des Monsters gibt, daß die Funktionalität des sozialen Systems in gleicher Funktion für die Beteiligten unterschiedlich ist. Nicht die einfache Negation dieser Verhältnisse, nicht die der Bedingungen für die strukturelle Gewalt läßt den »Einzigen« erstehen; er ist vielmehr geprägt durch die zu negierenden Verhältnisse. Nicht nur erfährt und formt er sich in Beziehung zu diesen Verhältnissen, sondern er mißt auch an diesen Verhältnissen seine

Natürlichkeit. Diese Beziehungen konstituieren seine zweite Natur, machen ihn, wie er geworden ist, zu seinem »Eigentum«.

Von hier aus ist zu fragen, wieweit der gängige Gewaltbegriff noch trägt. Ob der Einzelne von der Polizei Prügel bezieht, weil er im nicht erlaubten Demonstrationszug bleibt, ob er Anordnungen seines Vorgesetzten, die er für falsch hält, aus Furcht vor der Entlassung befolgt, ob er, wenn sein krankes Kind ohne Pflege bleibt, pünktlich um sechs Uhr am Arbeitsplatz ist: es handelt sich allemal um Gewalt, auch wenn die Situationen völlig unterschiedlich erlebt und beurteilt werden können. Reizt das Geprügeltwerden vielleicht noch zum Zurückprügeln, so steht man dem verinnerlichten Zwang gewaltlos gegenüber. Die Gewalt braucht nicht mehr ausgeübt zu werden, da sie ins Individuum selbst einbezogen ist. Hier hat die Re-Aktion der Emotionalität – die Spontaneität oder Sinnlichkeit, auf die Klaus Horn hinweist – ihren Januskopf: Als ohngewaltige Reaktion auf anonymen Zwang, als verstärkte Individualität im immer kleiner werdenden Individualbereich – im »nicht zu verdinglichenden Rest«, wie Georg Simmel schreibt – wird die Sinnlichkeit übertragen auf personelle Interaktionen. Sie daraufhin jedoch als wahre Grundlage aller Interaktionen zu setzen, pervertiert die Situation: weder bewirkt die Sinnlichkeit eine Entäußerung des verinnerlichten Zwangs, noch vermag sie die gesellschaftliche Maschinerie in Hoffmanns Olimpia zu verwandeln; die Verhaltensweisen sind vorprogrammiert, die den Einzelnen, wenn er in Interaktion (notwendigerweise) mit ihr tritt, nach ihrem Rhythmus tanzen läßt. Nicht erst der Fehler in der Olimpia entmenschlicht den Einzelnen, entfremdet ist er von Anbeginn der Interaktion, auf Impulse reagieren zu müssen, die durch seine Reaktionen nicht reaktiv beeinflußbar sind, Erwartungen ihr gegenüber zu haben, die nur aufrechterhalten werden können, indem das Erwarten von Erwartungserwartungen Schein bleibt.

Gegenüber dieser zu kurz greifenden Sinnlichkeit sei auf eine fast vergessene anarchistische Konfiguration verwiesen, die der Sinnlichkeit eine weitere Dimension eröffnen kann: Spontane Gewalttätigkeiten seien nicht nur sinnhaft darauf zurückzuführen, daß mittels Gewalt die Gewalt negiert werden soll, daß *im* sozialen System gewaltsam etwas geändert wird; vielmehr müsse für solche Taten eine »situation désésperée« vorausgesetzt werden: der Einzelne ist den Anforderungen seiner Umwelt nicht mehr gewachsen, er versteht sich in diesem Feld als sinnlos für sich selbst, so daß ihm nur noch die »action directe« bleibt, die Destruktion seiner Umwelt und/oder seiner selbst, um aktiv und damit nicht nur reaktiv zu agieren. Indem das Individuum in den bestehenden Gewaltverhältnissen den Zwang quasi absenderlos wohldosiert sich einverleiben muß, kann es nicht spontan auf ihm gegenüber gezeigte Gewalt adäquat reagieren; es akkumuliert vielmehr ohnmächtig das ihm zugefügte Leid und wird plötzlich gewalttätig, für die Umwelt scheinbar unangemessen und »unberechenbar«. Die »action directe« ist nicht zweckorientiert im gesellschaftlichen Berzugsrahmen verankerbar. Sie ist als Gewalt gegen Gewalt, sei es auch nur als illegale Handlung, nicht sozial akzeptiert. Die »action directe« ist eine »subsoziale« Reaktion auf eine Situation, die dem Individuum ausweglos erscheint – eine Handlung, die nicht auf die Negation der Sozialstruktur, sondern auf deren Annullierung gerichtet ist. Sie beruht auf der unvergesellschafteten Natur des Menschen, sie ist ein »acte gratuit« (Camus). Der greift gegenüber dem sozialen Zwang auf die physische Stärke als (nicht-soziales) Mittel des Einzelnen zurück, um sich bewußt außerhalb der sozialen Gegebenheiten zu stellen.

Im anarchistischen »acte gratuit« findet sich der prä- oder subgesellschaftliche Aspekt der Gewalt betont, der gerade nicht unter »sozial« subsumierbar sein will.

Wenn Gewalt qua physischer Stärke ausgeführt werden kann, so verweist dies auf die Grenzen der Vergesellschaftung. In der Gesellschaft kann dem Einzelnen die Gewaltanwendung untersagt, aber nicht die Möglichkeit genommen sein, gewalttätig zu werden; so wie andererseits die Verhinderung von Gewalt, um das Erleiden von Gewalt auszuschalten, zwar versprochen, aber nicht garantiert werden kann.

Gewalt und physische Stärke zu koppeln meint jedoch keineswegs, Gewalt mit Aggressionen gleichzusetzen, wie es in vielen verhaltenstheoretischen und individualpsychologischen Schriften zu finden ist. Eine solche Gleichsetzung verfehlt den zentralen Punkt. Man unterstellt mit der Verknüpfung von Gewalt und Aggression nicht nur, daß Gewalt normal sei, da sie »natürlich« sei, da alles »natürlich« sei, was zu den Möglichkeiten des Individuums zählt. Mich »natürlich« oder »unnatürlich« zu verhalten liegt jedoch in dem gleichen unreflektierten Sinne von Natur im meinem Möglichkeitsbereich. Nicht nur geht man davon aus, daß die Aggressionsdisposition oder der Aggressionstrieb als Teil eines Selbsterhaltungs»triebes« zu interpretieren sei, zwischenmenschliche Aggressionen – Konrad Lorenz versteht unter Aggresssion sogar nur den »Kampftrieb«, der auf die Artgenossen gerichtet ist – als Wetterleuchten der ehernen Gesetzmäßigkeit des »struggle for life« mit der mehr oder weniger eingestandenen Apotheose der Stärke zu werten wären, sondern diese Reduktion von Gewalt auf Aggression verharmlost zugleich die sozialen Bedingungen der Einzelnen, indem die Ursache von Gewalt in die Individualität verlagert wird. Dem selbstherrlichen Individuum mit seinem Aggressionstrieb wird jede mögliche soziale Ursache von Gewalt zum Schein. So sagte Friedrich Hacker in einem *Spiegel*-Gespräch, daß sich Gewalt in einer Gesellschaft wie eine »Epidemie« ausbreite, daß Gewaltakte »ansteckend« auf die Personen (er nennt sie gleich »Täter«) wirke, die eine »sehr ähnliche« psychische Konstellation aufwiesen: »Es sind meist Leute, die nichts mehr zu verlieren haben, sei es aus rein individuellen Motiven, sei es, was viel häufiger ist, deswegen, weil sie dem System, gegen das sie protestieren, in keiner Weise mehr angehören. Ihnen liegt nichts mehr am eigenen Leben, deshalb bedrohen sie in rückhaltloser Weise das Leben anderer.« Dies wäre eine Umschreibung des »acte gratuit«, wenn nicht die Gewalt – oder hier: Aggression – wieder nur auf die Gewalttätigkeit reduziert wäre, wenn nicht von der Bedrohung des Lebens durch Gewalttätigkeiten auf die legale Gewalt, immer nur Gegengewalt, als »konstruktive Aggressionsform« kurzgeschlossen würde und wenn man sich nach Hacker nicht schon mit dem Zeigen von »ungerechtfertigter«, »purer«, »außergesetzlicher«, »nicht legitimer«, »nicht legaler« Gewalt stets außerhalb des Systems stellte, ihm bereits nicht mehr angehörte. Die Öffnung für soziale Indikatoren ist bei Hacker tautologisch gelöscht – Gewalttaten begeht der, der Gewalttaten begeht – und das Leiden der Individuen an der Gewalt vergessen.[5]

Gewalt als Aggression zu verstehen macht das Objekt scheinbar wieder zum autarken Individuum, indem die Gewalt auf Gewaltantun verkürzt, als bewußt zweckvolles, dem Einzelnen in seinem Handlungsentwurf rational erscheinendes Mittel unter Hinweis auf eine individuelle Aggressionsdisposition oder einen Aggressionstrieb nur noch zur Rationalisierung im nachhinein wird. Die »Natur des Menschen« als Quelle aller Gewalt ruft dann nach der Domestikation durch die Gesellschaft.

Selbst dem zu kurz greifenden aggressionstheoretischen Ansatz liegt noch die klassisch-bürgerliche Vorstellung als Muster zugrunde, daß sich die Gewalt selbst zu negieren habe, damit sich die bürgerliche Freiheit voll entfalten könne – jene Freiheit für das wirtschaftende Subjekt, geduldet und gefordert vom ökonomischen System für sein eigenes Funktionieren, die ihm aus Einsicht in die Notwendigkeit in Anpassung umschlug. Daß sich die Gewalt zu negieren habe, hieß nur, daß dem Einzelnen die Chance bleibe, zwischen den sozioökonomisch vorgegebenen Alternativen zu wählen; jede individuelle Gewalt gefährdet nämlich diese Art von Freiheit, da sie Möglichkeiten einschränkt. Die Forderung, daß sich die Gewalt selbst aufzuheben habe, daß durch die Negation eines Negativen ein Positives entstehe, sollte mit der Negation der individuellen Gewalt durch die legitim staatliche erfüllt werden. Dies ist aber jeweils nur der Versuch, die Möglichkeit des Subjekts, gewalttätig werden zu können, aufzuheben; selbst durch den Hinweis auf die Legitimität bekommt die monopolisierte Gewalt keine höhere Qualität. Am Gewalterleiden zeigt sich die Unterschiedslosigkeit. Die Auswirkungen der individuellen und der staatlichen Gewalttätigkeiten können für den Einzelnen identisch sein, auch wenn die durch seine physische Stärke dem Einzelnen verliehene Gewalt nie in der monopolisierten Gewalt aufgehen kann. Als Oberbegriff bleibt dies Schein.

Hand in Hand mit der der Entfaltung des Kapitals verpflichteten Forderung nach Negation der Gewalt um der »Freiheit« willen wächst die Gewaltmaschinerie des Staates, die ein Vielfaches der potentiell vorhandenen Gewalt vernichten kann.

Damit ist nicht nur das Spezifische der »symbiotischen Mechanismen« (Luhmann) durchbrochen, daß nämlich durch das organische Zusammenleben als notwendige Basis des Sozialen das Organische auf das Soziale zurückwirkt, sondern es ist auch der angedrohte Einsatz der total überlegenen Staatsgewalt gegen das Individuum von diesem internalisiert – als Ohnmacht gegen jedweden Zwang, auch gegen den, dem diese Androhung nicht sekundierend zur Seite steht.

Aus dieser Ohnmacht heraus die Hoffnung auf die Gewalt der ausgebeuteten Klasse als negierendes Moment der Gewalt zu setzen heißt, jenen bürgerlichen Topos mit all seinen Folgeproblemen unbesehen zu übernehmen, meint, an die Solidarität mit der aktionistischen Gegengewalt zu appellieren. Gewalt im Namen einer Klasse zu zeigen, signalisiert jedoch, wie Adorno schreibt, die Ohnmacht des Einzelnen gegenüber den in der Gesellschaft bestehenden Gewaltverhältnissen und seine Kapitulation vor dem Kollektiv. Die Gewalt in der Gesellschaft ist mit bloß aktiver Gewalt so wenig annihilierbar, wie gehofft werden darf, daß die vergewaltigte Klasse, die die Züge der herrschenden Verhältnisse angenommen hat, befähigt sei, die Gewalt zu transzendieren. Wenn der äußersten Gewalt heute die äußerste Ohnmacht unvermittelt gegenübersteht, so ist bezeichnend für dieses Un-Verhältnis, daß das Verständnis von Gewalt im gewalttätigen Handeln ein anderes ist als das im Erleiden von Gewalt. Die kognitive Verengung sieht nicht nur ab vom notwendigen Leiden-Müssen bei jedem Gewaltakt als zentralem Moment der Gewalttätigkeit, sondern zeigt auch einen Verblendungszusammenhang an, der das Leiden an der Gewalt von der Gewalt getrennt hält. In diesem aktionistischen Verständnis von Gewalt läßt sich scheinbar »rational gerechtfertigt« fragen, ob man noch von Gewalt sprechen könne,

– wenn der Gewalttäter für den Leidenden austauschbar ist,
– wenn der Leidende für den Gewalttäter austauschbar ist,
– wenn der Leidende die Zweckhaftigkeit seines Leidens für den Täter nicht versteht,
– wenn Gewalt scheinbar zwecklos gezeigt wird,
– wenn die Gewalt nicht oder nicht direkt von einer Person ausgeht,

– wenn die Gewalt nicht unmittelbar zu spüren ist, ja
– wenn der unter der Gewalt Leidende dieses nicht als Leiden versteht.

Als Korrigendum wäre hier zu fordern, um dem Wesen von Gewalt sich wieder zu nähern, im Sprechen von der Gewalt nicht mehr vom Handelnden, sonderm vom Gewalt-Erleidenden auszugehen. Dann würde Wohldefiniertes – wie Zwang, Herrschaft, Macht, Terror und Gewalt – zur sophistischen Spitzfindigkeit. Dann erst würden wieder viele Formen des Leidens artikulationsfähig und unterscheidbar.

Daß diesem Korrigendum ähnliche Einseitigkeit nachzusagen wäre wie dem herrschenden Gewaltverständnis, sei eingestanden; weder wird mit ihm Gewalt als Produkt problematisiert – Gewalt bleibt »poiein« –, weder vermag es die potentielle Gewalttätigkeit des Einzelnen zu fassen, noch wird selbst mit ihm Gewalt und Ohnmacht vermittelbar. Aber es verweist auf das Somatische, das im Begriff des Leidens mitschwingt und das in dem der Gewalt die Grenze des Allgemeinen zeichnet.

Daß Gewalt nur mit Gewalt begegnet werden könne, daß Gewalttätigkeit gegen Gewalttätigkeit zu stehen habe, ist die Lüge, die glauben machen will, Gewalt in der Gesellschaft sei unmittelbar therapierbar. Durch diese Einengung entwindet Gewalt in ihrem Wesen sich jedem Zugriff. Erst die Kritik des Verblendungszusammenhangs, die das Leiden an der Gewalt thematisiert, verspricht Hoffnung. Diese Kritik ist um so notwendiger, als der Leidende eine Milderung seines Leidens selbst nicht mehr bewirken kann, wenn auch die Hoffnung auf die Annihilitation von Gewalt in der Gesellschaft wahrscheinlich eine unkonkrete Utopie bleiben muß, da letzten Endes nur die Gattung als Gattung das Leiden aufzuheben vermag. Die Kritik muß den Bann lösen, der den Einzelnen daran hindert, sich des Zwangs und des sozialen »Muß« in seiner Ohnmacht bewußt zu sein. Sie muß vom Leiden ausgehen, auch, um angesichts des symbiotischen Mechanismus Gewalt die Norm, Gewalt in der Gesellschaft zu verhindern, mit neuem Inhalt zu füllen. Diese Analyse von Gewalt ist noch nicht geschrieben.

»Und Herr Keuner erzählte folgende Geschichte:
In die Wohnung des Herrn Egge, der gelernt hatte,

nein zu sagen, kam eines Tages in der Zeit der Illegalität ein Agent, der zeigte einen Schein vor, welcher ausgestellt war im Namen derer, die die Stadt beherrschten, und auf dem stand, daß ihm gehören solle jede Wohnung, in die er seinen Fuß setzte; ebenso sollte ihm auch jedes Essen gehören, das er verlange; ebenso sollte ihm auch jeder Mann dienen, den er sähe.
Der Agent setzte sich in einen Stuhl, verlangte Essen, wusch sich, legte sich nieder und fragte mit dem Gesicht zur Wand vor dem Einschlafen: ›Wirst du mir dienen?‹
Herr Egge deckte ihn mit einer Decke zu, vertrieb die Fliegen, bewachte seinen Schlaf, und wie an diesem Tage gehorchte er ihm sieben Jahre lang. Aber was immer er für ihn tat, eines zu tun hütete er sich wohl: das war, ein Wort zu sagen. Als nun die sieben Jahre herum waren und der Agent dick geworden war vom vielen Essen, Schlafen und Befehlen, starb der Agent. Da wickelte ihn Herr Egge in die verdorbene Decke, schleifte ihn aus dem Haus, wusch das Lager, tünchte die Wände, atmete auf und antwortete: ›Nein.‹«

Bertolt Brecht

Anmerkungen

1 Daß diese Interpretation der Gewalt in einen Widerspruch gerät, ist zumindest ansatzweise von der »Roten Armee Fraktion« (RAF) gesehen worden: Zum einen soll die durch Gewalt hervorgerufene legitime Gewalt der Arbeiterklasse zeigen, daß die sozialen Verhältnisse in der gegenwärtigen Gesellschaft Zwangsverhältnisse sind, daß jede soziale Veränderung, sollte sie ohne Gewalt sich ergeben haben, mit Zustimmung der herrschenden Klasse eingetreten sei; daß gesellschaftsverändernde Maßnahmen, da sie gegen die Interessen der Herrschenden gerichtet seien, nur mit Gewalt durchzusetzen wären; daß die Arbeiterklasse lernen müsse, ihre Interessen mit Gewalt zu vertreten, Gewalt, wie sie die Stadtguerilla in ihrem Namen einsetzt. Andererseits wird gesehen, daß nicht erwartet werden kann, daß die unterdrückte Klasse in toto in die Illegalität umschwenken kann (vgl. Kollektiv RAF, S. 7). Von hier aus ergibt sich eine Schwierigkeit, die auch in anderen Guerillaschriften anzutreffen ist: Die Stadtguerilla agiert im Namen der Arbeiterklasse – ohne daß sich diese offiziell mit ihr solidarisieren kann, da es nur eine Form des »Kampfes gegen das Kapital« geben kann, nämlich den »bewaffneten Kampf« (ebenda, S. 6 ff.). Jeder

Generalstreik müsse in einem Blutbad enden und entzöge dem Proletariat die materielle Existenzgrundlage – ohne die Machtfrage im Staat zu lösen (ebenda, S. 7). Jede Mobilisierung der Massen zu antikapitalistischen Aktionen sei »Abenteurertum, ein unverzeihliches Verbrechen an der Arbeiterklasse« (ebenda, S. 64), solange nicht die Massen militärisch ausgebildet sind, um sich erfolgreich gegenüber dem repressiven Staat gewaltsam durchsetzen zu können. Da jedoch eine Ausbildung außerhalb des »Ernstfalles« nur zu »äußerst lächerlichen Resultaten – manchmal mit tragischem Ausgang« führen könne, »eine kämpfende Truppe [...] nur durch den Kampf selbst entstehen« (ebenda, S. 65) kann, ist eine unmittelbare Verbindung zwischen Stadtguerilleros und Arbeiterklasse nicht mehr gegeben. Die RAF solidarisiert sich nicht mit der unterdrückten Klasse, sondern diese hat sich anscheinend mit der RAF zu solidarisieren; die Interessen der Arbeiterklasse sind kein potentielles Korrigendum für die Zielsetzung der Stadtguerilla, sondern diese sind Teil eines falschen Bewußtseins, das sich nur in der gewaltsamen Praxis aufheben läßt (ebenda, S. 65). Das RAF-Konzept der Stadtguerilla beinhaltet die Theorie einer prärevolutionären Elite, die nicht mehr theoretisch, sondern nur noch in der Praxis falsifizierbar sei. An zentraler Stelle wird daher von der RAF Lenin zitiert: »Wenn ihr allerdings wissen wollt, was die Kommunisten denken, dann seht auf ihre Hände und nicht auf ihren Mund« (ebenda, S. 112).

2 Die aristotelische Unterscheidung von Produzieren (poiẽin) und »ethisch« Handeln (prättein), von Wertigkeit und Zweckbestimmung, die entweder durch das Produkt als Ergebnis oder durch das Handeln als Handeln selbst gegeben ist, scheint in der heutigen Diskussion vergessen. Die z. T. romantische Verklärung der Forderung, die hinter dem Entfremdungskonzept steht, ist die Suche nach dem prättein im poiẽin; schon der Aspekt der Entäußerung zeigt das reduzierte, ökonomisch gefärbte Handlungsverständnis an, wie auch die Webersche Unterscheidung von Wert- und Zweckrationalität mit dieser Gegenüberstellung offenbart, daß sie auf dem verkürzten Handlungsverständnis fußt. Eine kritische Betrachtung des Handlungsbegriffs hätte das Normative, Materielle im prättein wieder bewußt zu machen, um den Totalitätsanspruch des poiẽin als Schein zu entlarven und nicht gezwungen zu sein, einen überzogenen Spontaneitätsbegriff als Antithese aufbauen zu müssen. Vgl. *Eth. Nic.* 1094a und 1139a ff. Weil Riedel diese Stellen nicht heranzieht, kommt er zu einer schiefen Interpretation von poiẽin und prättein, die dann, bezogen auf Hegel und Marx, in Fehlern ihre Früchte trägt; vgl. Riedel (1973), S. 24 ff.

3 Das Engagement in einer sozialen Bewegung hebt nur scheinbar die Ausweglosigkeit für das Subjekt auf. In der sozialen Bewegung wird der Zwang, dem das Subjekt als nun organisierbares unterliegt, potenziert; dem kann es sich nur entziehen durch Identifikation mit der »Bewegung« – das Subjekt muß sich wiederum selbst zum Objekt werden.

4 Wenn das Gewaltproblem in der Handlungstheorie über das Zweck/Mittel-Schema erfaßt wird, so kann nur ein Ereignis in der Gesellschaft als Gewalt begriffen werden, dessen Ursache für die Wirkung Gewalt mit der Intention (Handlungsentwurf) eines Handelnden identisch ist. Liegen Ursachen vor, die wieder auf eine Ursache zurückgeführt werden müssen, kann die zeitliche Distanz zwischen Ursache und Wirkung so groß werden, daß die Ursache nicht mehr identisch mit einer Intention sein kann, deren beabsichtigte Mittelverwendung erst im Zeitpunkt der Wirkung der Wirkursachen der Ursache einsetzt. Diese abstrakt erscheinende Schwierigkeit, zwischen dem Ursache/Wirkung-

und dem Mittel/Zweck-Schema zu vermitteln, konkretisiert sich im Strafrecht, wenn für einen strafbaren Tatbestand die Ursache ermittelt wird, die mit einem Handlungsentwurf des »Täters« gleichgesetzt wird, sei dann das Mittel oder der Zweck identisch mit der Wirkung. Eine ähnliche Problematik findet sich in der Umweltschutzdiskussion, wenn Vor- und Nachteile des Verursacherprinzips als wirtschaftspolitische Lösung aufgezählt werden.

5 Für die Schwierigkeit, aus diesem Kontext heraus Massen für Gewalttaten juristisch verantwortlich zu machen, sei an die klassiche Arbeit von Sighele erinnert (1897).

6 Daß Hacker »legales Töten« als natürlich für Gesellschaften (» [...] noch in jedem gesellschaftlichen Arrangement [waren] gewisse Tötungsvorgänge legitimiert und sogar geboten«), »illegales Töten« als unnormal bezeichnet, weil ihm die »echte Legitimation« abgeht, und daß er betont, daß »gesetzliche und rechtliche Aggression immer auf die Vermeidung von Gewalt ausgerichtet ist«, daß »die gesetzliche Gewalt [...] eben nicht Gewalt im engeren Wortsinne, sondern eine konstruktive Aggressionsform« sei, zeigt eine gedankliche Oberflächlichkeit, die nicht weiter beachtet, geschweige denn zitiert werden sollte, wenn diese Art der Aggressions»forschung« nicht vom herrschenden System als Schafspelz ausgeliehen würde und Herr Hacker nicht als Gutachter in Verfahren gegen Gewaltverbrecher Kompetenz genösse.

Literatur

Adorno, Theodor W., 1966: *Negative Dialektik.* Frankfurt.
–, 1969: *Resignation* (1969). In: *Kritik. Kleine Schriften zur Gesellschaft.* Frankfurt 1971.
–, 1972: *Reflexionen zur Klassentheorie.* In: *Gesammelte Schriften,* 8. Frankfurt; S. 373–391.
Aristoteles, 1960: *Nikomachische Ethik.* In: *Werke,* hg. v. E. Grumach. 6. 2., verb. Aufl. Berlin.

Brecht, Bertolt, 1967: *Geschichten vom Herrn Keuner.* In: *Gesammelte Werke.* 12. Frankfurt.

Camus, Albert, 1953: *Der Mensch in der Revolte.* Hamburg.
Clausewitz, Carl von, 1963: *Vom Kriege.* Reinbek.

Galtung, Johan, 1971: *Gewalt, Frieden und Friedensforschung.* In: D. Senghaas (Hg.): *Kritische Friedensforschung.* Frankfurt; S. 55–104.

(Hacker, Friedrich), 1972: *Spiegel-Gespräch: Was brutalisiert den Menschen? – Professor Friedrich Hacker über Aggression und Gewalt.* In: *Der Spiegel,* Jg. 26, Nr. 24; S. 124–128.
Hegel, Georg Wilhelm Friedrich, 1921: *Phänomenologie des Geistes.* Hg. v. G. Lasson. 2. Aufl. Leipzig.
–, 1968: *Grundlinien der Philosophie des Rechts oder Naturrecht und Staatswissenschaft im Grundrisse.* Studienausgabe, hg. v. K. Löwith und M. Riedel, 2. Frankfurt–Hamburg.

Hoffmann, Ernst Theodor Amadeus, 1952: *Der Sandmann.* In: ders.: *Der Zauberspiegel. Ausgewählte Erzählungen.* München; S. 81–114.
Horn, Klaus, 1974: *Gesellschaftliche Produktion von Gewalt.* Im vorliegenden Band, S. 59 ff.

Lorenz, Konrad, 1963: *Das sogenannte Böse. Zur Naturgeschichte der Aggression.* Wien.
Luhmann, Niklas, 1974: *Symbiotische Mechanismen.* Im vorliegenden Band, S. 107 ff.
Lukács, Georg, 1923: *Geschichte und Klassenbewußtsein. Studien über marxistische Dialektik.* Berlin.

Narr, Wolf-Dieter, 1974: *Gewalt und Legitimität.* Im vorliegenden Band, S. 9 ff.

RAF, Kollektiv, o.J.: *Über den bewaffneten Kampf in Westdeutschland.* Berlin (Raubdruck).
Rammstedt, Otthein, 1969: *Einleitung.* In: ders. (Hg.): *Anarchismus. Zur Praxis und Theorie der Gewalt.* Opladen; S. 7-28.
–, 1973: *Konkurrenz. Zur Genesis sich einer universell gebenden Formel.* Vervielf. Manuskript, Hamburg.
–, 1974: *Gewalt und Hierarchie.* Im vorliegenden Band, S. 132 ff.
Riedel, Manfred, 1973: *Hegel und Marx.* In: ders.: *System und Geschichte.* Frankfurt; S. 9-40.
Röttgers, Kurt, 1974: *Andeutungen zu einer Geschichte des Redens über die Gewalt.* Im vorliegenden Band, S. 157 ff.

Sighele, Scipio, 1897: *Psychologie des Auflaufs und der Massenverbrechen.* Dresden–Leipzig.
Simmel, Georg, 1907: *Philosophie des Geldes.* 2. Aufl. Leipzig.
Stirner, Max, 1845: *Der Einzige und sein Eigenthum.* Leipzig.

377 Bruno Schulz, Die Zimtläden
378 Roland Barthes, Die Lust am Text
379 Joachim Ritter, Subjektivität
380 Sylvia Plath, Ariel
381 Stephan Hermlin, Der Leutnant Yorck von Wartenburg
382 Erhart Kästner, Zeltbuch von Tumilat
383 Yasunari Kawabata, Träume im Kristall
384 Zbigniew Herbert, Inschrift
385 Hermann Broch, Hofmannsthal und seine Zeit
386 Joseph Conrad, Jugend
388 Ernst Bloch, Erbschaft dieser Zeit
389 Thomas Mann, Leiden und Größe der Meister
390 Viktor Šklovskij, Sentimentale Reise
391 Max Horkheimer, Die gesellschaftliche Funktion der Philosophie
392 Heinrich Mann, Die kleine Stadt
393 Wolfgang Koeppen, Tauben im Gras
394 Cesare Pavese, Das Handwerk des Lebens
395 Theodor W. Adorno, Noten zur Literatur IV
397 Ferruccio Busoni, Entwurf einer neuen Ästhetik der Tonkunst
398 Ernst Bloch, Zur Philosophie der Musik
399 Oscar Wilde, Die romantische Renaissance
400 Marcel Proust, Tage des Lesens
402 Paul Nizan, Das Leben des Antoine B.
403 Hermann Heimpel, Die halbe Violine
404 Octavio Paz, Das Labyrinth der Einsamkeit
405 Stanisław Lem, Das Hohe Schloß
406 André Breton, Nadja
407 Walter Benjamin, Denkbilder
409 Rainer Maria Rilke, Über Dichtung und Kunst
410 Ödön von Horváth, Italienische Nacht
411 Jorge Guillén, Ausgewählte Gedichte
415 Thomas Bernhard, Die Macht der Gewohnheit
416 Zbigniew Herbert, Herr Cogito
417 Wolfgang Hildesheimer, Hauskauf
418 James Joyce, Dubliner
419 Carl Einstein, Bebuquin
420 Georg Trakl, Gedichte
421 Günter Eich, Katharina
422 Alejo Carpentier, Das Reich von dieser Welt
423 Albert Camus, Jonas

699 Wolfgang Lempert, Berufliche Bildung als Beitrag zur gesellschaftlichen Demokratisierung
700 Peter Weiss, Gesang vom Lusitanischen Popanz
701 Sozialistische Realismuskonzeptionen
702 Claudio Napoleoni. Ricardo und Marx. Herausgegeben von Cristina Pennavaja
704 Joachim Hirsch, Staatsapparat und Reproduktion des Kapitals
705 Neues Hörspiel O-Ton. Der Konsument als Produzent. Herausgegeben von Klaus Schöning
707 Franz Xaver Kroetz, Oberösterreich, Dolomitenstadt Lienz, Maria Magdalena, Münchner Kindl
708 Was ist Psychiatrie? Herausgegeben von Franco Basaglia
709 Kirche und Klassenbindung. Herausgegeben von Yorick Spiegel
710 Rosa Luxemburg oder Die Bestimmung des Sozialismus. Herausgegeben von Claudio Pozzoli
711 Rudolf Rocker, Aus den Memoiren eines deutschen Anarchisten
712 Hartwig Berger, Untersuchungsmethoden und soziale Wirklichkeit
713 Werkbuch über Tankred Dorst. Herausgegeben von Horst Laube
715 Karsten Prüß, Kernforschungspolitik in der Bundesrepublik Deutschland
718 Perspektiven der kommunalen Kulturpolitik. Herausgegeben von Hilmar Hoffmann
719 Peter M. Michels, Bericht über den Widerstand in den USA
722 Jürgen Becker, Umgebungen
724 Otwin Massing, Politische Soziologie
726 Ernst Bloch, Ästhetik des Vor-Scheins 1
727 Peter Bürger, Theorie der Avantgarde
728 Beulah Parker, Meine Sprache bin ich
731 Gesellschaft, Beiträge zur Marxschen Theorie 2
732 Ernst Bloch, Ästhetik des Vor-Scheins 2
736 Noam Chomsky, Aus Staatsraison
737 Louis Althusser, Für Marx
740 Bertolt Brecht, Das Verhör des Lukullus. Hörspiel
741 Klaus Busch, Die multinationalen Konzerne
744 Gero Lenhardt, Berufliche Weiterbildung und Arbeitsteilung in der Industrieproduktion
747 Gunnar Heinsohn, Rolf Knieper, Theorie des Familienrechts
775 Horn, Luhmann, Narr, Rammstedt, Röttgers, Gewaltverhältnisse und die Ohnmacht der Kritik
777 Caspar David Friedrich und die deutsche Nachwelt. Herausgegeben von Werner Hofman

Alphabetisches Verzeichnis der edition suhrkamp

Abdel-Malek, Ägypten 503
Abendroth, Sozialgeschichte 106
Achternbusch, Löwengebrüll 439
Achternbusch, L'Etat c'est moi 551
Adam, Südafrika 343
Adorno, Drei Studien zu Hegel 38
Adorno, Eingriffe 10
Adorno, Impromptus 267
Adorno, Kritik 469
Adorno, Jargon der Eigentlichkeit 91
Adorno, Moments musicaux 54
Adorno, Ohne Leitbild 201
Adorno, Stichworte 347
Adorno, Zur Metakritik der Erkenntnistheorie 590
Über Theodor W. Adorno 429
Aggression und Anpassung 282
Ajgi, Beginn der Lichtung 448
Alff, Der Begriff Faschismus 465
Alfonso, Guatemala 457
Althusser, Für Marx 737
Andersch, Die Blindheit 133
Antworten auf H. Marcuse 263
Araujo, Venezuela 494
Architektur als Ideologie 243
Architektur und Kapitalverwertung 638
Artmann, Frankenstein/Fleiß 320
Über Artmann 541
Arzt und Patient in der Industriegesellschaft, hrsg. von O. Döhner 643
Aspekte der Marxschen Theorie I 632
Aspekte der Marxschen Theorie II 633
Aue, Blaiberg 423
Augstein, Meinungen 214
Autonomie der Kunst 592
Autorenkollektiv Textinterpretation, Projektarbeit als Lernprozeß 675
Baczko, Weltanschauung 306
Baran, Unterdrückung 179
Baran, Zur politisch. Ökonomie 277
Baran/Sweezy, Monopolkapital 636
Barthelme, Dr. Caligari 371
Barthes, Mythen des Alltags 92
Barthes, Kritik und Wahrheit 218
Barthes, Literatur 303
Basaglia, Die abweichende Mehrheit 537
Basso, Theorie d. polit. Konflikts 308
Baudelaire, Tableaux Parisiens 34
Baumgart, Literatur f. Zeitgen. 186
Becker, H. Bildungsforschung 483
Becker, H. / Jungblut, Strategien der Bildungsproduktion 556
Becker, Felder 61
Becker, Ränder 351
Becker, Umgebungen 722
Über Jürgen Becker 552
Beckett, Aus einem Werk 145
Beckett, Fin de partie · Endspiel 96
Materialien zum ›Endspiel‹ 286
Beckett, Das letzte Band 389
Beckett, Warten auf Godot 3
Behrens, Gesellschaftsausweis 458
Beiträge zur Erkenntnistheorie 349
Benjamin, Hörmodelle 468
Benjamin, Das Kunstwerk 28
Benjamin, Über Kinder 391
Benjamin, Kritik der Gewalt 103
Benjamin, Städtebilder 17
Benjamin, Versuche über Brecht 172
Über Walter Benjamin 250
Bentmann/Müller, Villa 396
Berger, Untersuchungsmethoden 712
Bergman, Wilde Erdbeeren 79
Bernhard, Amras 142
Bernhard, Fest für Boris 440
Bernhard, Prosa 213
Bernhard, Ungenach 279
Bernhard, Watten 353
Über Thomas Bernhard 401
Bertaux, Hölderlin 344
Birnbaum, Die Krise der industriellen Gesellschaft 386
Black Power 438
Bloch, Ch. Die SA 434
Bloch, Avicenna 22
Bloch, Ästhetik des Vor-Scheins 1 726
Bloch, Ästhetik des Vor-Scheins 2 732
Das antizipierende Bewußtsein 585
Bloch, Christian Thomasius 193
Bloch, Durch die Wüste 74
Bloch, Hegel 413
Bloch, Pädagogica 455
Bloch, Tübinger Einleitung I 11
Bloch, Tübinger Einleitung II 58
Bloch, Über Karl Marx 291
Bloch, Vom Hasard zur Katastrophe 534
Bloch, Widerstand und Friede 257
Über Ernst Bloch 251
Block, Ausgewählte Aufsätze 71
Blumenberg, Wende 138
Boavida, Angola 366

Bødker, Zustand Harley 309
Böhme, Soz.- u. Wirtschaftsgesch. 253
Bond, Gerettet. Hochzeit 461
Bond, Schmaler Weg 350
Brandt u. a., Zur Frauenfrage im Kapitalismus 581
Brandys, Granada 167
Braun, Gedichte 397
v. Braunmühl, Kalter Krieg u. friedliche Koexistenz 625
Brecht, Antigone/Materialien 134
Brecht, Arturo Ui 144
Brecht, Ausgewählte Gedichte 86
Brecht, Baal 170
Brecht, Baal der asoziale 248
Brecht, Brotladen 339
Brecht, Das Verhör des Lukullus 740
Brecht, Der gute Mensch 73
Materialien zu ›Der gute Mensch‹ 247
Brecht, Der Tui-Roman 603
Brecht, Die Dreigroschenoper 229
Brecht, Die heilige Johanna 113
Brecht, Die heilige Johanna / Fragmente und Varianten 427
Brecht, Die Maßnahme 415
Brecht, Die Tage der Commune 169
Brecht, Furcht und Elend 392
Brecht, Gedichte aus Stücken 9
Brecht, Herr Puntila 105
Brecht, Im Dickicht 246
Brecht, Jasager – Neinsager 171
Brecht, Julius Caesar 332
Brecht, Kaukasischer Kreidekreis 31
Materialien zum ›Kreidekreis‹ 155
Brecht, Kuhle Wampe 362
Brecht, Leben des Galilei 1
Materialien zu Brechts ›Galilei‹ 44
Brecht, Leben Eduards II. 245
Brecht, Mahagonny 21
Brecht, Mann ist Mann 259
Brecht, Mutter Courage 49
Materialien zu Brechts ›Courage‹ 50
Materialien zu ›Die Mutter‹ 305
Brecht, Die Mutter. Regiebuch 517
Brecht, Realismus 485
Brecht, Schauspieler 384
Brecht, Schweyk 132
Brecht, Schweyk im zweiten Weltkrieg 604
Brecht, Simone Machard 369
Brecht, Politik 442
Brecht, Theater 377
Brecht, Trommeln in der Nacht 490
Brecht, Über Lyrik 70
Broch, Universitätsreform 301
Materialien zu Hermann Brochs »Die Schlafwandler« 571
Brödl, Der kluge Waffenfabrikant 558
Brödl, fingerabdrücke 526
Brooks, Paradoxie im Gedicht 124
Brudziński, Katzenjammer 162
Brus, Funktionsprobleme 472
Brus, Wirtschaftsplanung 547
Bubner, Dialektik u. Wissenschaft 597
Bürger, Franz. Frühaufklärung 525
Bürger, Theorie der Avantgarde 727
Bulthaup, Zur gesellschaftlichen Funktion der Naturwissenschaften 670
Burke, Dichtung 153
Burke, Rhetorik 231
Busch, Die multinationalen Konzerne 741
Cabral de Melo Neto, Gedichte 295
Carr, Neue Gesellschaft 281
Caspar David Friedrich und die deutsche Nachwelt, herausgg. von Werner Hofmann 777
Celan, Ausgewählte Gedichte 262
Über Paul Celan 495
Chasseguet-Smirgel, Psychoanalyse der weiblichen Sexualität 697
Chomsky, Verantwortlichkeit 482
Chomsky, Aus Staatsraison 736
Clemenz, Zur Entstehung des Faschismus 550
Cooper, sychiatrie 497
Córdova/Michelena, Lateinam. 311
Córdova, Heterogenität 602
Cosić, Wie unsere Klaviere 289
Creeley, Gedichte 227
Crnčević, Staatsexamen 192
Crnjanski, Ithaka 208
Dalmas, schreiben 104
Damus, Entscheidungsstrukturen 649
Davičo, Gedichte 136
Deutsche und Juden 196
Determinanten der westdeutschen Restauration 1945–1949 575
Di Benedetto, Stille 242
Die Expressionismus-Debatte, herausgegeben von H.-J. Schmitt 646
Die Kommune in der Staatsorganisation 680
Dobb, Organis. Kapitalismus 166
Dorst, Eiszeit 610
Dorst, Toller 294
Werkbuch%über Tankred Dorst 713
du Bois-Reymond, Strategien kompens.
Erziehung 507
Dunn, Battersea 254
Duras, Ganze Tage in Bäumen 80
Duras, Hiroshima mon amour 26
Eckensberger, Sozialisationsbedingungen 466

Eckstein, Hochschuldidaktik 536
Eich, Abgelegene Gehöfte 288
Eich, Botschaften des Regens 48
Eich, Mädchen aus Viterbo 60
Eich, Setúbal. Lazertis 5
Eich, Unter Wasser 89
Über Günter Eich 402
Eichenbaum, Aufsätze 119
Eliot, Die Cocktail Party 98
Eliot, Der Familientag 152
Eliot, Mord im Dom 8
Eliot, Staatsmann 69
Eliot, Was ist ein Klassiker? 33
Emmerich, Volkstumsideologie 502
Enzensberger, Blindenschrift 217
Enzensberger, Deutschland 203
Enzensberger, Einzelheiten I 63
Enzensberger, Einzelheiten II 87
Enzensberger, Gedichte 20
Enzensberger, Landessprache 304
Enzensberger, Das Verhör von Habana 553
Enzensberger, Palaver 696
Über H. M. Enzensberger 403
Eschenburg, Über Autorität 129
Euchner, Egoismus u. Gemeinwohl 614
Existentialismus und Marxismus 116
Fanon, Algerische Revolution 337
Fassbinder, Antiteater 443
Fassbinder, Antiteater 2 560
Filho, Corpo vivo 158
Fleischer, Marxismus 323
Fleißer, Materialien 594
Folgen einer Theorie 226
Foralismus 191
Foucault, Psychologie 272
Frauen gegen den § 218 546
Frauenarbeit – Frauenbefreiung 637
Franzen, Aufklärungen 66
Freeman/Cameron/McGhie, Schizophrenie 346
Freyberg, Sexualerziehung 467
Frisch, Ausgewählte Prosa 36
Frisch, Biedermann 41
Frisch, Chinesische Mauer 65
Frisch, Don Juan 4
Frisch, Stücke 154
Frisch, Graf Öderland 32
Frisch, Öffentlichkeit 209
Frisch, Zürich – Transit 161
Über Max Frisch 404
Fromm, Sozialpsychologie 425
Gäng/Reiche, Revolution 228
Gastarbeiter 539
Gefesselte Jugend 514
Geiss, Studien über Geschichte 569
Germanistik 204
Gesellschaft 1 695
Gesellschaft 2 731
Goeschel/Heyer/Schmidbauer, Soziologie d. Polizei 1 380
Goethe, Tasso. Regiebuch 459
Grass, Hochwasser 40
Gravenhorst, Soz. Kontrolle 368
Grote, Alles ist schön 274
Gründgens, Theater 46
Grynberg, Der jüdische Krieg 588
Guérin, Am. Arbeiterbewegung 372
Guérin, Anarchismus 240
Guggenheimer, Alles Theater 150
Goffman, Asyle 678
Haavikko, Jahre 115
Haavikko, Gedichte 641
Habermas, Logik d. Soz. Wissensch. 481
Habermas, Protestbewegung 354
Habermas, Technik und Wissenschaft 287
Habermas, Legitimationsprobleme im Spätkapitalismus 623
Hacks, Das Poetische 544
Hacks, Stück nach Stücken 122
Hacks, Zwei Bearbeitungen 47
Hamelink, Horror vacui 221
Handke, Die Innenwelt 307
Handke, Kaspar 322
Handke, Publikumsbeschimpfung 177
Handke, Wind und Meer 431
Handke, Ritt üb. d. Bodensee 509
Über Peter Handke 518
Hannover, Rosa Luxemburg 233
Hartig/Kurz, Sprache 453
Haug, Antifaschismus 236
Haug, Kritik d. Warenästhetik 513
Haug, Bestimmte Negation 607
Hayden, Prozeß von Chicago 477
Hecht, Sieben Studien über Brecht 570
Philosophie Hegels 441
Heinsohn/Knieper, Familienrecht 747
Heller, Nietzsche 67
Heller, Studien zur Literatur 42
Heller, Hypothese zu einer marxistischen Werttheorie 565
Henrich, Hegel 510
Hennig, Thesen zur dt. Sozial- und Wirtschaftsgeschichte 662
Hennicke, Probleme des Sozialismus 640
Herbert, Ein Barbar 1 111
Herbert, Ein Barbar 2 365
Herbert, Gedichte 88
Hess/Mechler, Ghetto ohne Mauern 606
E. Hesse, Beckett. Eliot. Pound 491
Hesse, Geheimnisse 52
Hesse, Späte Prosa 2

Hesse, Tractat vom Steppenwolf 84
Heydorn, Neufassung des Bildungsbegriffs 535
Hildesheimer, Das Opfer Helena 118
Hildesheimer, Interpretationen 297
Hildesheimer, Mozart/Beckett 190
Hildesheimer, Nachtstück 23
Hildesheimer, Walsers Raben 77
Über Wolfgang Hildesheimer 488
Hinton, Fanshen 566/67
Hirsch, Wiss.-tech. Fortschritt 437
Hirsch/Leibfried, Bildungspolitik 480
Hirsch, Staatsapparat 704
Hochman/Sonntag, Camilo Torres 363
Hobsbawm, Industrie 1 315
Hobsbawm, Industrie 2 316
Hochmann, Thesen zu einer Gemeindepsychiatrie 618
Hofmann, Abschied 399
Hofmann, Stalinismus 222
Hofmann, Universität, Ideologie 261
Hofmann-Axthelm, Theorie der künstlerischen Arbeit 682
Höllerer, Gedichte 83
Hondrich, Theorie der Herrschaft 599
Horlemann/Gäng, Vietnam 173
Horlemann, Konterrevolution 255
Horn, Dressur oder Erziehung 199
Horn, Gruppendynamik 538
Horn u. a., Gewaltverhältnisse 775
Hortleder, Ingenieur 394
Hortleder, Ingenieure in der Industriegesellschaft 663
Materialien zu Ödön von Horváth 436
Materialien zu. Ödön v. Horváths ›Geschichten aus dem Wiener Wald‹ 533
Materialien zu Horváths ›Glaube Liebe Hoffnung‹ 617
Materialien zu Horváths ›Kasimir und Karoline‹ 611
Über Ödön von Horváth 584
Horvat, B., Die jugosl. Gesellschaft 561
Hrabal, Die Bafler 180
Hrabal, Tanzstunden 126
Hrabal, Zuglauf überwacht 256
Über Peter Huchel 647
Hüfner, Straßentheater 424
Huffschmid, Politik des Kapitals 313
Huppert, Majakowskij 182
Hyry, Erzählungen 137
Imperialismus und strukturelle Gewalt. Herausgg. von Dieter Senghaas 563
Information über Psychoanalyse 648
Institutionen in prim. Gesellsc . 195
Jaeggi, Literatur u. Politik 522
Jakobson, Kindersprache 330
Janker, Aufenthalte 198
Jaric, Geh mir aus der Sonne 524
Jauß, Literaturgeschichte 418
Jedlička, Unterwegs 328
Jendryschik, Frost und Feuer 635
Jensen, Epp 206
Johnson, Das dritte Buch 100
Johnson, Karsch 59
Über Uwe Johnson 405
Jonke, Glashausbesichtigung 504
Jonke, Leuchttürme 452
Joyce, Dubliner Tagebuch 216
Materialien zu Joyces Dubliner 357
Jugendkriminalität 325
Juhász, Gedichte 168
Kalivoda, Marxismus 373
Kantowsky, Indien 543
Kasack, Das unbekannte Ziel 35
Kaschnitz, Beschreibung 188
Kidron, Rüstung und wirtschaftl. Wachstum 464
Kipphardt, Hund des Generals 14
Kipphardt, Joel Brand 139
Kipphardt, Oppenheimer 64
Kipphardt, Die Soldaten 273
Kipphardt, Stücke I 659
Kipphardt, Stücke II 677
Kirche und Klassenbindung 709
Kirchheimer, Polit. Herrschaft 220
Kirchheimer, Politik u. Verfassung 95
Kirchheimer, Funktionen des Staats 548
Kleemann, Studentenopposition 381
Kluge, Öffentlichkeit und Erfahrung 639
Kluge, Lernprozesse mit tödlichem Ausgang 665
Kolko, Besitz und Macht 239
Kovač, Schwester Elida 238
Kracauer, Straßen von Berlin 72
Krämer-Badoni/Grymer/Rodenstein, Bedeutung des Automobils 540
Krasiński, Karren 388
Kritische Friedensforschung 478
Kritische Friedenserziehung 661
Kristl, Sekundenfilme 474
KRIWET, Apollo Amerika 410
Kroetz, Drei Stücke 473
Kroetz, Neue Stücke 586
Kroetz, Oberösterreich 707
Krolow, Ausgewählte Gedichte 24
Krolow, Landschaften für mich 146
Krolow, Schattengefecht 78
Über Karl Krolow 527
Kruuse, Oradour 327
Kuckuk, Räterepublik Bremen 367
Kuda, Arbeiterkontrolle 412
Kühn, Grenzen des Widerstands 531

Kühn, Unternehmen Rammbock 683
Kühnl/Rilling/Sager,Die NPD 318
Lagercrantz, Nelly Sachs 212
Laing, Phänomenologie 314
Laing/Cooper, Vernunft und Gewalt
Laing/Phillipson/Lee, Interpers. Wahrnehmung 499
Lange, Gräfin 360
Lange, Hundsprozeß/Herakles 260
Lange, Marski 107
Lefebvre, Marxismus 99
Lefebvre, Materialismus 160
Lefebvre, Soziologie nach Marx 568
Lefèvre W. Hist. Charakter bürgerl. Soziologie 516
Lehrlingsprotokolle 511
Lehrstück Lukacs 554
Leibfried, Angepaßte Universität 265
Lempert, Berufliche Bildung 699
Lempert, Leistungsprinzip 451
Lenhardt, Berufliche Weiterbildung 744
Lenin 383
Lévi-Strauss, Totemismus 128
Liberman, Methoden der Wirtschaftslenkung im Sozialismus 688
Lichtheim, Konzept der Ideologie 676
Liebel/Wellendorf, Schülerselbstbefreiung 336
Linhartová, Diskurs 200
Linhartová, Geschichten 141
Linhartová, Haus weit 416
Lissagaray, pariser Commune 577
Loewenstein, Antisemitismus 241
Lorenzer, Kritik 393
Lorenzer, Gegenstand der Psychoanalyse 572
Loschütz, Gegenstände 470
Loschütz, Sofern die Verhältnisse es zulassen 583
Lotman, Struktur des künstlerischen Textes 582
Majakowskij, Verse 62
Malecki, Spielräume 333
Malerba, Schlange 312
Mandel, Marxistische Wirtschaftstheorie Band 1 und 2 595/96
Mandel, Der Spätkapitalismus 521
Mándy, Erzählungen 176
Marcuse, Befreiung 329
Marcuse, Konterrevolution u. Revolte 591
Marcuse, Kultur u. Gesellschaft I 101
Marcuse, Kultur u. Gesellschaft II 135
Marcuse, Theorie d. Gesellschaft 300
Marković, Dialektik der Praxis 285
Marx und die Revolution 430
Massing, Pol. Soziologie 724
Mayer, Anmerkungen zu Brecht 143
Mayer, Anmerkungen zu Wagner 189
Mayer, Das Geschehen 342
Mayer, Radikalismus, Sozialismus 310
Mayer, Repräsentant 463
Mayer, Über Peter Huchel 647
Mayoux, Über Beckett 157
Meier, ›Demokratie‹ 387
Merleau-Ponty, Humanismus I 147
Merleau-Ponty, Humanismus II 148
Michaels, Loszittern 409
Michel, Sprachlose Intelligenz 270
Michels, Widerstand in den USA 719
Michelsen, Drei Akte. Helm 140
Michelsen, Drei Hörspiele 489
Michelsen, Stienz. Lappschiess 39
Michiels, Das Buch Alpha 121
Michiels, Orchis militaris 364
Minder, ›Hölderlin‹ 275
Kritik der Mitbestimmung 358
Mitscherlich, Krankheit I 164
Mitscherlich, Krankheit II 237
Mitscherlich, Unwirtlichkeit 123
Materialien zu Marieluise Fleißer 594
Moore, Geschichte der Gewalt 187
Monopol und Staat herausgg. v. Rolf Ebbighausen 674
Moral und Gesellschaft 290
Moser, Repress. Krim.psychiatrie 419
Moser/Künzel, Gespräche mit Eingeschlossenen 375
Most, Kapital und Arbeit 587
Müller, Philoktet. Herakles 5 163
Mueller, Wolf/Halbdeutsch 382
Münchner Räterepublik 178
Mukařovský, Ästhetik 428
Mukařovský, Poetik 230
Myrdal, Aufsätze u. Reden 492
Myrdal, Objektivität 508
Napoleoni, Ökonom. Theorien 244
Napoleoni. Ricardo und Marx, herausgg. von Cristina Pennavaja 702
Nápravník, Gedichte 376
Neues Hörspiel O-Ton, herausgg. von K. Schöning 705
Negt, Öffentlichkeit und Erfahrung 639
Negt, Gesellschaftsstrukturen 589
Neumann-Schönwetter, Psychosexuelle Entwicklung 627
Neuendorff, Begriff des Interesses 608
Nezval, Gedichte 235
Neues Hörspiel 476
Nossack, Das Mal u. a. Erzählungen 97
Nossack, Das Testament 117
Nossack, Der Neugierige 45
Nossack, Der Untergang 19

Nossack, Literatur 156
Nossack, Pseudoautobiograph. Glossen 445
Über Hans Erich Nossack 406
Kritik der Notstandsgesetze 321
Nowakowski, Kopf 225
Nyssen, Polytechnik in der BRD 573
Obaldia, Wind in den Zweigen 159
v. Oertzen, Die soziale Funktion 660
Oevermann, Sprache und soziale Herkunft 519
Oglesby/Shaull, Am. Ideologie 314
Offe, Strukturprobleme 549
Olson, Gedichte 112
Ossowski, Besonderheiten der Sozialwissenschaften 612
Ostaijen, Grotesken 202
Padilla, Außerhalb des Spiels 506
Parker, Meine Sprache 728
Parow, Psychotisches Verhalten 530
Pavlović, Gedichte 268
Penzoldt, Zugänge 6
Peripherer Kapitalismus, herausgg. von Dieter Senghaas 652
Perspektiven der kommunalen Kulturpolitik, herausgg. von Hilmar Hoffmann
Pinget, Monsieur Mortin 185
Plädoyer f. d. Abschaff. d. § 175 175
Ponge, Texte zur Kunst 223
Poss, Zwei Hühner 395
Pozzoli, Rosa Luxemburg 710
Preuß, Studentenschaft 317
Preuß, Legalität und Pluralismus 626
Price, Ein langes Leben 120
Probleme der intern. Beziehungen 593
Probleme des Sozialismus und der Übergangsgesellschaften 640
Probleme einer materialistischen Staatstheorie, herausgg. von J. Hirsch 617
Prokop, Massenkultur u. Spontaneität 679
Pross, Bildungschancen 319
Pross/Boetticher, Manager 450
Proust, Tage des Lesens 37
Prüß, Kernforschungspolitik 715
Psychoanalyse als Sozialwiss. 454
Queneau, Mein Freund Pierrot 76
Queneau, Zazie in der Metro 29
Raddatz, Verwerfungen 515
Rajewsky, Arbeitskampfrecht 361
Recklinghausen, James Joyce 283
Reform des Literaturunterrichts, herausgg. H. Brackert/W. Raitz 672
Reinshagen, Doppelkopf. Marilyn Monroe 486
Reymond, Neuköllner Schulbuch, 2 Bände 681
Riedel, Hegels Rechtsphilosophie 355
Riedel, System und Geschichte 619
Riesman, Freud 110
Rigauer, Sport und Arbeit 348
Ritter, Hegel 114
Rivera, Peru 421
Robinson, Ökonomie 293
Rocker, Aus den Memoiren eines deutschen Anarchisten 711
Rödel, Forschungsprioritäten 523
Roehler, Ein angeschw. Mann 165
Röhr, Prostitution 580
Romanowiczowa, Der Zug 93
Ronild, Die Körper 462
Rosenberg, Sozialgeschichte 340
Rózewicz, Schild a. Spinngeweb 194
Runge, Bottroper Protokolle 271
Runge, Frauen 359
Runge, Reise nach Rostock 479
Russell, Probleme d. Philosophie 207
Russell, Wege zur Freiheit 447
Sachs, Ausgewählte Gedichte 18
Sachs, Das Leiden Israels 51
Salvatore, Büchners Tod 621
Sandkühler, Praxis 529
Sanguineti, Capriccio italiano 284
Sarduy, Bewegungen 266
Sarraute, Schweigen. Lüge 299
Schäfer/Edelstein/Becker, Probleme der Schule 496
Schäfer/Nedelmann, CDU-Staat 370
Schedler, Kindertheater 520
Scheugl/Schmidt jr., Eine Subgeschichte des Films, 2 Bände 471
Schiller/Heyme, Wallenstein 390
Schklowskij, Schriften zum Film 174
Schklowskij, Zoo 130
Schlaffer, Der Bürger als Held 624
Schmidt, Ordnungsfaktor 487
Schneider/Kuda, Arbeiterräte 296
Schnurre, Kassiber/Neue Gedichte 94
Scholem, Judentum 414
Schoof, Erklärung 484
Schram, Die perm. Revolution 151
Schule und Staat, herausgg. von K. Hartmann, F. Nyssen, H. Waldeyer 694
Schumm-Garling, Herrschaft in der industriellen Arbeitsorganisation 528
Schütze, Rekonstrukt. d. Freiheit 298
Sechehaye, Tagebuch einer Schizophcenen 613
Segmente der Unterhaltungsindustrie 651
Senghaas, Rüstung und Militarismus 498

Setzer, Wahlsystem in England 664
Shaw, Caesar und Cleopatra 102
Shaw, Die heilige Johanna 127
Shaw, Der Katechismus 75
Skinas, Fälle 338
Sohn-Rethel, Geistige und körperliche Arbeit 555
Sohn-Rethel, Ökonomie und Klassenstruktur des deutschen Faschismus 630
Sonnemann, Institutionalismus 280
Sozialwissenschaften 411
Sozialistische Realismuskonzeptionen 701
Kritik der Soziologie 324
jsternberger, Bürger 224
Kritik der Strafrechtsreform 264
Streeck, Parteiensystem und Status quo 576
Strindberg, Ein Traumspiel 25
Struck, Klassenliebe 629
Stütz, Berufspädagogik 398
Sweezy, Theor. d. kap. Entwcklg. 433
Sweezy/Huberman, Sozialismus in Kuba 426
Szondi, Über freie Universität 620
Szondi, Hölderlin-Studien 379
Szondi, Theorie des mod. Dramas 27
Szymborska, Salz 600
Tardieu, Museum 131
Technologie und Kapital 598
Teige, Liquidierung 278
Theologie der Revolution 258
Theorie des Kinos 557
Theorie und Praxis des Streiks 385
Tibi, Militär und Sozialismus in der Dritten Welt 631
Tiedemann, Studien zur Philosophie Walter Benjamins 644
Kritik der reinen Toleranz 181
Toulmin, Voraussicht 292
Tschech. Schriftstellerkongreß 326
Tumler, Abschied 57
Tumler, Volterra 108
Tynjanow, Literar. Kunstmihtel 197
Ueding, Glanzvolles Elend 622
Válek, Gedichte 334
Verhinderte Demokratie 302
Vossler, Revolution von 1848 210
Vranicki, Mensch und Geschichte 356
Vyskočil, Knochen 211
Waldmann, Atlantis 15
Walser, Abstecher. Zimmerschl. 205
Walser, Heimatkunde 269
Walser, Der Schwarze Schwan 90
Walser, Die Gallistl'sche Krankheit 689
Walser, Eiche und Angora 16
Walser, Ein Flugzeug 30
Walser, Kinderspiel 400
Walser, Leseerfahrung 109
Walser, Lügengeschichten 81
Walser, Überlebensgroß Krott 55
Walser, Wie und wovon handelt Literatur 642
Über Martin Walser 407
Was ist Psychiatrie?, herausgg. von Franco Basaglia 708
Weber, Über die Ungleichheit der Bildungschancen in der BRD 601
Wehler, Geschichte als Historische Sozialwissenschaft 650
Weiss, Abschied von den Eltern 85
Weiss, Fluchtpunkt 125
Weiss, Gesang vom Lusitanischen Popanz 700
Weiss, Gespräch 7
Weiss, Jean Paul Marat 68
Materialien zu ›Marat/Sade‹ 232
Weiss, Nacht/Mockinpott 345
Weiss, Rapporte 276
Weiss, Rapporte 2 444
Weiss, Schatten des Körpers 53
Über Peter Weiss 408
Wekwerth, Notate 219
Wellek, Konfrontationen 82
Wellmer, Gesellschaftstheorie 335
Wesker, Die Freunde 420
Wesker, Die Küche 542
Wesker, Trilogie 215
Winckler, Studie 417
Winckler, Kulturwarenproduktion 628
Wirth, Kapitalismustheorie in der DDR 562
Witte, Theorie des Kinos 557
Wispelaere, So hat es begonnen 149
Wittgenstein, Tractatus 12
Über Ludwig Wittgenstein 252
Wolf, Danke schön 331
Wolf, Fortsetzung des Berichts 378
Wolf, mein famili 512
Wolf, Pilzer und Pelzer 234
Über Ror Wolf 559
Wolff, Liberalismus 352
Wosnessenskij, Dreieckige Birne 43
Wünsche, Der Unbelehrbare 56
Wünsche, Jerusalem 183
Zahn, Amerikan. Zeitgenossen 184